Socrates' Way

Seven Master Keys to Using
Your Mind to the Utmost

苏格拉底之道

向史上最伟大的导师学习

〔美〕罗纳德·格罗斯 著
徐 弢 李思凡 译

著作权合同登记号　图字：01-2004-5688

图书在版编目(CIP)数据

苏格拉底之道：向史上最伟大的导师学习/（美）格罗斯（Gross, R.）著；徐弢，李思凡译. —北京：北京大学出版社，2015.11
ISBN 978-7-301-26311-2

Ⅰ.苏…　Ⅱ.①格…②徐…③李…　Ⅲ.①苏格拉底（前469～前399）–哲学思想–研究　Ⅳ.①B502.231

中国版本图书馆CIP数据核字(2015)第216130号

Socrates' Way: Seven Master Keys to Using Your Mind to the Utmost
Copyright © 2002 by Ronald Gross
All rights reserved. This book, or parts thereof, may not
be reproduced in any form without permission.
Published simultaneously in Canada
Jeremy P. Tarcher/Putnam
a member of
Penguin Putnam Inc.

书　　名	苏格拉底之道：向史上最伟大的导师学习
著作责任者	〔美〕罗纳德·格罗斯 著　徐 弢　李思凡 译
策划编辑	周雁翎
责任编辑	周志刚
标准书号	ISBN 978-7-301-26311-2
出版发行	北京大学出版社
地　　址	北京市海淀区成府路205号　100871
网　　址	http://www.pup.cn　新浪微博：@北京大学出版社
电子信箱	zpup@pup.cn
电　　话	邮购部62752015　发行部62750672　编辑部62753056
印刷者	北京大学印刷厂
经销者	新华书店
	720毫米×1220毫米　16开本　17.25印张　48插页　249千字
	2015年11月第1版　2017年4月第2次印刷
定　　价	50.00元

未经许可，不得以任何方式复制或抄袭本书之部分或全部内容。

版权所有，侵权必究

举报电话：010-62752024　电子信箱：fd@pup.pku.edu.cn
图书如有印装质量问题，请与出版部联系，电话：010-62756370

苏格拉底头像，现藏于卢浮宫

苏格拉底半身像，梵蒂冈博物馆

苏格拉底侧影，铅笔画，1820年由英国诗人、画家威廉·布莱克绘制

苏格拉底时代工匠们在雅典广场上出售的塞列努斯石膏像

苏格拉底（公元前469—前399年）生活在古典时期的雅典，被公认为是给予西方文明最深影响的两位历史人物之一——另一位是晚他好几个世纪的耶稣。英国诗人、画家威廉·布莱克临终时说："我曾是苏格拉底。我一定和他交谈过。我也一定与耶稣交谈过。我能模糊地忆起与他们俩在一起时的情景。"

苏格拉底是一个有名的丑八怪。他又矮又胖，并且体格粗壮。他长着隆起的前额、凸出的眼睛、扁平的鼻子和鱼鳞状的嘴唇。为此，雅典人常常把他比做在雅典的广场上出售的森林神塞列努斯的石膏像。他不修边幅，冬天和夏天都穿着一件磨破了的大氅，光着脚，好像对鞋匠怀恨在心一样。雅典人崇尚身体美，因此，每当朋友们把他介绍给陌生人的时候，总要设法证明他的外表并不是交往的障碍。

公元前5世纪古希腊银币上饮酒的塞列努斯像

《凯旋的塞列努斯》，赫里特·凡·洪特霍斯特绘画

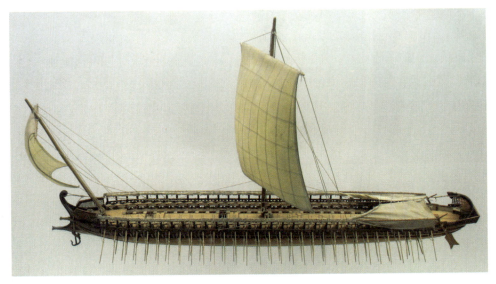

希波战争中的三桡战船（三列桨座战船）

在苏格拉底生活的七十年间，雅典正经历了最生机勃勃和辉煌的四十年黄金时期而慢慢走向政治、经济、军事的大衰退。苏格拉底的一生都处在希波战争（公元前490—前449年）以及伯罗奔尼撒战争（公元前431—前404年）的巨大笼罩下，成年后还作为雅典城邦的公民多次以重装步兵身份参与战斗，并且表现英勇。

正在生死决斗的希腊重装步兵与波斯武士，绘于公元前5世纪的基里克斯陶杯上：波斯弓箭手头戴皮质头盔，使用短剑，身着皮质轻甲；希腊士兵头戴沉重华丽的青铜头盔，手持巨大的圆盾护身，长矛已经穿透波斯弓箭手的腹部。

古希腊武士

古代雅典重装步兵

古希腊二轮战车

公元前490年,即苏格拉底出生前21年,希波战争爆发。直至苏格拉底20岁时,希波战争才告结束。希波战争是古代波斯帝国为了扩张版图而入侵希腊的战争,战争以智慧而勇敢的希腊民族战胜远为强大的波斯对手而告结束。希波战争促进了雅典民主政治制度的发展和城邦文明的大繁荣,确立了雅典在希腊诸城邦国家中的统治地位。雅典的对外扩张政策也因此而起。

《血战温泉关》,雅克-路易斯·大卫绘画

公元前480年,波斯国王薛西斯率海陆军侵入中希腊,斯巴达王列奥尼达遣散了守军中的7000名伯罗奔尼撒人,独率300名斯巴达勇士扼守温泉关。因内奸出卖,波斯人从小路包围袭击,列奥尼达的军队激战3天,仅有2人生还。与298名斯巴达勇士一同战死的还有请求留下来的400名底比斯人和700名特斯比亚人。波斯人虽然获胜,但是损失惨重。

《萨拉米斯海战》,威廉·冯·考尔巴赫绘画

公元前480年,萨拉米斯海战中,以雅典为首的希腊城邦联军在雅典杰出的海军统帅提米斯托克利领导下击败了波斯军队并击毙其统帅,从而扭转了第二次希波战争的战局。

《萨拉米斯海战中波斯统帅之死》,威廉·雷尼绘画公元前478年，以雅典为首的一些希腊城邦结成军事同盟。因结盟地点及金库设在提洛岛，故称"提洛同盟"。同盟的初期宗旨是以集体力量解放遭受波斯奴役的希腊城邦和防御波斯再次入侵。最初入盟的主要是小亚细亚和爱琴海诸岛的150个希腊城邦，后来增至173个。入盟的各城邦可以保持原有的政体，同盟事务由在提洛岛召开的同盟会议决定，按入盟城邦实力大小各出一定数量的舰船、兵员和盟金。

由于雅典秉持对外扩张政策，提洛同盟后来逐渐成为雅典称霸希腊的工具。公元前454年，同盟金库迁往雅典帕特农神庙，提洛同盟由此而发展为雅典帝国。

客蒙大开四门，豪爽待客，尽显老派贵族风范

雅典的贵族首领、军事统帅客蒙（公元前510—前450年）在萨拉米斯海战中战功卓著。公元前466年，其领导下的提洛同盟在欧里梅敦战役中将波斯军队驱逐出爱琴海。征战的胜利使客蒙成了雅典的豪富。他豪放阔绰，命人拆除自家园子的篱笆，以便每个人都可自由取用园中水果。他家常备有现成的饭菜，任何穷人都可自由地出入他家用餐。

客蒙属于保守派政治家，据考证，苏格拉底与客蒙政治集团的成员也有过交流。

希波战争结束之后,雅典依靠其明显的海上优势和商业上的领导地位,成了希腊事务的主导者。这段时期,雅典历史上最伟大的政治家伯里克利(公元前495—前429年)大力推行民主改革,他还用提洛同盟成员的贡金修建了帕特农神庙以及其他众多古典希腊时期的著名建筑。在伯里克利的领导下,雅典的奴隶制经济、民主政治、海上霸权和古典文化臻于极盛。

伯里克利像

伯里克利于公元前461年上台,带领雅典进入了长达四十年的黄金时期。

帕特农神庙复原图及神庙内景,卡尔·弗里德里希·辛克尔绘画

帕特农神庙是雅典卫城的主体建筑,为歌颂雅典战胜波斯侵略者的胜利而建。建于一个三级台基上(30.9米×69.5米),公元前447年动工,至公元前432年装修完毕。

《伯里克利在雅典阵亡将士的葬礼上演说》，菲利普·弗尔兹绘画

公元前431年，斯巴达人撕毁和约，入侵阿提卡，并占领了离雅典城只有6英里远的一个地区，伯罗奔尼撒战争就此爆发。伯里克利在雅典阵亡将士的葬礼上发表了不朽的演说，38岁的苏格拉底目睹了这一历史时刻。

《雅典城的瘟疫》，迈克尔·克维特斯绘画

公元前430年，一场瘟疫夺走了雅典城三分之一的人口。苏格拉底虽然幸免于难，但次年，这场瘟疫夺走了伯里克利的生命，并在很大程度上影响了雅典的国运。

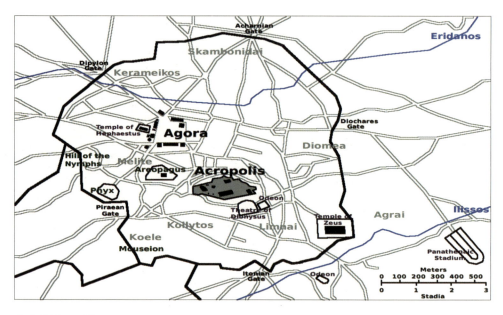

古雅典城平面图

雅典的民主政治中，主要的政府职位都是选举产生的，所有公民都有参与国家治理的平等权利。基于这种民主政治的需要，雅典城产生了大量供奴隶主与自由民进行公共活动的场所，如卫城、露天剧场、竞技场、广场（Agora）和敞廊（Stoa）。

其中，雅典卫城（Acropolis）位于城市中部，是城邦的宗教活动中心；狄奥尼索斯剧场（Theatre of Dionysus）位于卫城西南山坡上，是雅典公民举行酒神节，表演悲剧、喜剧及酒神歌舞的地方，可容纳观众1.7万人；广场位于卫城西北边的开放平坦空地上，是城邦的政治经济活动中心；普尼克斯山（Phyx）是举行公民大会的地方，在广场西南方；战神山（Areopagus）是雅典元老院的所在地，位于卫城的西北方。

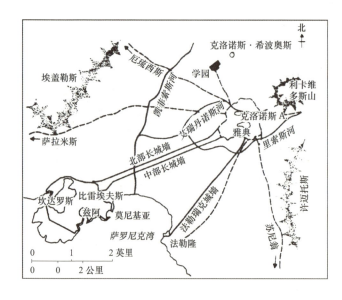

联结雅典城与比雷埃夫斯海港城的长长的城墙，苏格拉底亲眼看见它建造和完成

古希腊可划分为大约750个城邦。城邦绝大部分都很小，平均面积不足100平方公里，成年男性不足1000人。雅典是希腊人口最多的城邦，公元前5世纪伯利克里领导时期的雅典成年男性公民约6万人。其面积则仅次于拉西第梦，雅典城区加上比雷埃夫斯海港城则是阿提卡地区唯一的城市群，面积约2500平方公里。在某些希腊人眼里，雅典确实太大了，真不该算做城邦。

雅典卫城原是奴隶主统治者的驻地，公元前5世纪，雅典民主政治时期，卫城遂成为国家的宗教活动中心。自雅典联合各城邦战胜波斯入侵后，更被视为国家的象征。每逢宗教节日或城邦庆典，公民列队上山进行祭神活动。卫城建在一陡峭的山岗上，仅西面有一通道盘旋而上。建筑物分布在山顶上一座约280米×130米的天然平台上。卫城的中心是雅典城的保护神雅典娜的铜像，主要建筑是膜拜雅典娜的帕特农神庙、伊瑞克先神庙、胜利神庙以及卫城山门。卫城南坡是平民群众活动中心，有狄奥尼索斯露天剧场。

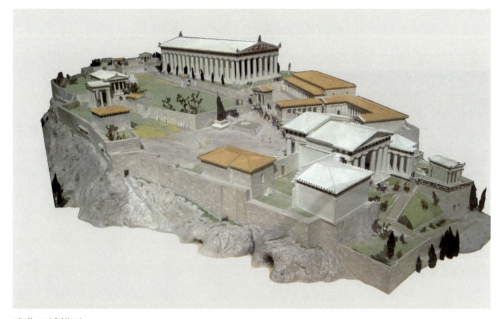

雅典卫城模型

雅典卫城复原图

狄奥尼索斯剧场复原图

雅典卫城遗址
苏格拉底时代的雅典卫城如今只剩断壁残垣,倒是苏格拉底的精神和智慧永存。

雅典的一切伟大建筑都是在伯里克利时代兴建起来的,而这仅仅是苏格拉底亲眼见证的这个伟大时代的众多伟大细节之一。

帕特农神庙遗址
帕特农神庙是古希腊建筑中最著名的。

伊瑞克先神庙遗址
伊瑞克先神庙,始建于公元前421年,建成于公元前406年。位于卫城的北部,供奉的是雅典娜和海神波塞冬。

胜利神庙遗址
胜利神庙建于公元前427年(雅典与斯巴达争雄时期),用以激励斗志、祈求胜利。

战神山元老院是所有前执政官组成的议事会,大约有150名成员,常在战神山开会,公元前6世纪曾是雅典最重要的国家机关。伯里克利剥夺了战神山议事会的政治权力,使之分别归属公民大会、五百人议事会(公民大会的常务委员会)和民众法庭。此后,战神山元老院只审理带有宗教性质的案件和事务。公民大会、民众法庭和五百人议事会在摆脱战神山元老院的牵制后,完全成为雅典国家的最高权力机关和执行机构。

《芙里尼在战神山元老们面前》,让-莱昂·杰罗姆绘画

芙里尼是希腊著名的美女,雅典的高级妓女和交际花,众多著名人士的情人。据说,有一次她犯下"不敬神"的罪过,战神山元老院审判她时,她当场脱下衣衫,元老们惊呆了,认为她本人就是神,于是草草地判她无罪。公元前399年,苏格拉底因不敬神和腐蚀青年的罪名遭到民众法庭的审判,不过哲学家的命运与芙里尼的命运最后截然不同。

普尼克斯山模型

在昔日雅典公民大会的召开地点普尼克斯山，仍然可见当年大会时的演讲台。

苏格拉底在民众法庭上申辩

在民主城邦中，民众法庭和公民大会都是最重要的国家机构。公民大会宣布法令，民众法庭进行裁决。公元前399年，苏格拉底遭受城邦法律和习俗的迫害，民众法庭正是其进行自我辩护和接受审判的地方。

广场是雅典城邦政治、社会和宗教生活的中心，是所有政治的、公民的和司法活动之所。戏剧、体育比赛以及宗教崇拜活动等经常在这里举行，它也是多数人进行商业活动、会聚朋友和讨论哲学的理想处所。广场的周围有众多重要建筑。其中，议事会厅和议事会执委会会厅都位于广场的西南角，所有需要吸引公众注意的重大活动都集中在这个地方举行；广场西北角为皇家敞廊和绘画敞廊。

议事会厅是五百人议事会召开会议的地方。议员从十个部落中用抽签法各选出50名30岁以上的男性公民，每50人组成一个主席团（或者说执行委员会）。每团轮流执政一年的1/10时间（约36天），称为一届。每届主席团每天抽签选出一名主席，任期一天。主席负责召集会议，掌管国玺、国库和档案库钥匙。主席团的主要工作是为公民大会准备提案，主持公民大会的发言和表决，处理国家常务、接见外宾及执行公民大会的决议。

公元前406年，63岁的苏格拉底当选为议事会主席团主席时，他拒绝按照雅典公民的无理要求去判处失败的将军们的死刑。

议事会厅模型

公元前500年前后的议事会厅内景

议事会厅为长方形建筑，面积为19米×20米。可容纳500名议事会成员坐下来开会。此外还可以容纳若干旁听者，当然，他们就只能站着了。

公元前470年前后的议事会主席团会厅模型

议事会主席团会厅是一座规模很小的圆形建筑，议事会主席团在此会厅召开会议并集体用餐。

公元前 420 年前后的广场西北角复原图,左侧为皇家敞廊,右上角为绘画敞廊。

皇家敞廊是雅典城邦中九人执政官的行政办公场所,公元前 399 年,苏格拉底在皇家敞廊被人指控犯有不敬神和腐蚀青年罪。

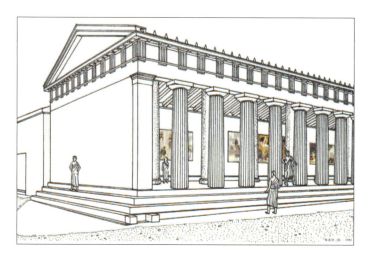

绘画敞廊西立面复原图

雅典人崇尚艺术,绘画敞廊建于公元前 5 世纪,是展示雅典艺术家作品和战利品的地方。

十二神祭坛复原图

祭坛始建于公元前 522 年,是雅典人祭祀十二位奥林匹斯神的地方。

《雅典广场上的名人苏格拉底》，E.M. 辛格绘画

广场是雅典最为喧闹和拥挤的地方，苏格拉底在这里度过了他的一生。他喜欢在陶器店、小酒肆和鞋匠西蒙的作坊里打发时光。他渴望从各行各业中学到最优秀的东西，以便成为明智的生活和有成效的行为的表率。一位朋友评价说："在他的言谈中充满了从陶匠、马夫、政客和妓女那里学到的知识。大多数哲学家只谈论观念，但苏格拉底愿意向任何人学习任何东西，并且利用这些东西来表达他自己的思想。"

广场遗址

广场上那些坚固的石头建筑如今只剩下断壁残垣，苏格拉底当年光着脚走过广场时的脚印更是不复存在，但是苏格拉底的事迹和智慧却穿过了漫长的时空，令人回味。

鞋匠西蒙的作坊遗址

鞋匠西蒙的作坊依广场的北边界石而建。当年，当苏格拉底想要与自己的学生在广场碰头时，就会去西蒙的鞋匠作坊落脚。这里其实是苏格拉底的非正式教室，雅典的甚至外邦的很多杰出青年曾在这里受教。

广场考古发掘中找到的西蒙作坊中的物什：骨孔眼，短铁钉，刻有西蒙名字的杯底。

目 录

CONTENS

1 / 序言　迈克尔·葛柏
3 / 前言　苏格拉底，我的导师
1 / 导论　苏格拉底的生平与时代——和我们的联系

23 / 第一章　认识你自己
"未经审视的生活是没有价值的生活。"

51 / 第二章　提出重要的问题
"我接近真理的方法是提出正确的问题。"

85 / 第三章　独立思考
"不要听从我，要听从真理！"

117 / 第四章　挑战传统
"我们必须逃离假象的洞穴。"

145 / 第五章　与朋友一起成长
"智慧的火焰既明亮又温暖,但没人能够单独把它点燃。"

169 / 第六章　说出真相
"说真话是我一贯坚持的原则。"

191 / 第七章　加强你的精神
"朋友,为什么不关心你的灵魂呢?"

225 / 第八章　女性的苏格拉底之道
"按照性别判断一个人的能力,好比按照头发的多少判断一个人的智慧。"

240 / 附录 A
　　阅读苏格拉底的对话
243 / 附录 B
　　关于苏格拉底和古典文化遗产的优秀著作
247 / 致谢
249 / 一门关于苏格拉底的课程
251 / 英汉译名对照表
257 / 插页说明

序 言

迈克尔·葛柏

(《怎样像达·芬奇一样思考》《发展你的天赋》的作者)

"未经审视的生活是没有价值的生活。"苏格拉底宣布。他或许还要补充一句:没有生命的生活是不值得审视的生活。在这本书中,罗纳德·格罗斯指出了你应该如何审视你的生活并且生活得更加充实。

最近十年来,大批以介绍历史人物的教导为特色的书籍出现在世界各地书店的书架上。在这类题材的书籍中,有许多只是提供了一些肤浅的语录并且对书中的某个历史人物做了一点浅显的介绍。

罗纳德·格罗斯的贡献则有所不同:对一位永垂不朽的伟大导师的生平与工作的认真钻研。苏格拉底站在列奥纳多·达·芬奇、尼古拉斯·哥白尼、查尔斯·达尔文和阿尔伯特·爱因斯坦的身边,他们都是鼓励独立自主的思想家的灯塔。所不同的是,苏格拉底来得最早。

以这位导师的著名"方法"为基础,他最伟大的学生柏拉图创立了一所"学院"来培养人们进行创造性思考和明智生活的能力。今天,"学院"一词常常被人们与不切实际的理论联系在一起。在生意场上，它常常被视为不相干的同义词。然而，在这本书中，罗纳德·格罗斯恢复了真正的学院精神并且引导你加强与真、善、美的联系。

我第一次邂逅罗纳德是在20世纪80年代初，他留给我的第一印象是热情奔放与严肃睿智的罕见结合。罗纳德不仅仅是终生学习的倡导者，也是一位实践它的榜样。这本书实质上就是他对如何加强和改进我们的自我教育进行的几十年认真摸索的结果。

罗纳德因为以"苏格拉底式"的衣着打扮出席教育界和企业界的会议而出名。但这种做法之所以有效，完全是因为他即使在没有穿长袍的时候也能坚持他在这本书中表达的苏格拉底的原则。

柏拉图告诉我们：苏格拉底拒绝被看成老师，他宁愿被看成"思想的助产妇"。《苏格拉底之道》继承了"助产妇"的传统。在每一章里，你将首先读到这位导师的一个原则，然后再通过一些有趣的练习来学到更多关于你自己的知识。

这本书是在介绍苏格拉底，但它实际上是在介绍你自己和你怎样在你的日常生活中获得更多的真、善、美。西塞罗在谈到苏格拉底时指出，"他把哲学从天上召回到人的生活中"。在《苏格拉底之道》中，罗纳德·格罗斯把苏格拉底从过去召到了现在，以便改善和丰富我们的生活。

前 言

苏格拉底,我的导师

我第一次听说苏格拉底是在12岁那年,当时我注意到父亲的一个奇怪的习惯。每一天,在离家上班之前,他总会走到起居室的书架旁,从顶层上取下同一本厚书,打开它,并且小心地撕下6页纸。把它们整齐地折叠起来塞进上衣口袋后,他才会迈出大门。每天晚上,把他的钱包、钥匙和零钱放到客厅桌子上的时候,他又要小心地打开那些纸,并且把它们放回那本书里。

有一天,在他离开后,我取下那本书并且看了它的书脊:《柏拉图对话录》。

那天晚上,我向他问起此事。他没有对我摆架子,而是以成人的口吻解释了这个习惯:"我的工作无法让我接触到令人振奋的思想。"他说,"但每天有45分钟,在上下班的路上,我可以拿出时间与古往今来最聪明的人相处。他们讨论最重要的问题。他们真正地相互倾听,而不是一味地宣扬他们自己的观点。而且,他们都会变得越来越聪明。"

因此,他每天都要在地铁里读上几页《柏拉图对话录》,然后在回家的路上重读它们。

苏格拉底成了他的一部分，并且改变了他的生活。在我的整个青少年时代，我发现他经常像苏格拉底一样通过提问来发起一场有意义的对话或者把它提升到一个更高的层次。

当我开始询问苏格拉底的事迹时，父亲平生第一次带我看了一场百老汇的演出。我当时只有13岁。那是马克斯韦尔·安德森创作的话剧《赤脚走雅典》。我亲眼看见了父亲的偶像在雅典四处走动、询问不同身份的人、结交忠诚的朋友、挑战权威，并且享受他的生活。

我有一个星期不愿穿鞋子，因为我着迷了。在我的整个中学和大学时代，苏格拉底的理想始终主导着我对学习的看法。

我的处女作《终身学习者》呼吁读者利用苏格拉底的方法来促进他们的自我教育，就像我的父亲一样。从那时起，作为一名职业演说家，我经常穿着"苏格拉底的长衫"（希腊式的长袍）对专业人士和实业家群体提问，其中既有美国卫生组织和北美基督教青年会，也有麦道公司和美国钢铁公司的高级经理。

苏格拉底总会在我最紧要的关头出现在我的面前：我在出门时从未忘记在钱包里夹上一枚来自那个毒芹世界[①]的小卡片——当然是为了纪念他临终前的正直行为。这个卡片宣布了我在经历一个生死攸关的事件时的愿望。它所依据的是苏格拉底在临终前的那个晚上向他最老的朋友克里同表达的一个最坚强的信念，那就是生活的质量比纯粹生物性的存在更加重要。

我提到苏格拉底对我的影响是为了表明他可以充当一个普通人的导师，但他的影响远不止这一点。两千五百多年来，苏格拉底的方法始终是众多跨时代的"纵向研究"的主题。在一个又一个的世纪里，最杰出的人总是把苏格拉底视为他们的楷模。

苏格拉底是"导师的导师"，他不仅是思想家的导师，也是那些敢于为信仰而献身的英雄儿女的导师。亨利·大卫·梭罗、甘地和马

[①] 译者注：公元前399年，雅典人以"不敬神"和"腐蚀青年"的罪名判处苏格拉底死刑，并迫使他服下一杯毒芹汁自尽。因此，罗纳德把当时的雅典称为"毒芹世界"。

丁·路德·金都在身陷囹圄的时候想到了他。

苏格拉底的原则与我们的时代息息相关。他呼吁我们去独立思考、挑战权威、做正当的事、说真话、通过友谊和爱情来延续我们的精神。

你将从这本书中学到的苏格拉底的原则揭示了我们生活中的重大缺陷，并且指出了我们需要采取什么步骤来使个人生活和社会生活重新回到正确的轨道。假如苏格拉底仍然活在我们中间，他会说：

我们沦为了失去理智的消费者，无情地役使自己以便购买我们实际上不需要的东西，并且破坏我们的环境。我们应该少考虑我们的财富的积累，多关心我们的内在的发展。因此，我们必须强调加强我们的精神的重要性。

我们通过我们的公司里普遍存在的欺诈行为使世界上最大的经济体陷入了危机。我们必须学会说真话。

我们使我们的心灵屈从于大众媒体的操纵，它分散了我们的注意力，因为使我们在自娱自乐中死去。我们必须学会独立思考。

我们未能维系我们的友谊和团结的纽带。我们必须复兴进行愉快和实质性的对话的艺术，并且学会和其他人一起成长。

我发现，苏格拉底的原则适用于我们的人际交往、家庭生活、社会事务和工作。事实上，它们是如此的至关重要，以至于我感到它们正在使用我：它们正在要求我使用它们来正确地完成任务。

有一个令我终生难忘的事例涉及了苏格拉底的大部分原则——提出问题、引导人们讨论基本价值、相互学习、创造性思考、彼此合作，甚至以我"得到那杯毒芹"为结局。

我当时正在一家全国性的志愿卫生组织的董事会里工作，它的使命是防止生育缺陷。它资助相关的科学研究和信息服务以便帮助那些由于贫困和吸毒等问题而有可能生育出残疾婴儿的妇女。我和董事会的其他成员都为我们在降低生育缺陷方面所取得的成果而感到自豪。

然而一天早上，《华盛顿邮报》报道说，尼克松政府正计划削减一系列旨在为这些妇女服务的联邦基金。成百所设在贫民窟里的健康宝贝诊所将被关闭，尽管事实证明它们能够卓有成效地实现我们的目标：降低生育缺陷。这些强制性的削减是灾难性的，它们将彻底摧毁我们的绵薄努力所能取得的全部成果。

在第二个星期的董事会上，我提出了我认为苏格拉底可能提出的那种问题。我们是否必须发起一场反对这些削减的斗争？董事会的其他成员表示反对，他们在与政府的"抗争"面前退缩了。

但我感到，苏格拉底好像在命令我不断地提出那些显而易见的问题：我们到底防止过多少生育缺陷？这些削减将导致多少生育缺陷？人民、医疗和社会将为此付出多大的代价？谁有责任反对这项政策上的变化？

我别无选择，只能变成一只"牛虻"，像苏格拉底一样，在每次董事会上提出那个问题。我提醒我的同事记住这家组织的基本职责和价值以及我们为什么感到必须采取行动。与几位同事一起，我在会议间隙发起了"苏格拉底式"的对话，我们试图就这家组织应该如何应付这场挑战进行创造性的思考。

在苏格拉底特别尊重专家的意见的鼓舞下（他尊重那些在各种手工业、贸易或职业上真正出类拔萃的人，不论他们的专长是修鞋还是治国），我们对其他组织在处理类似事件时的成功之道进行了"规范"的考察。利用这些发现，我们提出了一些我们认为可行的新对策。

我们的努力未能逃脱董事会的大多数成员的注意，他们反对我们的行动计划，就像苏格拉底的不断提问最终招致了他的雅典同胞的迫害一样。不到半年，我就得到了那杯官僚主义的"毒芹"：一封告知我的职位已经在一次我没有出席的董事会上被撤销了的信件。我唯一感到欣慰的是，我离开之后不到7个月，这家组织就改变了它的对策并且迎接了这场挑战。"你提的问题和你对我们必须应战的坚持起到了推动的作用。"董事会主席向我透露。

在这起事件中，我运用了苏格拉底的原则，但它们也"运用"了我。特别重要的是，我感到我必须追随竭尽全力地追随苏格拉底的脚步。我尽最大的努力做到了：

- 坚持提出有意义的问题。
- 引导人们就他们的基本价值展开对话。
- 学习那些有真才实学的人。
- 与朋友和同事一起进行创造性的思考。
- 共同寻求真理。
- 做正当的事。

几乎每一天,苏格拉底的精神都会鼓励我更好地思考某件事情,或者以他那爽朗的笑声帮助我从遭受的挫折中找到一丝幽默感。例如,当我要在毫无意义的谈话中虚掷光阴时,苏格拉底会突然在我的脑海里引起这样一个念头:我可以提出什么问题来把这次谈话提升到一个超凡脱俗的高度?或者当我要面对一整天的日常工作和任务时,我会突然发现自己正在好奇:苏格拉底是如何从这些必要的活动中找到好处和益处的?或者当有人要在工作场合以"只是个玩笑"的口吻发表某些狭隘的、偏颇的、有害的言论时,一个外在的苏格拉底会站在他或她的肩膀上凝视我,他想要知道我究竟是假装没听见,还是勇敢地指出:"我想我们需要认真地讨论一下你刚才所说的……"

他偶尔也会让我陷入困境,正如你所看到的。当我坚持己见时,我遭到了解雇、排挤,甚至被列入了黑名单,就像他最后所陷入的境地一样,我不得不按照我心中的良知为我的行为画出一道底线。

但苏格拉底也会激励我做到一些我本来连想都不敢想的事。我将开始筹备一个新的重要计划——例如,一本这样的书。而且我将默默地祈求苏格拉底以他的耐心、机智、正直和生活乐趣来加强我的力量。

我希望你在把他请进你的生活的时候找到那些对你有用的品质。

导 论

苏格拉底的生平与时代——和我们的联系

为什么苏格拉底这位生活在2 500年前的人直到今天还如此至关重要？这里列举了四个理由：

- 苏格拉底和他的雅典同胞率先提出了我们最为珍视的价值和原则。
- 那些"苏格拉底式"的价值和原则在很大程度上决定了后来的历史进程。
- 地球上的大多数人至今仍然在追求那些价值和原则。
- 最重要的是，"苏格拉底式"的价值和原则能够激励和引导人们过上更充实的生活和创造一个更美好的社会。

这些价值和原则包括：
- 认识自己是真实生活的基础。
- 为了检验真理，我们必须怀疑"传统的智慧"，而不是仅仅依赖传统。

- 个人在道德和精神上主宰着他或她的"灵魂"。
- 言论自由、容忍异端和怀疑权威是一个健全的社会的本质。
- 最有成效的思考必须遵守逻辑规则和亲身经历。
- 我们人格的尊严要求我们通过参与立宪政府来管理我们自己。
- 一个完善的经济体制有义务尊重私有财产、市场运作和个人才能。
- 国家的军事力量应该处在公民的控制之下。
- 我们应该珍惜和欣赏身体、生理的健康,并且享受性生活。

当然,我们常常无法实现这些理想——像雅典人本身一样。但他们率先宣布了他们对这些理想的认同,并且愿意考察他们在哪些地方未能实现它们。

第一个"黄金时代"

雅典在公元前5世纪的时候经历了西方历史上交替出现的第一个"黄金时代"。想一想奥古斯都开明统治下的罗马、达·芬奇和米开朗琪罗开创的文艺复兴的意大利、伊丽莎白时代的英格兰、第一代开拓者脚下的美洲殖民地。

雅典不是一个幅员辽阔或人口众多的地方,而只是数以百计的城邦中的一员。在苏格拉底时代,你可以用两个小时的时间穿越它的领土。它的总人口大约只有35万人,其中,拥有全部的公民权和选举权的人口(出生在雅典的成年男子)只有4万人左右。

雅典的鼎盛时期始于公元前480年,当时它在萨拉米斯海峡附近的一次决定性海战中奇迹般地战胜了强大的波斯帝国的入侵。由于这次军事胜利,雅典一跃成为希腊众城邦的领袖,并建立了所谓的提洛同盟。后来,共有两百多个沿海的希腊城邦和爱琴海岛屿加入了这个联盟。

作为向雅典纳税的回报,该联盟的成员可以获得保护和商业优惠。联盟的武装力量肃清了海洋中的海盗和陆地上的土匪,从而使商人得以自由地往来。受其影响,在长达四十多年的时间里,雅典每一年都会变得更加强大和富有。它同远方的强国(如波斯)缔结了和约,敌对的城邦(如斯巴达)尚未强大到对它的权威提出挑战的地步。

但最令人惊讶的甚至不是这种军事和政治上的成功,而是它在商业、文化和知识上的成就。雅典是一个充满生机和活力的地方。它那金碧辉煌的大理石神庙巍然矗立在灿烂的阳光下。它用来纪念自己的

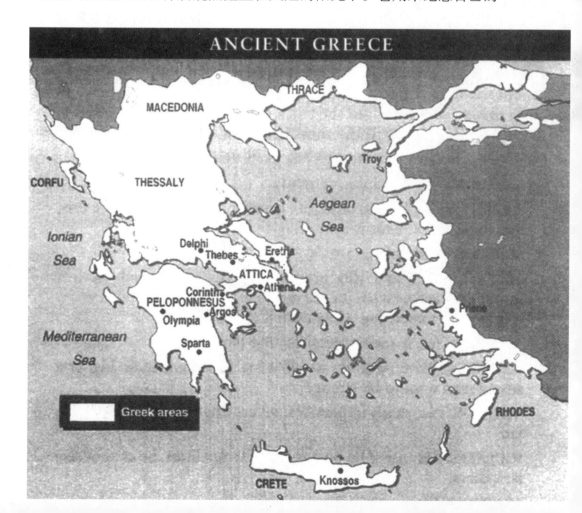

保护者——雅典娜女神的帕特农神庙坐落在可以俯瞰整座城市的雅典卫城上。大批的商船在它的比雷埃夫斯港穿梭往来,各国的商人在它的市场上谈生意。

最值得我们注意的是,雅典还是一个巨大的思想市场。早在公元前461年,雅典人就选出了一位伟大的统治者伯里克利,这个人使雅典的各项事业都取得了辉煌的成就。总之,苏格拉底的时代点燃了一把象征自由、卓越和美丽的火炬,它将在后来的世代里继续燃烧下去。

当时最杰出的思想家、艺术家和作家都被吸引到了雅典。在那些具有创新精神的哲学家和科学家(例如,反对把太阳视为神的阿那克萨戈拉和宣布"人是万物的尺度"的普罗泰戈拉)看来,它简直是一座圣城。

在著名的狄俄尼索斯大剧场里,雅典人为西方戏剧的奠基者(埃斯库罗斯、索福克勒斯、欧里庇得斯和阿里斯托芬)的作品而欢呼。在长达半个世纪的时间里,雅典一直是西方世界的中心。

人们在谈到雅典人的理想时,最喜欢引用的就是伯里克利在追悼伯罗奔尼撒战争的阵亡将士时发表的演说。它是一篇古代的《葛底斯堡演说》①。它所宣布的关于开放社会的原则成了检验整个世界历史的试金石:

---

① 译者注:《葛底斯堡演说》是1863年美国总统林肯于葛底斯堡发表的关于"民治、民有、民享"的宣言。

　　我们的城市对全世界开放,我们绝不会驱逐一个外国人或者禁止他学习任何知识,即便这样的知识有可能给我们的敌人带来好处。我们的力量不是来自阴谋诡计,而是来自我们的智慧和双手。

　　我们之所以被称为民主的城邦,是因为我们的权力掌握在多数人手中,而不是少数人手中。没有人会因为贫穷或出身低贱而不能担任公职。个人贡献才是评价一个公民的标准。

　　我们不仅在政治生活中是自由和开放的,在日常生活中也是自由和互信的;我们不会因为我们的邻居做了他喜欢做的事而感到愤怒,更不会因此使他难堪,因为这样做虽然不会给他带来其他的危害,却会伤害他的感情。

　　我们热爱美好的东西,但我们的品位是纯正的,我们修身养性而不乏英雄气概;我们把财富看成行动的机会而不是夸耀的本钱;我们不以贫穷为羞耻,而以不愿采取行动来消除贫穷为羞耻。

　　我们绝不会把那些不关心国家大事的人说成一心扑在自己的

事业上的人，而是把他看成一无是处的人；我们通过公开的辩论来裁决政治问题。

我们善待邻居的目的不是为了替自己谋求好处，而是出于对自由的信念和正直无畏的精神。

雅典是希腊的学校。几乎每个雅典人在他的内心深处都有能力以最大限度的宽容和适应性来包容各种不同的行为方式，因为在那个生死攸关的时刻，在希腊所有的城邦中，只有雅典的表现最为出色。[①]

遗　产

雅典在它最辉煌的40年里所取得的成就对后世产生了深远的影响。现代文明正是肇始于对包括《柏拉图对话录》在内的古希腊文化遗产的重新发掘。在这一点上，正如肯尼斯·克拉克爵士在一部介绍西方历史的名著《文明》中所说：

尽管有人喜欢就文艺复兴的历史根源发表一些新的看法，但他们都无法否认文艺复兴的主要基础是古典文献研究的传统观点。在佛罗伦萨，15世纪的前30年是一个不断发现新的经典和不断改编旧的经典的学术英雄时代——在任何一部这样的经典中，

---

① 英文原作者注：像本书所引用的其他希腊文献，包括每章开头部分的那些引文一样，我也按照几种标准的英译本对这段引文作了些调整，以便使它的意思同本书的主题相适应。

都可能蕴藏着某些可以改变人类思想进程的新启示。为了保存它们，柯西摩·美第奇（Cosimo de'Medici）才修建了圣马可图书馆。这个图书馆在今天的人看来似乎很遥远——但在那里进行的古典研究却与我们现在的生活很贴近。它对人文主义的影响一点不比卡文迪许实验室逊色。人们从那里发掘出来的人文主义的价值观彻底地改变了后来的历史进程，但不是通过物质上的爆炸，而是通过精神上的突破。

雅典的市容与现代的城市十分接近，甚至可以说，现代的文化和政治体制都是在它的影响下形成的。去过华盛顿的人常常感到他们似乎置身于"复活的"古希腊建筑之间，他们不仅可以看到公元前5世纪的政府机构——议会和法院，还可以看到希腊式的雕像和市政设施，并且会触景生情地想起这个国家的缔造者托马斯·杰斐逊等人从古希腊人那里扬弃而来的理想。

然而，古希腊的文化遗产绝不仅仅是一个历史的遗迹，它还是一根驱动着现在和未来的思想的鞭子。伯纳德·诺克斯教授在以毕生的精力研究了西方的历史后总结说："纵观整个西方历史，希腊一直是变革的推动者。他们不仅是变革者，有时还是颠覆者，甚至是革命者。"在今天的世界上，伯里克利时代的雅典人的理想和实践仍然在发挥着前所未有的影响。它们在把西方文明推上世界领袖的地位之

后，正在成为世界上的其他民族和国家追求的目标。

维克托·汉森和约翰·希思教授在一本号召"重新发现古希腊的智慧"的著作《谁杀死了荷马》中指出："正因为有了古希腊的遗产，西方文化才能够具有如此独一无二的活力，它的信条才能够并且正在横扫全球。"他们认为：

> 那些为世界上的大多数人所渴望的东西，都来自希腊人，并且完全来自希腊人。世界上的几十亿人都在希望得到更多的希腊式的人身自由、政治自由和物质享受。

苏格拉底：过去和现在

苏格拉底比任何人都更能体现雅典精神对现代化进程的推动作用。伟大的历史学家阿诺德·汤因比指出："在雅典最辉煌的半个世纪里，它所绽放的最美丽的花朵不是一座雕像、一栋建筑或一部戏剧，而是一种精神：苏格拉底的精神。"事实上，这一时期的雅典历史只有在苏格拉底的身上才能得到最完美的体现，因为正如哈佛大学的罗伯兹教授所说：

> 苏格拉底是理解古代雅典的关键。他同大多数雅典的政治家（如果不是全部的话）进行过交谈，他研究过这座城市的大多数宗教、社会和政治准则；他意识到了正在发生的知识和艺术上的革新。在他活着的时候，雅典的力量已达到了顶峰。

幸运的是，在苏格拉底的身上有很多可供普通人学习的东西，因为他本人在很大程度上就是一个"普通人"。他既没有行使过伯里克利的政治权力，也没有表现出雕刻家菲迪亚斯或剧作家索福克勒斯的艺术天赋；他既没有当过奥林匹克冠军，也没有做成一笔大生意，甚至长得也不好看。他始终认为，只要我们愿意充分地展现我们所固有的提出问题、虚心学习、挑战自我和坚持真理的能力，我们就能够做到所想做到的一切。

本书并不是对他的机械模仿，而是一条找到你自己的道路的方法。但在我看来，做到这一点并不容易。苏格拉底像所有良师益友一样，有时候也会让你感到难堪。在柏拉图的《会饮篇》中，生活奢靡的阿尔喀比亚德就曾经忏悔道："他是唯一能够让我对虚掷光阴的生活方式感到懊悔的人。"随后，这位将军又解释了他为什么会心甘情愿地忍受这样一段令他不快的经历："如果你被他黏上了——如果你真正听到和理解了他所提出的问题，并且看到了他的生活方式——你就会发现他的生活简直是毫无瑕疵的。你还会发现为什么他所说的每句话和他所做的每件事都能够对你的生活发挥重要的影响。"

任何时代的人都会像阿尔喀比亚德一样，发现苏格拉底不仅是一个令人着迷的人物，而且是一个塑造灵魂的导师。在长达70年的生涯中（公元前469—前399年），他一直在关注着我们今天仍然在关注的那些问题：友谊、爱情、工作，以及如何营造更美好的社会和更有意义的生活。在任何情况下，他都能打动别人的心弦，并且使当时的人和后来的人得到鼓舞。

朋友们对苏格拉底的才华的赞美是我们了解他的唯一渠道

如果苏格拉底没有得到他的朋友们的爱慕和

苏格拉底的生平与时代

注：这个时间表中的某些日期已经无法得到精确的证实。因此，我只能根据权威学者的研究成果进行推算。

除了头两个之外，后面的每个条目都附上了苏格拉底当时的年龄。

公元前479年：雅典击败波斯，并由此确立了它在希腊的统治地位。

公元前476年：雅典建立提洛同盟，从而为希腊各城邦建立了一个共同的防御体系。

公元前469年，诞生：苏格拉底由石匠索夫罗尼斯库和助产妇斐那瑞特所生。

公元前461年，8岁：雅典最伟大的统治者伯里克利上台，并使雅典进入了长达40年敬重，我们对他的事迹就会一无所知。他从来不愿把自己的思想记录下来——在任何一家图书馆里都不可能找到他的著作，因为他认为真正的哲学需要"充满活力的"对话。他说："我之所以不愿写书，是因为当你向它提问时，它只能一遍又一遍地重复同一个答案。"他喜欢进行能够交流思想的对话。

幸运的是，苏格拉底的朋友柏拉图和色诺芬都是非常认真负责的人，他们不惜耗费大半生的心血来记录苏格拉底的言论。更重要的是，柏拉图为这些对话所起的名称完全不同于大多数哲学著作的名称。他从来没有用"关于逻辑的对话"或"关于未来的形而上学的宣言"之类的标题来命名苏格拉底的对话，而是以每场对话的主要参与者的名字（拉凯斯、美诺、普罗泰戈拉、斐德罗、欧绪弗洛、蒂迈欧等）来命名它们。

像苏格拉底一样，我们也只有在同我们的朋友、老师，以及那些爱我们并为我们所爱的人的交往中，才能最大限度地发挥我们自己的特长。

他尊重自己的父母，因而得以充分地继承了他们的才能

苏格拉底经常说，他的工作与他的父母的工作在本质上是一样的，那就是"把内在的东西引导出来"。他的母亲是一位助产妇，他的父亲是一位石匠。他的母亲帮助孕妇生育孩子，他则帮助人们想出最好的观点。实际上，在阅读他的对话时，我们经常可以听到他在喊："加油！加油！你能够想出一个更好的观点。"这一过程常常是痛苦的，但又是极其快乐的。

的发展、繁荣与成功的时期。

公元前457年，12岁：雅典同它的敌对城邦斯巴达签署了一个和约，从而确保了多年的和平与繁荣。

公元前457—前450年，12—19岁：雅典历史上最为繁荣和最有创造力的10年，苏格拉底在这座城市里度过了他的青少年时代。他一度给自己的父亲做学徒，但很快发现石匠的职业并不适合自己。

公元前448年，21岁：苏格拉底向当时第一流的自然哲学家和宇宙学家阿那克萨戈拉和阿凯劳斯学习，并开始意识到自己的使命是通过关注伦理问题而非科学问题来把哲学"带回现实"。

公元前447年，22岁：雅典人开始在

他也继承了父亲的方法，实际上，他年轻时还做过石匠。但不久之后，他发现自己应该雕琢的东西不是石头，而是内在的人格。

像苏格拉底一样，我们如果想更充分地继承父母的才能，就必须认真地审视我们从他们那里继承来的最重要的品质——不论是正面的还是负面的。

他过着朴素而高尚的生活

当苏格拉底光着脚走过雅典的广场时，他常常会叹息到："我用不上的东西实在太多了。"但这种"自愿简朴"的生活方式为他招来了不少的冷嘲热讽。有个雅典人甚至对他喊道："你这肥胖的家伙！我们到哪里才能为你找到体面的衣服呢？你简直就是鞋匠们的耻辱！"

连智者安提丰①也讥笑他说："即使让一个奴隶来过这样的生活，他也会因为不堪忍受而逃跑。"但苏格拉底绝不会做别人的奴隶，而且正如当时的雅典诗人所说的那样，"绝不会为了讨好任何人而折腰"。

苏格拉底的朴素生活与他的微薄收入十分相称。他生活的基础不是物质财富，而是友谊、服务和思考。他常常说，诸神所需要的只是祭祀仪式上冒出的青烟，而他所需要的只是无牵无挂的

雅典卫城上修建帕特农神庙这座古希腊最伟大的建筑。这座城市已经成为地中海的中心，吸引着各个领域里最优秀和最杰出的人。

公元前443年，26岁：苏格拉底观赏了索福克勒斯的《安提戈涅》，该剧表现了一位坚决反对僭主的正直妇女的形象。

公元前442年，27岁：德尔斐的神谕宣布了"没有人比苏格拉底更聪明"。苏格拉底则走遍全城去寻找比自己更聪明的人，

---

① 译者注：智者（Sophistes）是公元前5世纪在希腊以传授"智慧"为职业的教师，而他们所说的"智慧"就是一种用优雅的语言来表达思想的艺术。与苏格拉底打过交道的智者除了安提丰之外，还有普罗泰戈拉、高尔吉亚、希庇亚、克里底亚、欧绪德谟、吕科佛隆等。这些人的教学活动大都有着鲜明的功利性，即不是以寻求真理为目标，而是以培养能够在政治斗争（如在公民大会或民众法庭上的辩论或演讲）中取胜的人才为目标。为达到这一目的，他们有时不惜诉诸"诡辩"。因此，苏格拉底和他的学生柏拉图都十分厌恶他们，甚至将他们贬为"批发精神食粮的商贩"（见《普罗泰戈拉篇》，313C）。

生活。

但对于他的家人来说，这种朴素的生活方式可没有那么安逸。他的妻子克珊西普不得不依靠自己的双手去抚养他们的儿子，因为她的丈夫不知道赚钱，而只知道没日没夜地与别人交谈——而且常常是在她去不了的地方交谈。她在抱怨这位著名的对话家时说过"他从不和我交谈"，我们可以想象出她说这番话时的神态。

据说克珊西普是一个泼妇，在雅典的街谈巷议中也有不少关于她的传闻。例如，有一天她跟踪苏格拉底到了广场，并在那里声嘶力竭地斥责他，还把一个尿盆扣在了他的头上。朋友们都急于知道苏格拉底将如何按照哲学家的方式来处理这件事，但他只是淡淡地说了一句："连孩子都知道雷霆之后必有暴雨！"

像苏格拉底一样，我们也应该重新审视一下究竟有多少"东西"是我们真正需要的——不是根据它们的价格，而是根据我们自己和家人的需要。

他在晚年才得知自己的天职，但他终于发现了人生的真谛

苏格拉底从最具权威性的德尔斐神谕那里得知了自己的使命，但他拒绝听从神谕的劝告，而决心自己去寻找它。最后，他终于深入地理解了自己真正的使命。对此，我们将在后面的章节中予以详细介绍。

像苏格拉底一样，我们只有不再受制于别人的期望，才能发现我们来到这个世界上的真正使命。

并终于发现他的聪明在于知道自己的无知，于是决定以毕生的精力去寻找真正的知识与深刻的理解。

公元前441年，28岁：苏格拉底第一次服兵役。他和战友们一起驻守在萨摩斯岛，其中还包括他的前任老师阿凯劳斯和剧作家索福克勒斯。

公元前435年，34岁：苏格拉底在一次公开辩论中驳倒了最著名的智者普罗泰戈拉，从此声名鹊起。"在我所认识的人中，你是最值得尊敬的。"他的对手彬彬有礼地说。

公元前434年，35岁：苏格拉底观看了阿里斯托芬的喜剧《云》，并发现自己被嘲讽成了一个"脑袋插在云里面的"不切实际的哲学家。

公元前432年，37

岁：苏格拉底参加波提狄亚战役并且表现英勇，正如阿尔喀比亚德在《会饮篇》中所回忆的那样。从部队复员后，他目睹了自己的老师阿那克萨戈拉因"不敬神"的罪名遭到审判，并被判处死刑，但在伯里克利的帮助下幸免一死，遭到流放。

公元前431年，38岁：斯巴达人撕毁和约，入侵阿提卡，并占领了离雅典城只有6英里远的一个地区，一场长达几十年的战争就此爆发。苏格拉底目睹了伯里克利在雅典阵亡将士的葬礼上发表的那篇不朽的演说。

公元前430年，39岁：一场瘟疫夺走了雅典城三分之一的人口，但苏格拉底幸免于难。

公元前429年，40

他是一位忠诚的战士和正直的公民，但正因为热爱雅典，他才不得不批评它

在为雅典服兵役的过程中，年过四十的苏格拉底始终表现优异。他的勇敢有口皆碑。在波提狄亚战役中，他为了保护受伤的战友阿尔喀比亚德，而坚持抵挡敌人，直到援兵赶来。

更重要的是，苏格拉底还在一个更宽泛的意义上把自己看成了雅典的忠诚卫士。他在《申辩篇》中指出，正如在前线的时候，他会为了战争的需要而不惜献出自己的生命一样，在这个国家需要他充当一只"牛虻"的时候，他也绝不会脱离自己的岗位。

像苏格拉底一样，我们也必须知道怎样才能成为一个真正的公民，并且认识到，除了无条件服从之外，坚持不同政见有时也是爱国主义的表现。

他把苏格拉底的方法留给了我们

苏格拉底是一个提问者。他不会直接发表他的意见、结论或信条，而只会向我们提出问题——并且激励我们去深思熟虑、改变观点，甚至取得惊人的发现。无论是在思考勇敢和智慧的本质时，还是在探讨导致机构腐败的原因时，他都会运用这种"方法"来分析每件

事情。柏拉图的《理想国》是第一部由他的学生记录下来的伟大报告,它分析了苏格拉底终生为之服务的"顾客"——雅典城邦所面临的问题。

只有以苏格拉底为师,我们才能通过正确的提问来审视我们的生活、社会和机构。

他是一只受到嘲笑、恐吓和迫害的"牛虻"

尽管苏格拉底擅长交朋友,但他不会虚情假意地讨好别人。相反,他总是不断地向每个人提出问题,以至于雅典人常常把他的问题比作夏日里在阿提卡平原的畜栏里嗡嗡乱叫的虫子。因为虫子的叮咬可以使一头牲口发狂,而他的提问也

岁:苏格拉底迎娶了克珊西普。后来,他们一共生育了三个儿子。

公元前425年,44岁:雅典派遣一支庞大的舰队去征服西西里,结果全军覆没。

公元前424年,45岁:雅典将士在德立安战役中遭到大屠杀,苏格拉底再次幸免于难。

公元前421年,48岁:苏格拉底同两位将军——尼西亚和拉凯斯,讨论了什么是勇敢。为了说明人类认识的局限性,他还向格劳孔讲述了"洞穴"的比喻。

公元前416年,53岁:苏格拉底出席了在阿伽松的家里举办的宴会,席间他谈到了爱,并且声称这是一个需要进行各种专门研究的问题。

足以让一个人发狂。但他足足叮咬了那些最有权势的雅典人达30年之久。

他的雅典同胞终于对他进行了回击。在阿里斯托芬的喜剧《云》的首场演出中，当他看到自己竟然成了这出戏剧的主角时，你可以想象出他会对此做何感想。阿里斯托芬把苏格拉底描绘成了一个自诩为有思想的"吹牛大王"。在他的笔下，这位"把脑袋插在云里面"的哲学家整天坐在一个悬挂着的篮子里，并且不断地向那些疯狂的追随者发表毫无意义的讲话。

雅典人喜欢这种富有自由主义精神的辩论方式。据说苏格拉底本人也喜欢这个讽刺剧，他还在演出的间隙站了起来，以便为观众"提供一个更容易攻击的靶子"。

苏格拉底从不退缩。他热爱他的雅典同胞，所以不能眼睁睁地看着他们毁了自己的生活而一言不发。但在输掉了同斯巴达的战争之后，饱受磨难的雅典人却对他的提问越来越不耐烦了。最后，七十高龄的苏格拉底终于被三个雅典公民以不崇拜公认的神、散布新思想（即他对自己的良知的信赖）和腐化青年的罪名告上了法庭。在一场审判之后，他被判处了服毒自杀的刑罚。他虽然死了，但仍然活在与朋友们的对话之中。

像苏格拉底一样，我们也要认真地想一想应该如何过好自己的生活和在社会上为人处世。

他不仅仅崇尚理性，而且重视直觉和想象

每当苏格拉底要犯错误的时候，都有一个发自内心深处的声音悄悄地向他发出警告，他把这种声音称为自己的守护神。他还常常通过想象来

公元前415年，54岁：苏格拉底观赏了欧里庇得斯的反战剧《特洛伊的妇女》的首场演出。该剧抨击了雅典人在伯罗奔尼撒战争期间表现出的不人道行为，并敦促雅典人接受前人的教训。

公元前415—前410年，54—59岁：苏格拉底继续履行他诘难雅典人的使命，但他们开始变得越来越不耐烦，因为战争正在动摇他们的信念。

公元前406年，63岁：作为议事会主席团的轮值主席，苏格拉底拒绝按照群众的无理要求去判处失败的将军们的死刑。

公元前405年，64岁：斯巴达在战争中获胜，雅典沦陷，"三十僭主"的恐怖统治开始。

公元前404年，65

创造有说服力的比喻，例如，他的"洞穴"的比喻预言了现代人对电子娱乐与现实世界的混淆，他的"裘格斯的戒指"的比喻则对伦理的基础提出了挑战。

像苏格拉底一样，我们也可以敏锐地发现我们内部的直觉和想象，并通过它们来做出更明智的决定和加强我们的创造力。

他热爱生活

几乎每天晚上，苏格拉底都会被人请去赴宴，因为只要他一出现，整个谈话就会充满了活力、意义和机智。他热爱友谊和社交，并且能够在宴会上灌醉大多数的朋友——但他本人从来没有因此而失态。

《会饮篇》是少数几篇没有以对话者的名字为题的对话之一，它所记录的并不是一场学术讨论，而是一场嘈杂的宴会，但由于参加宴会的知名人士实在太多，所以柏拉图不得不放弃了从他们中选出一人来命名这篇对话的想法。

像苏格拉底一样，我们也可以生活得更加充实，我们在尽情地享受社会所提供给我们的最美好的东西的同时，还应该为这个世界的进步做出自己的贡献和尽到自己的责任。

他尊重女性、奴隶和"野蛮人"的人格

在古希腊，女性是没有资格参加政治选举和文化生活的，苏格拉底却承认他从那些能干的妇女，如阿斯帕希娅和狄奥提玛那里学到了很多知识。他认为，按照性别来判断人的能力就好比按

岁：苏格拉底拒绝按照僭主的命令去非法逮捕一个雅典公民。

公元前403年，66岁："三十僭主"垮台，一个更加民主的政府上台执政。苏格拉底继续扮演牛虻的角色，但他的不同观点招致了很多人的不满。

公元前399年，70岁：苏格拉底因"不敬神"和"腐蚀青年"的罪名遭到审判，一天后被判处死刑。在临刑前的一个月，他继续与朋友交谈，并断然地拒绝了他们帮助他逃跑的要求。最后，他自愿饮鸩就刑。

照头发的多少来判断人的智慧。

在那个时代，奴隶制是一种被人们普遍接受的制度，苏格拉底尽管没有公开反对这种制度，却经常赞扬奴隶的才能并指责那些靠剥削奴隶为生的朋友。他常常问他们："你们想过没有，应该鞭打的究竟是你们自己还是你们的奴隶？"

在《美诺篇》中，苏格拉底引导一个没有受过教育的小奴隶"发现"了一个欧几里得定律。他试图以此证明，在每个人的心里都埋藏着真理的种子。他之所以会同情这些"外人"，很可能与他自身的丑陋容貌有一定的关系。希腊文化是一个崇尚身体美的文化，但按照希腊人的传统标准，他是一个有名的丑八怪。他又矮又胖，并且体格粗壮。早在孩提时代，他就有了"青蛙脸"的绰号，因为他长着隆起的前额、凸出的眼睛、扁平的鼻子和鱼鳞状的嘴唇。当他由于作战勇敢而被授予勋章时，在雅典居然有人传说，他之所以能够取胜，并不是因为勇敢，而是因为斯巴达人一看见他的脸，就被吓跑了。

像苏格拉底一样，我们在事关整个社会的平等、公平和正义的问题上必须摆正自己的立场。

他坚持在任何地方向任何人学习

苏格拉底在广场——公元前5世纪的雅典最为喧闹和拥挤的地方——度过了他的一生。他喜欢在陶器店、小酒肆和鞋匠西蒙的作坊里打发时光。他渴望从各行各业中学到最优秀的东西，以便成为明智的生活和有成效的行为的表率。一位朋友评价说："在他的言谈中充满了从陶匠、马夫、政客和妓女那里学到的知识。大多数哲学家只谈论观念，但苏格拉底愿意向任何人学习任何东西，并且利用这些东西来表达他自己的思想。"

像苏格拉底一样，我们也能够成为并且必须成为终生的学习者，因而我们每天都要坚持学习，以便丰富自己的生活。

他在生与死面前都能保持平和的心态

哈佛大学的退休教授格利高里·符拉斯托司写过一本关于苏格

拉底的名著，该书最后一章的标题竟然是"苏格拉底·弗利克斯"（Socrates Felix）。这句话在拉丁文中的意思是"快乐的苏格拉底"。符拉斯托司在以毕生的精力研究苏格拉底之后终于发现了他最重要的特征，那就是活得逍遥、死得洒脱。

任何东西都有结束的时候，不论它是一个项目、一家公司、一个帝国，还是一个人的生命。当最后的时刻来临时，常常是在我们意想不到的时候，我们必须考虑一下后事：领导权的交接、我们的下一代。

像苏格拉底一样，我们也应该考虑一下我们的后事，问一问：我能够在我的朋友和我所爱的人的心里留下些什么？

没有苏格拉底的世界

假如苏格拉底没有成为我们的历史的一部分，那么我们的历史会有什么不同？"西方哲学和政治思想的整个进程将彻底改变。"著名的古典学家维克托·汉森教授在一部历史名著《那么会怎样？》的第二卷中宣布。

汉森认为，假如苏格拉底在45岁那年死于德立安战役，即雅典在公元前424年遭受的一次毁灭性的军事溃败，那么我们就只能根据阿里斯托芬在10年前所写的《云》的描述，把他看成一个说空话的智者。

那些为苏格拉底的言行做记录的人将永远失去了解他的机会。汉森发现，"绝大多数为苏格拉底的言行和思想做记录的人都出生在德立安战役之后，他的最重要的学生都是在他45岁之后或者在他五六十岁的时候才遇到他的"。如果他死于公元前424年，他的生活和思想就不会给后来的西方哲学传统留下多少积极的东西。同时，汉森还注意到，如果离开了苏格拉底的启发（还有话题），柏拉图本人的作品"将很可能成为（完全）抽象的乌托邦思想和学术理论，并且像芝诺和伊壁鸠鲁（的思想）一样，难以为普通的读者所了解"。

更重要的是，如果苏格拉底死于德立安战役，那么：

- 我们将失去一位把非暴力的不合作作为一种合理的政治策略的楷模。
- 我们将失去一只作为自由社会的必然象征的牛虻的原型。
- 我们将失去一种在苏格拉底的对话中产生的、难以磨灭的方法。
- 我们将失去利用这种方法来开展教育的远大理想。
- 我们将失去一部描述人类的学习、成长和创造过程的最珍贵的文献。

他是众人的导师

千百年来,苏格拉底的光辉形象照耀了一代又一代的知识分子。他的精神仍然活在柏拉图、亚里士多德和西塞罗的著作之中。在教父时代,他曾经被视为一位诞生在基督教之前的、鼓励人们去"关心灵

魂"的圣徒。在宗教改革时期，当鹿特丹的爱拉斯谟因为崇尚理性而遭到天主教和新教的两面夹击时，他曾经大声地向"圣苏格拉底"祈求。蒙田在读完了他所能读到的所有作家的文献之后，曾经把苏格拉底称为"古往今来最聪明的人"。本杰明·富兰克林则给自己确立了一个目标，那就是"效法耶稣和苏格拉底"。①

许多现代思想家，从弗里德里希·尼采直到米歇尔·福柯都为他们能够认识苏格拉底而感到激动。形形色色的当代作家和艺术家都试图按照各自不同的模式来塑造苏格拉底的形象。马克斯韦尔·安德森在《赤脚走雅典》中，把苏格拉底搬上了现代戏剧的舞台。玛丽·列瑙特在《最后一滴酒》中，以小说的形式描述了苏格拉底的事迹。英国女作家艾丽斯·默多克也创作了两篇苏格拉底的对话，并且以"阿科斯托司"为题将其发表。著名记者I. F. 斯通为了突出苏格拉底在《申辩篇》中所讨论的自由问题，专门对这篇对话进行了改写。小说家沃尔特·莫斯利还创作了一个名叫苏格拉底·福特楼（Socrates Fortlow）的非洲裔美国人的形象，此人的拳头与他提问题的速度一样快。

 ## 加强你的苏格拉底精神

苏格拉底之所以能够继续生活在我们中间，除了要感谢他在德立安的好运气，以及柏拉图和色诺芬的描述之外，还要感谢那些传播火种的人——那些生活在不同时代的、曾经被苏格拉底的火花照亮和温暖的人。在本书中，我介绍了一些在当代社会中传播火种的人。他们都从苏格拉底那里获得过启发和指导，并且把苏格拉底的价值观运用到了他们的生活之中。学习他们的经验可以帮助我们更充分地发挥我们的智慧。

---

① 译者注：爱拉斯谟（Erasmus，公元1466—1536年）与蒙田（Montaigne，公元1533—1592年）都是宗教改革时期的基督教人文主义者，他们主张用更符合人性的人文主义来取代宗教专制主义，从而对后来的宗教宽容思想与启蒙精神的产生起到了促进作用。本杰明·富兰克林（Benjamin Franklin，公元1706—1790年）则是乔治·华盛顿的战友，也是美国的主要奠基者之一。

普林斯顿大学的亚历山大·尼哈马斯教授对苏格拉底的影响进行了专门的研究，并且在他最近出版的《生活的艺术——苏格拉底的反思》一书中揭示了苏格拉底之所以能够魅力永存的原因。他指出："苏格拉底的榜样使我们看到了应该怎样按照自己的个性去生活。遵循苏格拉底之道并不是要去模仿他的生活方式，而是要去寻找适合自己的生活方式。"

要遵循真正的苏格拉底之道，就必须找到我们自己的路。

第一章

认识你自己

苏格拉底之道

Socrates' Way

1

> 未经审视的生活是没有价值的生活。
> ——苏格拉底(见柏拉图《申辩篇》)

苏格拉底没有在一所宁静的庙宇或校园中进行探索。相反，他经常出没于雅典广场——全雅典最拥挤和嘈杂的市场。这里是每个雅典人每天都要去购物、获悉新闻和传闻，并且享受生活的地方。

喜剧诗人欧布卢斯生动地描述了它的景象：

> 你将在雅典广场的任何一处地方找到一切可供出售的东西：无花果、目击者、葡萄串、见证人、鹰嘴豆、诉讼、番樱桃、法律、滴漏、告发……

在这里，在阿提卡的阳光下，苏格拉底在新出炉的面包和刚从港口运来的海鱼的味道中进行对话。他和他的朋友都不得不提高嗓门，因为小贩正在叫卖他们的器皿，铁匠正在敲击他们的砧子。

苏格拉底最喜欢光顾的地方之一是位于大广场一角的鞋匠西蒙的作坊。它的遗址已经被发掘了出来并且通过散落在地上的鞋钉和刻着西蒙名字的茶杯得到了确认。

在这段出自一篇典型的苏格拉底的对话的引文中,苏格拉底正在要求年轻的朋友欧绪德谟设法认识自己。这段引文节选自色诺芬的《回忆录》,他和柏拉图一起忠实地记录了苏格拉底的生平与思想。

苏格拉底:告诉我,欧绪德谟!你是否去过德尔斐的神谕宣示所?
欧绪德谟:是的,没错,苏格拉底!我去过两次,每当我要做出一个重大决定的时候,我都要寻求最好的建议。
苏格拉底:你是否注意到了它的入口处刻着的一段铭文?那里是你进入神庙的必经之路……
欧绪德谟:哪一段,苏格拉底?
苏格拉底:就是认识你自己(gnothi seauton)。
欧绪德谟:哦,是的!但我想我没有过多地注意它。他们总是催着我进进出出,我根本没有机会停下来思考它。
苏格拉底:但后来有没有想过呢,欧绪德谟?当你将要做出一个重大决定的时候,你是否认为它是值得思考的呢?
欧绪德谟:没有,我从来没有,苏格拉底!当我离开那里的时候,我已经得到了神谕的建议,而且我认为没有必要再去思考它。但我猜想我认识我自己,我的意思是说,我怎么会不认识呢?我真的没有那么复杂,苏格拉底!

苏格拉底：好的，只有你敢于承认这一点，欧绪德谟！但让我们换个角度思考一下，昨天我看见你在阿里司泰得挑选马匹。你是不是想买一匹马？

欧绪德谟：是的，苏格拉底，我正要去那里做成这笔交易。

苏格拉底：那么你一定花了不少时间去观察那匹马，以便确认它是否强壮、健康和驯服？

欧绪德谟：那自然，苏格拉底！我一连几天每天都要花几个小时在牧场和马厩边转悠。

苏格拉底：那么你是否已经想好，要如何使用那匹马以及它可以为你做些什么？

欧绪德谟：那正是我最关心的，苏格拉底！

苏格拉底：那么你在观察那匹马的时候，有没有根据自己的需要来权衡它？

欧绪德谟：的确如此，苏格拉底！

苏格拉底：然而，欧绪德谟，你没有向一位预言家或者一位祭司寻求建议，不是吗？

欧绪德谟：当然，苏格拉底，我为什么要那么做？我能够自己鉴别那匹马，而且它适合做什么已经很清楚了。

苏格拉底：然而，当你准备做出一个足以影响到你的一生的重大决定时，你却接受了神谕的建议而不愿意听从"认识你自己"的忠告……

欧绪德谟：我明白你的意思，苏格拉底！我至少应该像审视我的马一样审视我自己。

苏格拉底：没错，欧绪德谟！而且你是否认为人们在了解了他们自己的长处和短处的时候，可以做出更加明智的抉择呢？

欧绪德谟：的确，苏格拉底！我们的朋友波多克勒斯昨天不是还在抱怨他现在干的陶匠活，并且希望找到一个更能发挥他的才能的工作吗？

苏格拉底：是啊，我记得那次对话！这正是我要和你交谈的原因。我想你可能会认为那些有自知之明的人知道什么东西适合他们，而且知道他们能够做什么和不能够做

　　　　　什么。通过做他们擅长的事情，他们既达到了目的又取得了成功；通过不做他们不擅长的事情，他们避免了错误并且逃脱了不幸。

欧绪德谟： 我的确多次看到过那段铭文，苏格拉底，但是我从未意识到它对我有什么用处。我猜想，他们之所以要把"认识你自己"铭刻在德尔斐神庙的大门之上，是因为假如你做不到这一点，那么无论你从女祭司那里得到了什么建议，你都不能正确地理解它或适当地使用它。

　　那些缺乏自知之明的人和不能正确评价自己能力的人都会陷于这样的境地，不论他们是在与别人打交道还是在做其他事情。

　　对自我认识的高度强调才是苏格拉底最为关注的焦点。

　　早期的希腊哲学家所关注的主要是宇宙的本质，他们提出的学说都是为了论述物质的基本形式和地球在宇宙中的位置。而苏格拉底之所以不同于赫拉克利特和阿那克萨戈拉等所谓的前苏格拉底哲学家，就在于他使哲学回到了现实。他是第一位对人类社会和日常生活中面临的问题进行认真思考的哲学家。古罗马演说家西塞罗指出："苏格拉底把哲学从天上请到了人间，并且将其根植在了人类的城市和家庭之中。"在使哲学研究变得更有意义的基础上，苏格拉底还发明了一些用来认识自己和自己的生活的新方法。

　　第一，他依靠理性而非启示。这一点在他对欧绪德谟的提问中表现得很清楚。他要求我们凭借我们的智慧，而不是凭借祭司和神谕的建议来认识自己。

　　第二，苏格拉底怀疑"传统的智慧"。几乎在每一次对话中，他都反对像大多数人一样轻率地回答那些最重要的问题，如什么是爱、什么是勇敢、什么是正义、什么是友谊等。一旦我们的决定有可能影响到我们的生活方式，苏格拉底就会要求我们首先分析一下自己的兴趣、价值和才能。苏格拉底拒绝接受轻率的回答，他证明了这样的回答要么是自相矛盾的，要么是没有意义的。讨论这些重要问题的时候，最早闪现在我们头脑中的想法大都是错误的，而且不利于我们做出圆满的决定。

第三，苏格拉底通过对话的方式来探讨这些问题，因为只有通过互相帮助，我们才能看清自己。我们要向别人表达和证明我们的思想，并且听取别人的意见。在听到我们应该表达出来的思想之前，我们常常不知道自己的真实想法，而只有在把自己的信念和意见表达出来之后，我们才会发现它们并不像表面上那样的明智与可靠，而是可以对其加以某些改进。

然而，如果我们用来认识和储备生活的主要工具就是我们自己，那么我们首先要知道的便是如何认识自己的心灵、价值，以及最大限度地运用自己的智慧的方法。

当代的苏格拉底精神

本书向你推荐了苏格拉底之道。但这条"道"真的行得通吗？对于我们这些普通人而言，它难道不是一个过于宏伟的目标吗？苏格拉底难道不是"万里挑一"的具有普通人所望尘莫及的特殊才能的人吗？

把苏格拉底的火种传递给我的第一人理查德·米歇尔认为，苏格拉底已经为我们回答了这些问题。米歇尔本人也是一只难以对付的

"牛虻",他以"反传统的语法学家"而著称,并且把这段话用做了他的一本书的书名。因此,他理所当然地把苏格拉底视为自己的榜样。

米歇尔设想了一位对地球上的生命形式一无所知的外星人。这位外星人为了研究人类,选择了两个试验品:苏格拉底和米歇尔。这位外星科学家在他们身上发现了自我意识和选择这两个共同的特征,并据此把他们同地球上其他生命形式区分开来。

我们之所以不同于狐狸和橡树,是因为我们可以认识自己,并且知道我们可以认识自己。像其他生物一样,我们也有欲望和冲动,但我们能够以惊人的毅力不让它们成为我们的必然属性,而是让它们以某种奇妙的方式游离在我们的本质之外。我们可以疏远它们、改变它们、判断它们,甚至抛弃它们。不错,它们在某种意义上就是"我",但当我做出上述选择的时候,它们并不是真正的我,而只是我的东西。接着,这位外星科学家又研究了他的两个试验品苏格拉底和米歇尔的区别。他最感兴趣的是参照人的上述两个基本特征来比较他们。

米歇尔借这位外星科学家之口得出了一个悲观的结论。同苏格拉底相比,米歇尔不得不承认:"我的人性在某种程度上已经'破碎'了,苏格拉底是正常的人,而我是一个被扭曲了人的本质的怪物。"但米歇尔也注意到,他可以找到一个辩护者——苏格拉底本人!

苏格拉底会一如既往地说:"不对,这位年轻的朋友并不是一个真正的怪物。凡是我可以做到的,他都可以做到,他只是没有做而已。而他之所以没有做,是因为他还具有其他一些属于人的本质的东西,而且与你在我身上发现的那些能力相比,这些东西所具有的人性一点也不逊色。在我们当中,有些人会比其他人睡得更沉一点和更长一点。如果我们没有在其他人的帮助下苏醒过来,就有可能在睡眠中了此一生，而永远得不到这样的能力。但我们能够苏醒。"

苏格拉底给我们上的第一课就是，我们能够做到他所做到的事情。没错，我们只有像他一样，才能最大限度地了解我们的心灵。米歇尔还进一步解释了我们为什么应该听从苏格拉底的忠告。（参阅本章练习8）

直到生命的最后一天，苏格拉底都坚持认为：他并不是一个特别机智、博学和聪明的人。他多次宣称自己只是一个普通人，因而只能像我们一样循序渐进地探索真理。

如果我们想控制自我和认识自我，就必须坚持像苏格拉底一样：提出问题、深入思考、解放思想、借鉴别人的观点和关心自己的灵魂。本书的目的就是要充分地调动你的能力，以便使你成为一个有思想和有道德的人。

挑战、探索和运用

1. 吸取欧绪德谟的教训

正如苏格拉底所揭示的，欧绪德谟虽然看到了"认识你自己"的德尔斐神谕，却未能认真地审视它、体会它或利用它来改善自己的生活。而贯穿于这篇对话之中的主题则是：必须审视那些看似理所当然却又未经认真思考的观点。在各种不同场合的对话中，苏格拉底一再敦促他的朋友去审视他们自认为已经充分理解了的概念，例如勇敢、正义和友谊。

加强你的苏格拉底精神

- 你是否认真审视过你的文化中的"传统的智慧"，就像苏格拉底敦促欧绪德谟去做的那样？（练习1）
- 你是否认识自己生活中的导师，并且充分地利用了他们的经验。（练习2）

- 你是否思考了选择和机会在你以前的生活中发挥的作用,并且决心从此过上明智的生活?(练习3和练习4)
- 你在做出决定的时候是否会深思熟虑?(练习5)
- 你是否把自己培养成了一位"苏格拉底式"的导师,以便去帮助你所关心的人。(练习6)
- 你是否研究过自己的思维方式,在你所具有的几种智能中(逻辑、情感、语言等),你最喜欢使用哪一种?(练习7)
- 在每天的什么时间,你的思想最为灵敏和活跃?(练习8)
- 你是否通过自己的深思熟虑而掌握和改进了过上美好生活的方法?(练习9)

这个练习为你提供了一个机会,使你在遇到苏格拉底的时候,可以比欧绪德谟做得更好。正如他曾经和苏格拉底探讨过"认识你自己"的意义一样,你也可以通过思考你周围的口号和信条来探讨它的意义。

在我们的周围遍布着"传统的智慧"——关于我们应该如何生活的公认的格言。但我们很少认真地思考它们的内涵和外延,也很少判断它们的实际作用。我希望你能够找出三个这样的格言,并且认真地反思它们的意义,不论你是否信奉它们或是否打算在生活中运用它们。例如:

- 在你的家人和朋友中流行的谚语,如"跟上潮流""别贪小便宜"或"爱能够满足你的一切需要"。
- 你所在的工作单位的信条或者你所属的志愿者组织的口号。
- 令你怦然心动的广告词,如:"就这么干!"或"牛肉在哪里?"
- 在公共建筑或纪念碑上常见的标语,如:"我们信仰上帝!"
- 吸引你的目光的视觉印象,如一美元钞票上的金字塔。

每一天,你都要选出一个诸如此类的格言,并且花点时间来思考它的意义。你还要询问其他人的看法,以便发起一轮小小的对话来讨论它。在一天即将结束的时候,你要做出赞同它或者反对它的决定。如果你决定赞同它,就要想出一个办法来利用它改善你的生活。

智慧的猫头鹰

对于苏格拉底来说,雅典的猫头鹰是智慧的象征。当然,雅典的主神雅典娜也因之得名。菲迪亚斯用黄金和象牙制作了一尊巨大的雕像,这尊雕像就矗立在帕特农神庙的中心。雅典人还把图案刻在了自己的货币上。我们对"智慧的猫头鹰"的观念正是从他们的这一信仰中引申出来的。

在《荷马史诗》中,雅典娜曾经帮助过希腊人,特别是在奥德修斯的流亡途中,她常常以猫头鹰的面孔出现。她在《荷马史诗》中的主要别名是格劳克皮斯,意为"明亮的眼睛"或"猫头鹰的脸"。

真实的猫头鹰在雅典城里也随处可见,因而雅典人所说的"送猫头鹰到雅典"与我们所说的"送煤到纽卡斯尔"具有相同的含义。

哲学家黑格尔说过:"智慧的猫头鹰只有在夜幕降临时才起飞。"这句话表明了一个事实:苏格拉底只有在雅典从其光荣的顶点上跌落下来之后,才进入了他的鼎盛时期。

如果你愿意接受这样的挑战,就按照同样的方法去考察其他的格言。如果你发现有些格言不仅听起来很不错,而且能够经得起"苏格拉底式"的检验,就把它们贴到你的私人空间里——你经常用来思考、工作、创造或反省的地方。在这么做的时候,它们将成为你的好伙伴。米歇尔·蒙田是一位常常被誉为"法国的苏格拉底"的古典作家,他把自己听到的所有最机智、最聪明的格言统统张贴了起来。实际上,他把它们刻在了他的私人工作室的木柱子上。

2. 在你的生活中找到一位"苏格拉底式"的人物

说不定你曾经在自己的生活中遇到过苏格拉底,然而却未能把他认出来。在每一个时代和每一个人的生活中,我们都能找到"传播火种的人"。他们一直在扮演着苏格拉底的角色,那就是不断地激励我们去审视自己的生活、质疑自己的信念和价值、进行更清晰的思考。

在做这个练习的时候,你要在自己的生活中找到一位"苏格拉底式"的人物,他既可以是一位真实的人物,也可以是一位想象的人物。他有可能就是你的父母、祖父母、老师、朋友或同事,也有可能是一位耐心而机智的长者。他应该能够理解你的年少无知,帮助你看到世界的复杂性,或者向你提出有益的忠告。

 ## 苏格拉底质疑神谕的权威

苏格拉底不惜冒着风险来讨论"认识你自己"的德尔斐神谕。大多数希腊人都对这条神谕心存敬畏。对于他们来说,寻求德尔斐的神谕可是一件非同寻常的事。德尔斐坐落在雅典西北部的高山上,那里是阿波罗神庙的所在地。如果想到达那里,要不得从柯林斯上船走海路,要不得从波阿提亚出发,穿过一条蜿蜒在崇山峻岭间的小路。那里的建筑物都是用闪闪发光的大理石、青铜和黄金修造的,只要看上一眼就能使人着迷。

来自希腊各地的人都在那里把他们的疑问提交给神谕。城市派使者去那里打听消除瘟疫的办法或建立殖民地的场所。大人物在那里询问他们是否能够得到光耀门庭的子孙。每个来访者都带来了厚礼,它们将被收藏在神庙的珍宝馆里。

在寻求神谕的时候,人们要把自己的问题写下来,并且在一团漆黑中把它塞进一个烟雾缭绕的神龛里。年轻的女祭司会把神谕的建议带出来,据说她们就是为阿波罗传话的使者。人们都被自己的座位下面发出的香气熏得神魂颠倒,因为那是一种能够产生快感和幻觉的乙烯。

我们还将讨论神谕对苏格拉底本人的宣示,以及他如何运用自己的智慧来思考那个宣示。

对于米奇·阿尔博姆来说，这位"苏格拉底式"的人物就是他大学时代的老师莫里·施瓦茨。在《相约星期二》中，他回忆了这位20年前的老师向他传递苏格拉底的火种的过程。他说："我的老师在退休之后，仍然坚持在自己家里给我们上课。他讲授的主题是生活的意义，他讲授的内容来自经验。"

"虽然没有成绩，但每个星期都有口试。你必须回答他的问题，并且提出自己的问题。"在做这个练习的时候，我们也要完成同样的任务。如果你想从中得到最大的收获，就要找到一个安静而舒适的地方，并且要找到至少半个小时的完全属于自己的时间来完成这个练习。

首先，要回忆起你最想再次遇到的那位"苏格拉底式"的导师。设想你和他或她待在一个你最喜欢去的地方。在你对他或她的想象中加上一些时间和空间上的物质性的感受：能够看到、听到、嗅到、摸到的东西。然后像米奇·阿尔博姆第一次与那位老教授单独相处的时候一样，向自己提出下面这个问题：我体验到了什么？

也就是说，要想一想，自从你与自己的导师结识以来，你究竟感到自己在内心中经历了哪些重要的转变？

你或许可以用莫里提出的一些问题来问一问自己：

- 你是否觉得自己正在做正确的事情？
- 你是否能够保持平静？
- 你是否成为你觉得自己注定要成为的人？
- 你是否对自己的疏忽大意感到悔恨？
- 你是否在回报你自己的社会？
- 你是否在全力发展自己的人格？
- 你是否找到了一个可以交心的人？

然后，再听一听你所想起的那位导师的意见。

如果你觉得这个练习的效果不错，就多做几次。你得到的答案将出现变化和发展，而且每当你再次找到那位导师的时候，他都会告诉你更多的东西。

他的声音进入了你的内心深处

弗里德里希·尼采是一位终生对苏格拉底爱恨交织的哲学家，他宣称："苏格拉底可以让你学会如何倾听。"尼采还指出："他让你体验到了一种新的渴望……他发现了被人们遗忘的宝藏和良心的失落。而一旦摆脱了良心的羁绊，你就变得更加富有、开放和犹豫，同时又充满了难以名状的希望。"

3. 发现你的核心价值

苏格拉底经常向他的朋友提问，以便发现他们观点背后的核心价值，他想弄清他们相信他们自认为可信的东西的原因。为了让你做到这一点，认知人类学家查尔斯·凯斯发明了一个叫作"为什么"的游戏。这个游戏的目的是弘扬苏格拉底的提问法。它可以让你通过测试你自己——或者一个自愿者——的方法来发现你自己或其他人的信念的依据。

你可以利用它来检验你的任何信念或信仰，甚至包括那些最微不足道的信念，例如"我实在喜欢吃巧克力面圈"。在完成它的时候，你要向你自己或者你的伙伴提出"为什么"，并且通过你们的回答来找出你们的理由或动机。你可以按照下面的程序同你自己或你的朋友进行一场关于面圈的对话：

> 为什么你喜欢吃巧克力面圈？
> 它既有巧克力的味道，又有不同于巧克力和面圈的结构。
> 为什么你喜欢巧克力的味道以及不同于巧克力和面团的结构？
> 喔，是这么回事，它使我想起了从前与父亲在一起吃面圈的情景，就是我们在每个星期天的下午一起外出的时候。
> 为什么你要回忆从前与父亲一起吃面圈的情景？
> 那是我每个星期里最快乐的时光。
> 为什么那是你每个星期里最快乐的时光？
> 因为我可以完全拥有他，而且他会让我得到我想要的一切，简直太美啦！
> 为什么你可以完全拥有他，并且可以随心所欲？
> 因为母亲太严肃了，同她在一起的时候，我总是感到不自在。

我想你一定能够注意到，做这样的游戏可以让你获得一些有趣的自我发现。当然，它也可以引起你的烦恼。朱迪斯·胡伯尔在她的一本书中描述了她参与这种游戏时的感受，她说："一开始，我觉得做这个游戏简直是无聊透顶。我似乎正在和一个无所事事的人或者一个机器人进行交谈。但做了三四十遍之后，我终于找到了一个我无法回答的问题。通过这个问题，我还找到了自己的一个核心价值。"这正是"为什么"的游戏的目的之所在，而且每当你做这个游戏的时候，都可以通过不同的方式发现你的一个基本信念。

凯斯认为:"'为什么'这个问题是人类的心灵迄今为止所创造的最伟大的发明。当你利用它来考察自己的信念的时候,你将变得更有创造性,并且塑造出真实的自我。你将变成一个'为什么'!"

4. 审视你的生活:从你的选择和机会出发

苏格拉底要求我们审视自己的生活。这个练习则是你的一种令人兴奋的审视生活的方法:与自己或者其他人进行对话。

每个人的生活都是由他们的选择和机会的相互作用决定的。一方面,我们做出决定,追求我们的目标,并按照自己的设想来安排我们的生活。但与此同时,我们又要受到机会、运气(或好或坏)和偶然性的影响。

苏格拉底怎样同他自己对话

迄今为止,你所做的所有练习都是在以不同的方式与你自己或其他人进行对话。苏格拉底也经常与他自己进行这样的对话。在《大希庇阿斯篇》的结尾,苏格拉底一边向愚蠢而固执的大希庇阿斯道别,一边叹息他自己还要把这场对话继续下去。他解释说,在他的家里还有个更烦人的家伙在等着他,那个人一天到晚都坐在那里,并且会把白天的对话延续到深夜。

苏格拉底的意思是说,即使在只有他一个人的情况下,他也可以进行这样的对话。《耶路撒冷的艾希曼》的作者汉娜·阿伦特把这种现象称为"二位一体"。她说:"苏格拉底在回家之后也不得安宁,他还要和他自己待在一起。他必须与他自己达成妥协,因为他们生活在同一个屋檐下,而一个人宁愿得罪全世界的人,也不愿得罪那个他每天回家后都必须一起生活的人。"

在做这个练习的时候,你要同时按照两条思路来思考你的生活,以便揭示出它们在你的生活中发生的相互作用。你既可以通过做思想笔记的办法来单独完成它，也可以同另一个人或者一群人来共同完成它。

发明这个练习的人是杰出的人类学家、《营造一种生活》等重要著作的作者玛丽·凯瑟琳·柏特森。她也是一位向我传递过苏格拉底的火种的人：她利用苏格拉底的方法成功地审视她自己和别人的生活。

像她一样，你要首先从自己的选择出发来回顾一下你在生活中经历的重大转折，你要对自己说：

> 在回首往事的时候，我惊奇地发现我现在的处境居然在很大的程度上是由我自己做出的决定和我自己确立的目标导致的。
>
> 例如……

然后，你还要从另一个角度出发来描述一下你在生活中经历的重大转折（这样的描述与你刚才的描述可能截然不同），你要对自己说：

> 在回首往事的时候，我惊奇地发现我现在的处境居然在很大程度上是由我无法预测的，甚至无法控制的事件（或好或坏）导致的。
>
> 例如……

你要想一想或者与其他人讨论一下，你在通过这两种不同的方式"审视"你的生活时得到的启发。思考一下它们能否指导你过好现在的生活。

5. 审视你的生活：你是否做到了深思熟虑

苏格拉底每天都要磨砺他的思想，以便保持其思维的敏锐性。你也要通过这个练习来检验一下你是否真正地掌握了你从本书中学到的方法。

  这个练习取材于一部由默尔·斯垂普和阿尔伯特·布鲁克斯主演的影片《捍卫你的生命》。（你不一定非要看过这部影片，但假如你真的没有看过，那么欣赏一下它也未尝不是一个帮助你完成这个练习的好办法。）

  在这部影片的开头，一位由布鲁克斯扮演的广告商丹尼尔·米勒正驾驶着一辆崭新的豪华轿车在洛杉矶的林荫大道上飞驰，他的耳边还回响着芭芭拉演唱的歌曲《它即将来临》。就在这时，一件事真的发生了，他迎头撞上了一辆巴士。米勒终于从死亡的阴影中苏醒了过来，但他的麻烦才刚刚开始。

  他要在撕心裂肺般的疼痛的折磨中竭力"捍卫他的生命"。为此，他不得不去回忆过去的人生经历，思考他曾经最充分地调动了自己的精神力量的时刻，以及他未能做到这一点的时刻。最后，他接受了检查并被诊断为完全康复，他终于使自己战胜了死亡。（如果你对这部影片有某种似曾相识的感觉，那是因为它的情节取材于狄更斯的名著《圣诞节颂歌》。在那本书中，一个吝啬鬼在为自己的行为遭到了报应之后，才终于意识到他本应该做得好一点。）

挑　　战

  为了判断你究竟在多大程度上掌握了苏格拉底之道，你要回忆一下你在生活中经历过的一些重大事件，以便通过它们来检验你自己的表现。

  你要按照下面列出的标准来审视你的生活，看看你在什么时候在哪方面取得了最大的成功，又在什么时候在哪方面遭受了严重的失败。例如，你要按照第一种标准来判断你在什么时候提出了一个适当的问题，并因此使自己过上了更明智的生活，以及你在什么时候未能提出适当的问题，并因此使自己陷入了困境。

  对于有的人来说，回忆成功要比回忆失败容易得多，对于其他人来说则正好相反。要注意你属于哪一种情况，这将进一步加深你对自己的了解。

苏格拉底嘲讽那些拒绝思考的人

对于那些借口人类的理性有缺陷而拒绝思考的人，苏格拉底绝不妥协。他甚至为这样的人起了个绰号——"讨厌推理的人"。

他说："如果一个人因为发现他所珍视的信念竟然是错误的，就从此放弃了对真理的寻求，那实在是一件可悲的事。他应该责备自己未能证实这些信念，而不是回过头来反对思考。那样一来，他就会在余生中以理性为敌，并且说出一些歪曲理性的话。"

苏格拉底不会像大多数人那样，为了回避一个有争议的重要话题而敷衍道："你有你的观点，我有我的观点。让我们保留自己的不同意见吧！"在他看来，这种做法是在逃避不容逃避的对话，是在拒绝通过交换意见来审查我们的信念。他告诫自己的朋友们说："不要认为根本不存在完善的推理，而要认为我们的思想还不够完善，并且要力争成为更出色的思考者。"

——对照下面的标准，给自己的总体表现打分：从1分到10分。

- 我在适当的时间提出了适当的问题。
- 我驳斥了想当然的假设并因此避免了误解。
- 我运用特有的思维技巧去分析和批判，并且就某件事提出了有创造性的观点。
- 我在下决心或采取行动之前真正做到了深思熟虑。
- 我质问了自己的信仰的基础，从而坚定或改变了原来的立场。
- 我在下决心或采取行动的时候尽可能地征求了朋友、同事和专家的意见。
- 我坚持了正确的东西。
- 我采取了切实的步骤去加强我的精神。

6. 让自己成为一位"苏格拉底式"的导师

在做前面的练习时，你已经在自己的生活中找到了一位"苏格拉底式"的导师。而在做这个练习时，我希望你把自己想象成一位"苏格拉底式"的导师，并且想一想你怎样才能使自己起到苏格拉底的作用。

想象一下你正在与一个你所关心的人交谈，这个人或许是一个与你关系密切并且对你的聪明才智佩服得五体投地的年轻人。想象一下你同这个人在一起交谈时的感受。想象一下你正在为这个人施加"苏格拉底式"的指导，例如：

- 通过对话来帮助这个人澄清她的思想。
- 帮助这个人找到她需要思考的东西。
- 鼓励这个人去质问她所"接受的观点"。
- 促使这个人去进行更加深入的思考。
- 引导这个人变得更加客观和务实。
- 激励这个人想出她所能想出的最好的意见，并且在你的参与下对其加以改进。

你可以把这个练习从想象变成现实。你可以去寻找一个乐于同你进行这种"苏格拉底式"的对话的人。开始的时候，你要以适当的方式来促成这种局面。随后，你可能还要制订一个长达几个星期或几个月的计划，以便不断更新和加强你们的联系。但这个计划应该同时考虑到你们两个人的利益。

7. 你的思维方式是什么？

苏格拉底的思维方式与众不同，你也一样。首先，苏格拉底是一位慢条斯理而且耐心细致的思想家。他发现绝大多数对话者在回答他的问题时都比较急躁。他常常请求他们说得慢一点，以便让他听清他们的意见，但这样的请求大都是讽刺性的。他试图通过强调语言的清晰性来表明，那些急于发表意见的人实际上并没有经过认真的思考。他们的回答听起来很完美，但经不起严格的推敲。

其次，苏格拉底更喜欢口头交流而不是书面交流。事实上，他一直在积极地抵制书面语言,正如我们在前文中所看到的那样。

再次,苏格拉底对质疑"正确的回答"有一种难以抗拒的嗜好,他总是想方设法地寻找其他答案。

总之,如果让苏格拉底和今天的学生一起去参加各项智商测验,他一定不会取得好成绩。在接受这样的测验时,今天的学生都会对试卷上的多项选择题做出快速的判断,但苏格拉底在瞟了它们一眼之后就会对你说:"让我们再来看一看第一个问题。我对它的命题方式有些困惑,你能向我解释一下它们的意思吗?我怀疑在你提供的选择中没有任何一项是正确的。"

在做这个练习的时候,你将找到最适合你自己的思维方式。人们在谈到检验智力的标准时,常常会想到智商(IQ)。大多数人都记得他们在孩提时代接受过的各种智商测验,而且他们大都知道这些测验的结果。据说这样的智商测验可以检验你的思维和学习能力,并能够预测你日后在学校中的表现。然而,当代的心理学家已经否定了这种把所谓的智商视为唯一的智能的观点。哈佛大学的心理学家霍华德·加德纳认为,一个人至少拥有下列七种智能:

- 语言智能
- 逻辑数学智能
- 空间智能
- 音乐智能
- 身体动作智能
- 内省智能(认识你自己)
- 交往智能(认识其他人)

下面这个简单的练习将帮助你找到你所拥有的某些智能。如果你觉得有哪些描述与你的情况相符合,请在它们的编号上画个圈。

a. 你容易记住精彩的措辞或难忘的语录,并且能够在谈话中熟练地运用它们。

b. 你能够很快察觉你身边的人遇到的麻烦。

c. 你痴迷于"时间是什么时候开始的"之类的科学和哲学问题。

d. 你能够在一个陌生的地区或街区里很快找到自己要去的地方。

e. 在学习一套新的运动或舞蹈的时候,你的动作很优雅,而且很少感到笨拙。

f. 你能够按照韵律唱歌。

g. 你经常浏览报纸上的科学栏目,并且留意科学技术类的杂志。

h. 你能够注意到其他人的用词不当或语法错误,即便你没有纠正他们。

i. 你常常能够推断出一个东西是如何运转的或者能够单独修复一个损坏的东西。

j. 你能够轻易地设想出其他人在他们的工作和家庭中扮演的角色,并且知道你可以怎样扮演他们的角色。

k. 你能够记住你在度假期间参观过的那些地方的布局和地标。

l. 你欣赏音乐并且有自己喜欢的歌手。

m. 你喜欢打旋球。

n. 你跳舞跳得不错。

o. 你把自己的厨房、浴室和书桌整理得井井有条。

p. 你相信你能够说出别人在做某件事时的感受。

q. 你喜欢讲故事并且被公认为一个讲故事的能手。

r. 你有时会欣赏你周围发出的各种不同的声音。

s. 你常常把你碰到的陌生人的特征与你熟悉的其他人的特征联系起来。

t. 你觉得你能够敏锐地辨别自己的特长和不足。

在下列组合中,如果有哪个组合的三个描述都与你的情况相符合,那么你在那方面就可能具有很强的智能,即便你从来没有培养过那种智能。

描述a、h和q:语言智能

描述f、l和h:音乐智能

描述c、g和o:逻辑数学智能

描述d、k和m:空间智能

描述e、i和n:身体动作智能

描述j、p和t：内省智能（认识你自己）
描述b、j和s：交往智能（认识其他人）

8. 你的思想在什么时候最活跃？

　　苏格拉底不是一个喜欢早起床的人。克里同曾经在清晨时分赶到一个阴冷潮湿的牢房里探望身陷囹圄的苏格拉底，但他一直要在那里等到苏格拉底睡醒。苏格拉底还以特别能熬夜而出名，根据柏拉图在《会饮篇》中的描述，他能够在其他客人都睡着之后仍然保持旺盛的精力。

　　你只有知道了自己的心灵在一天中的活动规律，才能更有效地利用它们。每个人在每天中都有一个黄金时间。对于某些人来说，这个时间是在人们停止工作并且准备过夜生活的傍晚，在那段时间，他们感到最活跃并且精神抖擞，因而常常参加舞会直到深夜；对于其他人来说，这个时间是在宁静的拂晓，当很少有人起床而且天气显得既清新又新鲜的时候。测试心理学是心理学内部的一个全新的分支学科，它专门研究每个人的心理功能在各个时段里的活动规律。

　　现在，这门学科已经毋庸置疑地证明了每个人的思想在一天中都有一段最为敏感和活跃的时间。从心理功能上看，当百灵鸟起来歌唱的时候，猫头鹰还要花上几个小时的时间去做热身运动，并且至少要等到傍晚或晚上到来之后，他们才能使自己的精神达到高潮。

苏格拉底怎样因材施教

　　在柏拉图的对话录《斐德若篇》中，苏格拉底指出，要想引起别人的兴趣，你就必须知道他们具有什么样的心灵。每一个心灵都有适合它自己的交流方式，能够吸引这个人的话题和方法不一定能够让那个人感兴趣。

　　这正是苏格拉底不愿意通过写书来传播他的思想的另一个原因。在写书的时候，"你不知道要对谁说话"，因为你不知道谁是你的读者。因而苏格拉底更注重面对面的交流,只有在这样的场合,他才可以根据每个人的需要来调整他传达的信息。在《拉凯斯篇》《吕西斯篇》《欧绪弗洛篇》和《泰阿泰德篇》中,苏格拉底都对他谈话的内容进行了调整,以使其能够适应交谈的对象或当时的场合。

- 对于那些军事统帅,如拉凯斯和他的战友,苏格拉底选择了一个以他们的职责为中心的话题——勇敢的本质。
- 对于他的老朋友吕西斯,苏格拉底则问道:"什么是友谊?"
- 对于他在法院的台阶上碰到的、正准备以"不敬神"的罪名告发其父的欧绪弗洛,苏格拉底问道:"神所需要的行为是正当的,还是正当的行为是神所需要的?"
- 对于年轻的数学家泰阿泰德,苏格拉底又提出了关于知识的本质的问题,他问道:"知道与看到或感到是不是同一回事?"

一旦知道了自己的精神处于高潮或低潮的时间,你就可以得到三种好处:

- 你可以在自己最有兴致的时候更充分地享受思维的乐趣。
- 你可以进行更出色的思考,因为你不需要同消极、疲劳和不适作战。
- 你可以利用自己处于低潮的时间去做其他事情,而不是去思考。

下述问题将帮助你进一步深化对你进行思考的最佳时机的认识。或许你早就对自己的思维活动有了一定的了解,但这些简明的问题将促使你更有效地利用它们。提出这些问题的人是圣约翰大学的丽塔·邓恩教授。

请用"对"或"错"来回答下面的每段陈述。

- 我早上不愿起床。

- 我希望每天早上都能睡懒觉。
- 我上床后有很长一段时间睡不着。
- 我每天上午10点钟之后才感到完全清醒。
- 如果我熬夜的话，就会打瞌睡并且记不起任何事情。
- 我的精神在午饭后常常处于低潮。
- 我喜欢早起床去完成一件需要集中精力的工作，我宁愿在下午去完成那些需要集中精力的工作。
- 我经常等到吃过晚饭之后才去完成那些需要集中精力的工作。
- 我可以整夜不睡觉。
- 我希望下午不上班。
- 我希望白天留在家里，晚上去上班。
- 我喜欢早晨上班。
- 我记得最清楚的事情是在下列时间中发生的：
    早晨
    午饭时
    晚饭前
    下午
    晚饭后
    深夜

对上述问题的回答为你提供了一幅应该在一天中如何合理地使用你的精力的示意图。在分析你的答案时，要注意到你是否对指向某个时段的大多数陈述都做出了肯定或否定的回答，如早晨、下午、晚饭后或深夜。如果是，那么它就是你最适合去工作或者最不适合去工作的时段。

应该怎样利用上述结论呢？下面提供了三个简明的思想提示，它们说明了怎样才能让你的心情有机会在最佳的状态下工作。

首先，抓住你的高潮。了解你的精神在什么时候最容易达到高潮，并且预先调整你的时间表，以便使你能够自由地支配那段时间。在你的大脑最清醒的那段时间，你要改变约会并挂上电话，以便充分地利用它去进行思考。

其次，在筋疲力尽之前休息。了解你的心灵在什么时候最不适合工作，并且预先安排那段时间来从事其他有用的活动或娱乐性的活动，例如：社交应酬、例行公事或休闲娱乐。

再次，放松一下并且睡个好觉。大多数美国人之所以睡眠不足，是因为他们无法抗拒熬夜看电视或录像的习惯。

9. 发起"苏格拉底式"的对话来讨论"怎样生活（我认为）"

理查德·米歇尔是我们在本章的开头介绍过的一位传递"火种"的人，他建议每个奉行苏格拉底之道的人都要不断地思考和讨论"怎样生活（我认为）"。他把这个话题比喻为一本我们每个人都在写的书，尽管我们知道自己永远写不完。他指出："最难写的是第一行。但任何人只要写出了第一行，就能立刻进入苏格拉底所说的那种经过审视的生活，而只有那样的生活才是有价值的生活。"

我希望你在你的那本讨论"怎样生活（我认为）"的书上写出第一行。《苏格拉底之道》这本书在很大程度上就是一本告诉你如何思考和讨论这个话题的指南。

我们该如何写出它的第一行呢？米歇尔指出，对于大多数人而言，最好是从自己最喜欢的一段语录或者一个来自自己的父母、老师和某个伟大的精神导师的思想着手。对于我而言，写出你对"怎样生活"的理解就是在为你的终生教育制订一份计划。身为职业教育家的米歇尔也明智地指出：

> 关于真正的教育，我所能想到的一个最宽泛和最简明的定义就是：它是那些没有写出（他们自己的）"怎样生活（我认为）"的人的生活中所缺少的一切。

在你着手写这本书的时候，我希望你能够养成把你的想法迅速记录下来的习惯。千万不要"在心里默记"，而要把它写下来。我们的大脑绝对不会把突如其来的想法自动转变为长期的记忆。如果你不在那些最好的想法闪现出来的时候把它们记录下来，你就会忘掉它们中的百分之九十。

只有把你的想法记录在纸上，你才能够把它们运用到今后的工作之中。不论那些刚刚形成的思想在当时是多么的栩栩如生，它们都是很容易被遗忘的。其他的活动会分散你的注意力，并且使你放下工作达一分钟、一小时、一整天或一星期之久。闪光的思想好比一粒种子，假如没有得到你的培育，它就会变成尘土并化为乌有。

我们随时都会产生这样的想法。但它们的作用很小，因为我们没有记录、回忆、思考和响应它们，而你的日记为你提供了这样的媒介。它是培育那些有趣的种子的苗圃，离开了它，那些种子就会被周围的疾风卷走。

如果你想现在就开始记录自己的想法，可以把一张8.5英寸×11英寸的纸折成四折之后带在身上，它的空间将足以容纳你在一天中涌现出的所有想法。如果能有一本5.5英寸×3.25英寸的便条纸，那就更完美了。

苏格拉底和猪

长期以来，有思想的人们一直在为这样一个难题所困扰：究竟是成为一头在泥浆中打滚的、只图眼前快乐的肥猪好，还是成为一位有自我意识的、苦苦思考怎样成为有德性之人的苏格拉底好？

哲学家约翰·穆勒[①]对这个问题做出了一个著名的回答。他指出："做一位不满足的人总比做一头满足的猪好。做一位不满足的苏格拉底总比做一个满足的傻瓜好。如果这个傻瓜或这头猪有什么不同的观点，那只能是因为它们只知道从自己的立场看问题，而与它们截然不同的那些人则能够同时看到问题的两个方面。"

[①] 译者注：约翰·穆勒（John Stuart Mill，公元1800—1873年），又译约翰·斯图尔特·米尔，英国著名哲学家、逻辑学家、经济学家。哲学上是证实主义的创始人之一，伦理学和政治学上是功利主义的代表人物。

由此可见，无知并不是真正的幸福。实际上，正如约瑟夫·坎贝尔在他所提出的那个关于生活实践的著名公式中指出的那样，"要想寻找真正的幸福"，就必须去寻找"最大的挑战和最激烈的斗争"。

当然，对自己的认识有时也会令人生厌。因此，我们有必要听一听曾经思考过这一问题的思想家伍迪·艾伦的评价。他指出："未经审视的生活是没有价值的生活，但经过审视的生活也不是轻松的生活。"

当你在一张便条上记录了自己的想法之后，还要在当天或稍后把它们誊写到日记本里去。这样做将使你有机会重新审视原来的想法，并且在把它们转变成长期记录的时候"加固"它们。

你为"怎样生活（我认为）"的第一句打下的一份初步的、尝试性的、预备性的草稿：

_____

_____

_____

现在，再用48个小时的时间思考一下你从上面的表格上捕捉到的想法或洞见。看一看你能否进一步地利用它。你可以首先对它加以改进，更好地表达、运用、评价、综合等，然后再把它誊写到你的日记里去。做到了这一点，你就为自己的思想日记开了个好头。这个日记记录了你通过捕捉你的想法和强化它们的意义，来深化你的思想的个人历程。

第二章

提出重要的问题

苏格拉底之道

Socrates' Way

2

> 我接近真理的方法是提出正确的问题。
> ——苏格拉底（见柏拉图《普罗泰戈拉篇》）

设想一下雅典的室外体育场：训练年轻人的场所。大约有150名年轻人正在一块足球场大小的场地上接受训练。在场地的尽头，一个制造盔甲的人正在进行表演，以便招揽生意。

观看这场表演的是苏格拉底与两位德高望重的军事领袖尼西亚和拉凯斯。在伯罗奔尼撒战争中，这两位老军人为自己在这座城市里赢得了声望。事实上，他们两个人后来都相继牺牲在战场上。拉凯斯于公元前418年的曼提尼亚战役中阵亡，尼西亚则于公元前413年在对西西里岛的一次噩梦般的远征中阵亡。因此，我们可以把这次谈话看成

苏格拉底在访问今天的西点军校时与两位来访的将军的对话。

拉凯斯与尼西亚正在讨论这样的训练是否适用于真正的战斗。尼西亚认为适用,拉凯斯则不敢肯定。苏格拉底在利用一些活泼的想法"为他们热身"之后,终于提出了一个与他们的职业密切相关的深奥问题:什么是勇敢?

下面的引文出自柏拉图的对话录《拉凯斯篇》,它将是你在本书中读到的一段最长的关于苏格拉底的描述。它是著名的苏格拉底之道的范例。

拉凯斯: 我发现那个战士的表现与不久前不大一样。他是我手下的人,他正在卖弄他自己发明的一支弯曲得像把大镰刀似的新式标枪。他感到非常得意,因为他认为这支标枪将在真正的战斗中大显神威。

哎,还是长话短说吧!当我们一起作战的时候,他的那枝像大镰刀似的标枪钩住了另一条船的索具。他想用力扯开它,却没有成功,于是只好在我们冲过来抓住枪柄之前沿着甲板跑动。最后,在两条船上的水手们的大笑声中,他丢下那枝标枪跑开了。

因此,我非常怀疑这个水手的新发明能派上什么用场。

尼西亚: 我不这么看,我似乎用得上那个装备。

拉凯斯: 那你怎么看,苏格拉底?我们一个赞成一个反对,你的表决将是决定性的。

苏格拉底: 拉凯斯,我们不仅仅要做一个表决,还要想一想你所明智地提出的那个更基本的问题。你是否认为,在任何一件与对你朋友的儿子的教育同等重要的事情上,我们都应该知道谁是专家,并且听听他的意见呢?

拉凯斯: 当然,苏格拉底!这句话有道理。

苏格拉底: 那我们的专家应该精通什么东西呢?

尼西亚: 我们不是正在讨论一个关于武装格斗的问题,即我们的年轻人是不是应该学习它吗?

苏格拉底：不错，尼西亚！但我们难道不需要首先提出一个更基本的问题吗？例如，当有人请求在他的眼睛上敷药的时候，他真正感兴趣的是药还是眼睛呢？

尼西亚：当然是眼睛。

苏格拉底：那么当他想把一个笼头套在一匹马上的时候，他关心的一定是那匹马，而不是那套笼头，对不对？

尼西亚：一点没错！

苏格拉底：难道你还看不出来，尼西亚！学习武装格斗就像药物和马笼头一样，仅仅是达到目的的方法。当我们谈起不同类型的知识时，我们所真正关心的是年轻人，也就是接受这种训练的年轻人的自我和灵魂。

既然医生知道什么东西对眼睛有好处，驯马的人也知道什么东西对马有好处，那么我们真正的问题便是有谁知道什么东西对灵魂有好处！

尼西亚（大笑）：我已经看出来了，苏格拉底！我以前与你讨论过这个问题，那是一份相当吃力的工作，但我每次都能得到一个比原来更清楚的观点。你愿意加入这个游戏吗，拉凯斯？我可得警告你，我们将在这个人的手里遭受什么样的经历。

拉凯斯：我这个人平时不爱说话，除非我知道同我说话的是一个言行一致的人。但当我们在德立安战役中失利后，我曾经和苏格拉底一起撤退。如果当时每个人都像苏格拉底一样勇敢，我们就不会输掉那场战役了。我在任何时候都愿意接受像他这样的人提出的问题。

苏格拉底：谢谢，拉凯斯！请允许我向你提出这个大问题中的一个小问题，它同你的战斗指挥员的身份关系最为密切。什么是勇敢，拉凯斯？

拉凯斯：很简单，苏格拉底！勇敢就是要坚守阵地，绝不逃跑。

苏格拉底：在步兵的眼里，这是对勇敢的一个很好的定义。但在那些总是跑来跑去的骑兵的眼里又如何呢？我想，塞西亚人①最喜欢的战术就是先跑开，并且等敌人散去之后再进行回击。

拉凯斯：说得好，苏格拉底！对于那些骑兵来说，这同样是勇敢。

苏格拉底：那又该如何定义在海上的暴风雨、疾病、穷困、政治生活中表现出来的勇敢呢？何况有些人尽管在痛苦的面前表现得很勇敢，但在享乐的诱惑面前却显得不堪一击。因此，我想再问一遍：什么是普遍的勇敢，拉凯斯？

拉凯斯：你引起了我的思考，苏格拉底！现在我才开始认真地思考这个问题，我的意思说，按照我的理解，勇敢就是灵魂的坚忍。

苏格拉底：妙极了，先生！你终于提出了一个普遍性的观点——可能过于普遍了。然而，假如真正的勇敢永远是一种美德，那么纯粹的毫无意义的坚忍，如做1 000个俯卧撑，岂不也是一种美德吗？

拉凯斯：我本来想说的是明智的坚忍。

苏格拉底：但"明智的坚忍"又是什么意思呢？如果有个人参加了整场战争并且积极地投入了战斗，但那是因为他早就预料到了他可以得到别人的支援、他会遇到更少和更弱的敌人、他将把守更坚固的阵地。你还能说这个凭借自己的先见之明而坚持战斗的人是勇敢的吗？甚至比一个没有考虑这些因素但同样坚守了阵地的人更勇敢吗？

拉凯斯：毫无疑问，那个没有考虑风险的战士才是更勇敢的。

苏格拉底：如果一个没有受过跳水训练的人跳入了一口水井，那么尽管他的行为很愚蠢，但是同一个受过跳水训练的

---

① 译者注：塞西亚人（Scythian），又叫西徐亚人，是居住在黑海与里海东北部之间的一个古代民族，在苏格拉底的时代以擅长骑射而著称。

跳井者相比，他是不是更勇敢？

拉凯斯：　我不得不承认这样的推论符合我刚才的说法，苏格拉底！但是我现在终于看出了在我的理解中存在的缺陷。

苏格拉底对这两位受人尊敬的将军说明了什么呢？他说明他们错误地理解了一个同他们的职业密切相关的概念：勇敢就是在战场上一往无前并且英勇杀敌。（在这篇对话的后半部分，苏格拉底将说明，这两位军人对勇敢的理解都不足以说明战场之外的勇敢或者把勇敢同知识和智慧联系起来。）

苏格拉底证明了将军们对勇敢的理解是有缺陷的，而这一证明具有相当重要的意义。假如一位指挥官把下令撤退视为懦弱的表现，那么他在做决定的时候就会受到极大的限制；假如另一位指挥官对勇敢有着更广义的理解，那么他就能够做出更加随机应变的决定。

为了说明这两种理解所可能导致的不同后果，苏格拉底还提到了作为职业军人的斯巴达人的一个战例。他回忆说："当斯巴达人在普拉蒂亚战役中迎战波斯人的时候，他们的将军下达了撤退的命令，尽管有人批评这种做法缺乏男子汉气概。波斯人以为他们已经取胜并且乱了阵脚，就在这时，斯巴达人突然像骑兵一样转身发起了攻击，结果他们打赢了这场战役。"

当纽约世贸中心于2001年9月11日遭到恐怖主义者袭击之后，什么是勇敢这个问题又重新引起了人们的注意。我们的政府把制造这场灾难的人称为"懦夫"。但几位持有不同意见的评论员在谴责了这种大屠杀的行为之后，又指出不应该用"懦夫"这个词来形容一群甘愿为了自己的信仰而牺牲的人，尽管他们的信仰受到了误导。苏珊·桑塔格在《纽约人报》上指出，他们的行为同样需要"勇敢"，但在这样的情况下，他们的勇敢没有道德价值。

苏格拉底一定愿意加入这场对话。他会指出，了解恐怖行为的根源将有助于我们防范今后的袭击。我们的语言引导我们的思想，我们的概念推动我们的思想，我们的观点决定我们的行为。

当代的苏格拉底精神

即使在今天,我们在进行任何严肃的调查研究时,仍然必须首先知道我们所要探讨的东西是什么。想一想在讨论下述话题的时候,知道我们所要探讨的东西有多么的重要:

- 在一家公司或者非营利性的机构里讨论"质量"。
- 在制定和实施福利政策的时候讨论"贫困"。
- 在诊断和治疗疾病的时候讨论"艾滋病"。

苏格拉底的著名"方法"

1. 选择一段被公认为天经地义或不容置疑的定义。

勇敢就是在战场上坚守岗位并且绝不后退。

2. 再把这段陈述当成假话来处理,找到它站不住脚的情况。

什么时候退却的人也可能是勇敢的?什么时候坚守岗位的人也可能是不勇敢的?

3. 在找到这些例外的情况之后,你就知道这个定义是不完善的。

我们现在发现即使退却也可能是一种勇敢,我们现在发现即使在战场上坚守岗位也可能不是勇敢。

4. 显然,只有对原先的观点加以修改才能说明这些例外的情况。

战场上的勇敢可能同时包括退却和进攻。

5. 通过寻找其他的情况来进一步澄清这个概念。只有通过这种办法来改进不完善的概念,你才能逐渐对自己所讨论的东西形成一个更加完善的概念。

注意:上述"诀窍"仅仅是苏格拉底在《拉凯斯篇》里所运用的方法。他本人还在适当的时候运用过其他的"方法"来引起思考,例如"灵魂的车夫"之类的寓言(第七章)、"洞穴"之类的比喻(第四章)、"邀请灵魂"之类的独立思考(第六章)。在本书中,你将继续学习其他一些更加复杂的方法。

但让我们先举出一个更简单的、似乎不大容易引起困惑的例子。

莉莲·鲁滨女士是伯克利加利福尼亚大学的一位社会科学家，主要从事对友谊的研究。我们在生活中肯定都体验过一些足以让我们自认为知道友谊是什么的情形。请把你对友谊的理解写在下面。

_____
_____
_____
_____

现在，让我们陪着这位"当代的苏格拉底"一起简单地考察一下对友谊的定义。

像苏格拉底的对话者一样，鲁滨的受访者也轻而易举地对这个简单的问题做出了迅速的回答。而且在他们的回答中还有一些显著的共同点：信任、诚实、尊重、义务、安全、支持、慷慨、忠诚、互助、坚贞、理解、接受。

它们听起来都很不错。然而，当鲁滨进一步运用苏格拉底的方法来检验每个受访者对友谊的理解时，她却得到了一个令人吃惊的发现。让我们听一听她与一位有代表性的受访者麦克之间的一段对话，此人把友谊定义为"在任何情况下都值得信赖并且很有帮助"。

"你有一位最要好的朋友吗？"我像询问任何其他人一样询问他。

"当然。他是我在中学时代就认识的一个

家伙。"

"你们通常多久见一次面?"

"嗯,事实上,自从他在10年前搬到东部去之后我们就再没见过面。"

"你们怎样保持联系,靠电话吗?"

"是的。嗯,事实上,你看,我们没有,的确没有!自从他离开之后,我们大概只通过两次电话。"

"那么,他为什么是你最好的朋友呢?"

"那正是我所说的信任。就是这一点,我知道我可以绝对信任他。"

"你信任他什么?"

"他能知道我所需要的一切。我可以在寒冷的冬天和漆黑的夜里登上他家门前的台阶,而且我知道他就等在那里。"

"你会永远受到欢迎的那个台阶究竟在哪里?"

一阵沉默之后。

"我不敢肯定。你看,他不久前曾经回来过一次,但我不知道他现在究竟住在哪里。"

"有多久?"

"我记不清楚,大概有两年吧。"

显然,麦克对友谊的定义一点也不符合他对现实的友谊的描述,同样,苏格拉底的朋友也发现了他们对正义或勇敢的定义并不符合现实生活中的实际情况。麦克是不是一个特例呢?毕竟,每个人都能说出一些关于远方的友人的故事,在这些故事中,我们和朋友在分离了几个月甚至几年之后,仍然能够"恰好在我们分别的那个地方重逢"。

 ## 加强你的苏格拉底精神

- 你是否考察过你对那些决定你生活的重要观念和价值的理解?如爱、成功或健康。(练习1)
- 你是否提出过发人深省的问题?(练习2)

- 你是否同时运用了"开放式"的和"封闭式"的问题？（练习3）
- 你是否知道一个关于你的婚姻关系的最重要的问题？（练习4）
- 你是否知道怎样列出一个清单来保存你在探讨自己的生活时提出的那些最重要的问题？（练习5）
- 你是否知道怎样通过问"为什么"来找到问题的根本原因？（练习6）
- 你是否鼓励你的同事提问题？（练习7）
- 你是否能够通过提出建设性的问题来改变别人的态度？（练习8）
- 你是否知道哪个问题可以帮助你了解你最需要了解的你自己的工作单位？（练习9）
- 你是否经常向媒体上的专业采访者学习提出重要问题的方法？（练习10）
- 你是否通过向你读到、听到或看到的东西提问来加强你的学习？（练习11）
- 你是否有一个记录了你所能提出的最有效的专业问题的清单？（练习12）

然而，鲁滨女士像苏格拉底一样，又做了更深入的调查，并且用上了苏格拉底的其他方法。她请44位受访者列出了被他们视为好友或密友的所有人的名单。她总共得到了186个人的名字，并且同其中的132个人取得了联系，以便发现他们对密切的或最好的朋友的评价是不是"交互性"的。

在被她联系上的人当中，大约有三分之二的人并没有在自己列出的朋友名单上提到她的受访者。他们的回答很含糊，他们承认自己认识他或她，却没有将其看成朋友。在得到她的提示之后，有些人会想起那些受访者，表示歉意，并且说明他们并不重视那段交往。

只有14%的人把那些受访者的名字放到了他们的朋友名单的重要位置上。

鲁滨由此认为，"朋友"这个概念的难以捉摸之处就在于，即使那些与之相关的人也永远说不出个所以然来。在不经过认真询问的情况下，当一个人把另一个人称为朋友时，你根本就不可能知道他的意思是什么。

挑战、探索和运用

1. 探讨一个让你最感兴趣的重要概念的意义

你可以运用苏格拉底与鲁滨的方法来探讨一个同你的生活或工作密切相关的重要术语、概念、观念或价值的意义。下面是很多当代人在思考他们的生活时所发现的一些重要概念：

- 爱
- 成功
- 优秀
- 安宁
- 平衡
- 健康
- 实现

你要通过下列三种方法来探讨这些术语对于你自己的意义：

- 像苏格拉底和鲁滨一样，你要询问并且认真倾听其他人的定义。再通过不断地提问让他们说出他们需要说出的一切。
- 当你为每个术语都收集到了至少六个以上的定义或描述之后，再通过与别人的对话——一对一或者分成小组——来交流对这些定义的看法，以便更全面和更深入地思考它们。
- 然后，你要更深入地理解这个概念或价值以及它在你的生活中的意义，你要给它下一个精练而成熟的定义，再找一个适当的人来讨论你的定义。

2. 提出发人深省的问题

苏格拉底把提出重要的问题作为其"方法"的基石，在此后的每一个时代，那些为他传播"火种"的人都继承了这一有效的认识方法。哈佛大学商学院的罗纳德·克里斯琴森教授指出："无论是在家里还是在办公室和教室里，提问都可以鼓励学习。提问也有提神、干扰、惩戒或安慰的作用，但它们都能引起思考。"

我们的学习生涯都是从提问开始的。甚至就在克里斯琴森写出上面那段话的时候，他还有趣地注意到："就在过去的几个小时里，当我坐在书桌前俯瞰宁静的新汉普郡湖的时候，两个好奇的小孙子已经提出了成打的问题。'为什么苔藓要长在树根下面？''谁来教鱼儿学游泳？''飞机为什么能停在天上？''假如我们吃掉了这些M&M牌的巧克力，妈妈会不会生气？'"

我们在小时候都听到过像这些简单而重要的问题。但遗憾的是，我们在学校里受到的教育窒息了而不是培育了这种与生俱来的好奇心和勇气。大多数人开始认为这样的问题是不适当的、鲁莽的、天真的、烦人的、浪费时间的、不得要领的，甚至是愚蠢的。

恰恰相反，提出正确的问题才是终生学习的基础。尼尔·波斯特曼与查尔斯·温加特勒在为他们的著作《教育是一种颠覆性的活动》做宣传时写道："一旦你学会了提问，提出有意义的、恰当的和实质性的问题的方法，你就掌握了学习的技巧。从此以后，再也没有人能够阻止你学到你想学到的任何东西，因为提问是人类迄今为止所发现的最重要的认识方法。"

如果你上过克里斯琴森教授在哈佛大学商学院开设的企业策划这门课，你就会吃惊地发现他并没有把大部分的时间用来授课，而是用来提问。按照他的《判断力教育》一书中的说法："在接受这样的教学观念的时候，我们加入了一场贯穿于整个西方文明的对话——自苏格拉底以来。"这本书是他与别人合作的一部讨论这种教学方法的重要著作。

下面有几种你在克里斯琴森的课堂上可能听到的问题。请从这些问题中挑出一些能够在你当前的工作环境中提出的问题，并且向你自己或其他人提出它们。

随意型的问题：你对通用汽车公司的案例有什么想法？你对这个问题的哪些方面最感兴趣？我们应该从哪里谈起？

判断型的问题：你是如何看待这个问题的？你从这些材料中得出了什么结论？

询问型的问题：去年法国的国内生产总值是多少？

挑战（检验）型的问题：你凭什么相信这一点？你有什么证据来证明你的结论？可以通过什么样的论证来反驳这种观点？

关于行动的问题：怎样才能贯彻政府发起的禁毒运动？

关于先后顺序的问题：在国力十分有限的情况下，第一步应该做什么？第二步应该做什么？第三步应该做什么？

预测型的问题：假如你的判断是正确的，日本汽车工业可能会采取什么对策？

假设型的问题：假如工会没有号召罢工，这家公司会出现什么情况？

引申型的问题：你对波士顿瓶装厂罢工原因的分析，对于其他城市的工厂管理者有什么借鉴意义？

综合型的问题：作为计算机和电讯产业的专家，你认为推动技术革新的主要动力有哪些？

苏格拉底拿他自己的方法开玩笑

据色诺芬的回忆，有位叫克里同布卢的朋友曾经要求与苏格拉底比试智慧。他们要比试一下谁能利用苏格拉底的提问法来证明自己是最漂亮的。由于苏格拉底以相貌丑陋而著称，这的确构成了一个难题。但苏格拉底乘机拿他自己的方法开了一个玩笑。

苏格拉底：　你认为只能在人的身上找到美，还是也可以在其他东西的身上找到美？

克里同布卢：毫无疑问，也可以在马、牛或无数没有生命的东西身上找到美，苏格拉底。一把宝剑或一枝标枪也可以是美的。

苏格拉底：　为什么这些截然不同的东西都可以是美的呢？

克里同布卢：嗯，它们之所以既美丽又精致，要么是因为它们是按照我们的需要精心制造的，要么是因为它们的自然构造恰好满足了我们的需要。

苏格拉底：　让我们以眼睛为例。我们为什么需要眼睛？

克里同布卢：显然为了看东西。

苏格拉底：　就此而论，我可以说我的眼睛比你的眼睛更精致。

克里同布卢：那怎么可能？

苏格拉底：　因为你的眼睛只能直视，而我的眼睛凸出得很厉害，所以还可以看到两边的东西。

克里同布卢：但谁的鼻子更精致，你的还是我的？

苏格拉底：　我的，只要你承认鼻子是用来嗅东西的。因为你的鼻孔朝下指向地面，而我的鼻孔很大并且外翻，所以我能闻到四面八方的香味。

有趣的是，即便在这种自我解嘲的场合，苏格拉底也能巧妙地运用他那著名的方法。通过询问克里同布卢对美的定义，苏格拉底说明了他的定义是不一致的、矛盾的，并且会导致难以接受的结论。如果仅仅以健康和功能来定义美，那么苏格拉底的外表是美的，尽管他以丑陋而著称。这场对话表现了苏格拉底所常用的反语法。苏格拉底表面上是要使克里同布卢相信自己是美的，实际上却在做一件完全不同的事：推翻他对美的错误定义。

3. 同时运用"开放式"的和"封闭式"的问题

我们在练习1中看到，克里斯琴森教授首先提出的是随意型的问题，其中包括一个最为随意的问题：我们从哪里谈起？这表明了一种通过提问来引起思考的最有效的方法:把"开放式"的和"封闭式"的问题结合起来。

只要你能够在适当的时候提出适当的问题,就能够控制任何一场对话、访问或会谈的方向和节奏。

- "开放式"的问题要求别人做出随意的回答,有时甚至是出乎意料的回答。这里有几个最基本的"开放式"的问题:请告诉我更多关于它的情况。你是如何看待的?你能向我介绍情况吗?
- "封闭式"的问题则要求别人提供你想了解的特殊信息:这个项目的预算是多少?还有谁要加入这个团队?

显然,每一种问题都有一个不同的功能。例如,有经验的庭审律师绝不会向证人提出一个他不知道对方会如何回答的问题。相反,管理咨询师在为一家他不熟悉的机构服务时,大都会利用"开放式"的问题来"摸底",以让人们暴露出他们的偏好。

请拟定三个"开放式"的问题和五个"封闭式"的问题,以便在未来的生意、专业或社交场合上使用它们。

苏格拉底,咨询师

历史上的第一份管理咨询报告是以苏格拉底和他的密友之间的对话形式诞生的。在那场对话中,他们分析了一个出现严重功能障碍的组织,并指出需要采取什么措施来恢复它的健康。他们所讨论的那个组织被它的竞争对手击败了。他们在报告中呼吁这个组织实行彻底的变革,并且提出了创建一个新的组织的纲领和规划。

那个遭受了严重挫折的组织就是雅典城邦,它的竞争对手就是斯巴达城邦。这份咨询报告就是柏拉图的一篇苏格拉底对话录:《理想国》。在这份报告中拟定的新组织就是在苏格拉底死后建立的、延续了五个世纪之久的柏拉图学园。

4. 提出这个关于你的婚姻关系的最重要的问题

我常常认为是苏格拉底的灵魂把这个重要问题赐给了一位为他传递"火种"的人——心理治疗师亨利·邓恩。当时,邓恩博士正在为一对遇到麻烦的夫妻做调解工作。忽然之间,他获得了一个重大发现。一个重要的问题浮现到他的脑海之中,他利用这个问题帮助了成百上千的顾客,并且在《一个可以挽救你的婚姻的问题》一书中介绍了它:

> 当这个问题浮现到我的脑海中的时候,就好像有个偶然路过我的咨询室的灵魂正在我的右耳边低声讲述它,而且仿佛毫不费力地便从我的口中吐露了出来。尽管当它脱口而出的时候,我还在怀疑这样的问题是不是过于直接和深入了。治疗师大都是小心谨慎的人,他们的问题都经过认真的设计和考虑,因此我为自己的鲁莽感到惊讶。

邓恩博士运用这个问题长达20年之久。它被证明是一个富有成效的、足以改变整个形势或关系的"开放式"的问题。它就是:

> 结婚对于我来说意味着什么?

在介绍这个问题的用途时,邓恩博士发现了苏格拉底所提出的最优秀的问题的特征:

> 它是务实性的。它使夫妻双方可以在他们的婚姻关系中对他们唯一有能力改变的那个要素施加影响。它既是简单的又是启发性的,既是容易理解的又需要认真反省自己的内心。而且它既可以被一方单独使用,也可以被夫妻双方共同使用,因此任何一方都可以通过自己的努力来改善他们的婚姻状况。

5. 列出你的重要问题的清单

苏格拉底显然认真地思考过他想要提出的那些问题,并因此取得了非凡的成就。他的一本传记的标题就是"敢于提问的人"。我们也可以像他一样，创造出能够反映我们最深的兴趣、最高的目标和最关心的事情的重要问题。

这个练习是我的朋友兼同事迈克尔·葛柏在《怎样像达·芬奇一样思考》一书中率先提出的。它是一个很容易理解的练习，如果你现在很忙，可以在你有时间的时候再做它。因此，我想借此机会介绍一下罗本·多罗希安的一段经历，他在改进学习方面是美国的一流学者，也是一个实践者。他说："我受到了苏格拉底的鼓舞，他追求真理的勇气是促使我坚持进行这种内在对话的精神动力。"多罗希安的经历将把你所期待的东西呈现出来，而且他的洞见将说明做这个练习可以给你带来什么好处。

昨天夜里，我有一段最有趣和最奇特的经历，我想我是产生了幻觉。当我决定去做100个问题的练习时，这段经历突然出现了。那个后来证明非常重要的指令是这样说的：

> 在你的笔记本上，列出100个对你来说非常重要的问题的清单。你的清单中可以包含任何类型的问题，只要你认为它有意义就行：从"我怎样才能省钱"和"我怎样才能得到更多的快乐"直到"我存在的意义和目的是什么"和"我怎样才能更好地为造物主服务"。

要一口气列出全部问题。写得要快，不要担心拼写和语法，也不要担心用不同的话重复同一个问题（重复出现的问题可以提醒你注意到重要的主题）。

为什么非要100个问题？最初的二十几个问题本来就是"萦绕在你的脑海之中的"。主题常常要等到你列出了三四十个问题之后才会出现。在完成这个清单的后半部分时，你有可能发现某些出乎意料的但非常深邃的东西。

我最感兴趣的是我能否在它的结尾发现什么"出乎意料"的或"非常深邃"的东西，因为我觉得我已经理解了我的问题（毕竟我整天都在思考它们）。

"成为苏格拉底"的感觉如何

一般情况下,苏格拉底的朋友都承认他们与苏格拉底的对话改善了他们的生活。斐多在苏格拉底咽气时所说的话代表了他们的看法:"他是我所认识的最聪明、最正直和最优秀的人之一。"但苏格拉底的朋友也承认他的提问有时会让他们感到心烦意乱。有位朋友是这样描述他对苏格拉底的感受的:

> 任何同苏格拉底谈话的人都容易被卷入一场争论,而且无论他刚开始讨论的是什么话题,他都会在苏格拉底的操纵下不停地转圈子,直到他发现他不得不对他现在和过去的生活做出一个说明为止。当他感到困惑的时候,苏格拉底会暂时放过他,直到他完全理清了自己的思路为止。

如果你发现苏格拉底的提问法有时候显得有点傲慢和霸道,你就和他形成了良好的伙伴关系。古往今来,总有一些阅读苏格拉底对话的人在赞赏他的正直和机智的同时,也感到来自这只"牛虻"的叮咬的疼痛。I. F. 斯通就是一位有这种感受的评论家,他在一本热情洋溢的著作《苏格拉底的审判》中评价道:

> 苏格拉底有一点拿他的对话者做牺牲品的残酷无情的味道。他的对话方式中最令人感到羞辱和恼怒的东西就是,当他们发现他自称的无知是伪装的和假扮的时候,他们自己的无知却得到了证实。在他的"反诘法"和他的谦卑的面纱背后,他正在嘲笑他们。

评价得很公道!不管怎么说,苏格拉底令他的同胞感到非常恼怒,以至于他们最终投票支持了对他的死刑判决。

毫不令人吃惊的是,苏格拉底的方法在某些不恰当的人的手里有可能被滥用。例如，电影《纸屑追踪》①里的那位专横的法学教授就喜欢利用冷酷的和毁灭性的问题来驱使学生陷入绝望。

我想起了我在现实生活中遇到的一位受过这种教授毒害的人，他是一位外表英俊但缺乏教养的年轻律师。当他听到我对苏格拉底的方法感兴趣的时候，这位显然对历史上的苏格拉底一无所知的人说道："哎呀，对啦！他们在法学院里就对我使用过这种方法。"

"哦，它怎么样？"我问到。

"不错，那位教师每节课都要点出一个学生，让他站起来，然后向他提问，直到他陷入精神崩溃为止。"

但这样的做法是地地道道的滥用，而且只有在极少数场合才应该由苏格拉底为它们承担罪责。在通常情况下，苏格拉底提问的动机都是出自他对理解的渴望，以及他促使自己的同胞去深思熟虑的献身精神。他做这份工作不是为了牟利，甚至也不是为了出名。他这么做的目的是关心他自己的灵魂和他的同胞的灵魂。正如他在《申辩篇》中告诫他们的那样："如果你们亲手杀死这只'牛虻'，你们就会一直昏睡下去，直到你们的日子结束。"

尽管我们发现他的谈话方式有时候显得很傲慢，但是我们所面临的艰巨任务仍然是充分利用他在完成自己的目标时所使用过的那些卓有成效的方法。

刚开始的时候，我列出的都是"我怎么才能找到'适合'我的东西"或者"我为什么不容易走神"之类的问题。有很多问题只是为了达到"更平衡和更和谐"的目的而在故意绕弯子，另一个主题则是如何"打破我的自我陶醉"。

在第一张纸上写满了20个问题之后，我感到有点累了。那时已经很晚了（我是在晚上11点20分左右开始做这个练习的），而且我必须在早上7点10分起床练瑜伽。我的感觉是："没有必要把它一气呵成。我为什么要那样？"但是我有一种尽可能地按照提示去做的想法，哪

---

① 译者注：纸屑追踪（The Paper Chase）是流行于美国民间的一种集体游戏，通常由一些人扮成兔子抛洒纸屑，另一些人则扮成猎狗追逐这些纸屑。

怕只是为了看一看我果真完成了它的计划之后会出现什么情况，就像一次小小的实验。因此，我做了一次信念上的飞跃，假定那位作者真的是出于某种理由才提出了必须列出100个问题的要求。我坚持了下去，希望最终能够有所发现。

在列出第47个问题的时候，我产生了一个比较深刻的念头："我怎样才能进入我的内心深处，像个天才一样活着，完全不在乎别人的评价，而只关心我身边的问题？"一些令人困惑的主题也开始反复出现，例如，我怎样才能通过尊重自我来保护我的时间，充分利用它，以便少做一些跳来跳去或跑前跑后的事情？

当我在第四张纸上填满第60个问题之后，困难又出现了。我已经筋疲力尽并且感到坚持不下去了。我又读了一遍那个提示，并且找到了有关在这个练习的后半部分会出现什么情况的内容。我非常清楚可以按照自己的意愿停下来，但我还是决定坚持到底，因为我对自己说，我的确不知道在完成它之后会出现什么情况。但我还是有点不相信真的能够出现什么出乎意料的或非常深邃的东西。

可以肯定的是，当我从第88个问题转向第89个问题的时候，出现了一个非常突然的和明显的转变。我当时正从"在生活中除了实践之外还有什么"转向"哪里有光，也就是能力和神圣的源泉———一切的源泉和启示"。就在我写下这句话的时候，我感到我的身体状况发生了变化，我仿佛在迷幻药的作用下产生了某种幻觉或者进入了另一种心理状态。当我的钢笔压在日记本上的时候，我感到就像有某件东西、某个人或某种能力在驱使着我去写作，在推动着我的钢笔。

现在再回过头来思考那一刻，我想我当时可能真的处在幻觉之中，因为我的背和脖子都很疼，而且很疲倦，却要坐在那里无所事事。我对自己嘟哝道："这不是我，此时此刻，有个东西正在操纵我。"我相信自己的知觉状态发生了某种形式的变化。

细想起来，我的问题的性质和类型究竟是怎样发生变化的，确实让人感到好奇：从自我中心主义的偏见，以及对我或我们所能做的事情的关心，最终变成了一种神秘的、整个心灵的超越状态。有趣的是，我以前也曾想到并且能够记住一些所谓的"深邃的"问题，但在那一刻，我感到它们都是人为的东西，感到我从未经历过那样的过程。但在那一刻之后，我有一段时间完全沉浸在了另一个世界里。那段经历就好比演员们所说的"进入它"，彻底地进入一个角色，就仿佛生活在它的里面，而不是它的外面。

对于我来说，那段经历让我学到的东西足以同其他的模范人物多年来让我学到的东西相媲美。当我还在幻想加盟建筑行业的时候，我拜会过伟大的建筑师弗兰克·盖里，并且请他为一个刚入门的学生提供忠告。他以令人振奋和令人信服的口气说道："追求你痴迷的东西，找到你痴迷的东西，并且追求它们！"诗人里尔克也说过，要让你的问题引导你的一生。在我看来，他们的话无异于在说"像一个天才那么干"。想想一个天才或者一个神童：他们可以完全进入它里面——不论"它"是什么——把他们的注意力完全集中到那个问题上，在一段时间里不关心任何其他东西。

令人啼笑皆非的是，有了那段经历之后，我在第二天早上几乎产生了一种写下这篇文章的神圣感。但真的去做这份头天晚上还仅仅停留在构想阶段的工作又成了我的另一个难题。因而我对自己说，我现在只需要把我的想法草草地记录下来，等以后再去整理它们。但我一发不可收拾，并且一直把这份工作干到了现在。

幸运的是，写作和教授这些能够改造生活的想法本身就是我工作的一部分。于是我通过召开研讨会、座谈会和网上冲浪的方式来激发清晰的和创造性的思考，它们涉及生活的方方面面：个人、工作、社会或其他方面。

在我看来，这一切都证明了我们必须真正地投入某项事业的极端重要性，它要求我们几乎失去自我意识和局促不安，以便让我们全身心地投入自己正在从事或正在探讨的东西之中，让我们拥有各种经历——超凡脱俗的经历，并且让我们尽最大的可能打破无动于衷的冷漠或不关心。这才是"生活"，不是吗？

6. 提出"为什么"直到你发现真理

在探讨重要的问题时，苏格拉底从来不会满足于他所得到的第一个答案。他也不会满足于第二、第三或第四个回答。一旦他开始着手寻找一个重要的问题的答案,他就绝不会放弃。

作为管理人员和专业人士,我们也可以通过探讨管理问题的根本原因而获得好处。而要做到这一点,最好的办法之一就是不断地提出为什么,直到我们找到满意的答案为止。它是上一章的练习3在管理学方面的具体运用。

a. 提出你想要探讨的问题,并且问一问它是如何产生的。

b. 回顾你得到每个答案的过程,并且向它们提出为什么。

c. 继续向你得到的每个答案提出"为什么"。它们将很快结合起来,因为许多孤立的问题都可以被归结于两三个根本的原因。

不要总是归咎于个别的人或具体的事件。要从制度上找原因,它们才是为什么的真正答案。如果所有的答案都集中在一个人的身上,要问一问那是否是唯一的原因。我曾经利用这种办法为一家客户服务,它位于纽约曼哈顿的硅谷。

我并没有计算机技术方面的专长,然而,那些整天敲电脑的伙计却发现,让我每个星期敲打他们一两次很有好处。而我之所以能够为他们提供服务,是因为受到了苏格拉底与那两位将军的对话的启发。

一个星期一的早晨,我又一次来到那家公司做例行访问,当电梯的门打开时,我在那家公司的接待室里看到了一幕令人吃惊的景象。有个伙计正站在接待室的中间,看上去就像一只热锅上的蚂蚁。在他身后,其他的管理人员正在四处奔跑,看上去活像麦克斯兄弟的滑稽剧里的编外演员。

"菲利普,出了什么问题?"我问道。

"彻底地丢掉了客户!"他咬牙切齿地嘟哝道。

"我能做些什么,除了找到一条迈出电梯的路之外?"

"不必啦!我们知道问题出在哪里。节日后再见!"(当时正好是阵亡将士纪念日的前一天。)

我甚至没有迈出电梯。我直接按了"底层",下楼走回我的办公室。

第二天上午,当一切都烟消云散了之后,我才知道发生了什么事。一个事关那家公司前途的专利软件崩溃了,而且就当着他们的一个重要客户的面。但当我抵达他们的办公室开始调查这次事件的时候，却被告知问题已经解决了。我的客户解释道："全是乔治的过错。"像苏格拉底面前的两位将军一样，我的客户知道自己的想法，而且这种想法已经像病毒一样感染了整个公司。每个人都一致认为：全是乔治的过错。

我要做的是通过提问来质疑这个假设，以便找出问题的根本原因。那一天的大部分时间，我都在一个又一个的办公室里穿梭。下面是我的谈话记录。

> 问：软件为什么会崩溃？
> 答：因为乔治没把X告诉那位客户。
> 问：乔治为什么没把X告诉那位客户？
> 答：嗯，因为……他不知道X。
> 问：他为什么不知道X？
> 答：因为布莱恩，就是程序部的负责人没有把X告诉乔治。
> 问：布莱恩为什么不把X告诉乔治？
> 答：哦……我猜想那是因为……布莱恩早在八个月之前就断定乔治的智商不足以留在这里工作，别再对他废话了。

我很想说这样就把问题解决了，但它并没有解决。我们还要做很多工作才能使经理们认识到责任危机的意义。（就此而论，苏格拉底也只能做到这一步——在他的对话里很难找到一个最终的答案。）但我们已经迈出了第一步。同时，由于他们认识到了进行更好的沟通的必要性，所以在第二个月里，他们凭借经理之间的相互提醒而避免了另外两次可能出现的失误。

现在的很多大公司都把提问看成是它们的成功之道。例如，罗布克市的希尔斯公司通过提出一系列为什么，而揭示了它在1992年遭受重挫的原因。这家公司的汽车维修业务在全国下滑了15%，在加利福尼亚下滑了20%，预计损失高达800万美元。在提出了一系列的为什么之后（为什么顾客的投诉率上升了50%？为什么希尔斯的修理人员向顾客要价过高？），这场危机的原因终于变得显而易见了。

7. 通过提问来引导你的同事并且鼓励他们提问

苏格拉底最大的成果是激励他的朋友和同事提高了他们提出问题的能力。在完成这个练习的时候，我们也要像他那样做。

苏格拉底用提问来施教

在柏拉图的对话录《美诺篇》中，苏格拉底展示了他通过提问，而不是通过传授知识来施教的方法。我们可以从他的方法中认识到教育（education）一词的含义：它的希腊文词根是edu和care，意思是引出。

他教会了一名小奴隶怎样去测定一个特定大小的正方形的边长。他宣称："这样的知识不是来自讲授，而是来自提问。"

苏格拉底首先用棍子在沙地上画了一个正方形。它的每条边的边长是2米，因而它的面积是4平方米。接着，他问道，假如把那个正方形的面积变成8平方米，那么它的边长应该变成多少？

一开始，那个小奴隶推测它的边长也应该增加两倍，即4米。但苏格拉底又画了另一个图形，从而表明了他的推测是错误的，因为那样一来，正方形的面积就变成了16平方米。像苏格拉底的很多对话伙伴一样，那个小奴隶一听到苏格拉底的提问，就发现了他自己的观点是站不住的。

苏格拉底指出："我帮助那个孩子去找到了正确的答案，因为他虽然不知道答案，却很乐意去寻找答案。"苏格拉底一步步地引导那个男孩去想出他自己的解决办法：当一个正方形的面积比原来的正方形大两倍时，它的边长必须等于原来的正方形的对角线——毕达格拉斯的著名定律之一。

作为一位专业人士，你也能够在你的团队里建立一种友好提问的文化。"苏格拉底的方法是一种富有成效的领导艺术。"第一流的公司顾问米歇尔·葛柏指出。他解释说：

> 卓越的领导者善于通过措辞严谨的问题来引导人们深化对问题和困难的理解，直到他们找到正确的解决方案。通过引导人们进行透彻的思考，"苏格拉底式"的领导者使人们对他们提出的解决方案感到自豪。

杜邦公司资深副总裁埃迪·巴斯特在他的管理工作中验证了这些方法。

在一个瞬息万变的环境中承担领导责任的奥秘就是要审视自己的生活。领导者必须学会做出灵活的和创造性的决策，并且能够适应不同的文化和风格，同时还要能够引导人们的想象力和道德观，就仿佛他们是柏拉图的理念①。

你可以通过下列五种方法来把你的团队变成一个友好提问的团队。你可能认为你的同事早就掌握了它们，但这也许并不是事实！经常向每个人重申它们对你没有任何害处。

- 通过提问引导人们关注那些有意义的问题并促使他们想出解决的办法。
- 向你的雇员和同事表明你愿意接受提问。
- 尊重每一个问题，哪怕它听起来很"愚蠢"或者已经被讨论过。
- 只要有可能，就要密切地注意提出问题的人。
- 复述你听到的问题，以便做到积极地倾听。做到这一点之后，还要无所顾忌地提出你自己的问题，以便弄清事情的来龙去脉。（为什么你需要延长最后期限？我们可以采取哪些步骤来让这个项目回到正轨？）

---

① 译者注：理念（idea或edios），亦可译为相、型相、观念、理型，它是柏拉图哲学中最重要的概念，常被用来表示个别事物的普遍原型，每一个理念都是一个普遍的类型，它存在于那些可变的、个别的、可感的事物之外，却又是它们不变的源泉和模仿的对象。

8. 通过建设性的提问来改变别人的态度

一些为苏格拉底传播"火种"的现代人可能会以不同于苏格拉底的方式来运用他的提问法。他们已经认识到,正确的提问能够把你的思想引上一个更具建设性的方向。有时候,你可以通过提问,而不是通过讲授来改变人们的态度。

汤姆·海克是这种方法的优秀实践者之一,也是最杰出的"私人教师"之一。在下述事例中,汤姆通过建设性的提问把顾客和同事的注意力从问题本身引向了问题的解答。在任何需要与其他人打交道的工作场合,你都会用得上它们。

问题引起我们的注意

有天晚上,家长们正在从我们的校外辅导班上接走他们的孩子,一位母亲突然提出要和这里的负责人谈谈。这位母亲之所以发了脾气,是由于她的小女儿的上衣被乒乓球台挂破了。

我一上来就问道:"我该怎么做才能补救这件事呢?"那位妇女立刻安静了下来。这个简单的问题使她的注意力从问题本身转向了解决的办法。没过多久,我们就解决了这个问题,那位母亲也高兴地让她的女儿继续留在了我们这里。提问可以帮助你和你的同事把注意力集中到解决的办法上。

问题改变我们的感受方式

上个星期,当我正在前往我们的基督教青年会为地球服务团①上潜泳课的时候,一位会员在路上拦住了我,他要向我抱怨在我们所进行的全面改革中出现的种种混乱。就在他一个劲儿地向我抱怨的时候,他的情绪变得越来越坏了。我知道我提出一个好问题的时机到了。

---

① 译者注:地球服务团是美国的一些基督教青年会(YMCA或Young Men's Christian Association)专门为热爱大自然的青少年开设的校外辅导班。

"你对什么东西感兴趣？"我问道。

"感兴趣？没有。"他回答。

"那好，假如你能够如愿以偿的话，你会对什么东西感兴趣？"

这个问题是一把打开大门的钥匙。他在猛然环顾了一下四周之后，开始改变了看问题的方式。原来，他感兴趣的是一个新的体重检查室。他希望拥有一套新的、配置齐全的心血管测试系统。

正是这个问题转移了他的心灵的注意力，并由此改变了他的感受方式。你我也可以随时通过转移注意力来改变我们的感受方式。

问题改变我们的财富

到1993年，我已经在基督教青年会工作了两年，并且正准备参加高级主管资格证的培训项目。当我向上司提出这个要求时，他们的答复是："今年的预算里没有足够的钱。"

一开始，我提出了为什么总没有足够的钱花在培训上和我究竟能不能得到高级主管资格证之类的问题。但后来我控制住了自己。我知道提出这样的问题只能招致失败。我决定提出有用的问题，我把原来的问题换成了谁能帮我筹到必要的钱和我能向谁寻求帮助。

有了这些新的问题，我才开始得到新的答复。结果是我终于找到了一位能够帮我筹到700美元注册费的人。假如我继续提出那些没用的问题，我就永远得不到参加培训的钱。有趣的是，我参加培训的那笔钱早就摆在那里了。我相信，只要我坚持提出问题，我就能得到一个答复。有时候，你就像在审问一个刑事案件的被告人：你想要的答案早就摆在那里了，你所要做的就是提出正确的问题。

为了提出有用的问题，汤姆发明了一种包含五个步骤的方法，它们在大多数情况下都能导致问题的解决，而不是相反。

- 要具体。
- 要向有能力提供帮助的人提问。
- 要首先给别人一些东西。

- 要按照信念提问。
- 要问了又问。

要具体。不要问我怎样才能找到志愿者，而要问我现在可以从哪里找到10位热心的、既有愿望又有能力使孩子们生活得更有意义的志愿者。把问题表达清楚将使你更有可能得到有用的答复。

要向有能力提供帮助的人提问。最近，我在我们的两个体育馆里安装了几部用来训练室内走钢丝的装置。它们的安全带需要被附加在体育馆的椽子上。一开始，我向管理装备的人询问那些椽子能否承受额外的压力，但他无法回答我的问题。最后，我找到了建筑师，他查阅了原来的图纸，并且给了我一个答复。你是否向无能为力的人寻求过答案？

要首先给别人一些东西。上学年开始的时候，我造访了一所乡村小学，想看看校方是否愿意参与我们为五年级的学生提供的校内社团建设计划。在谈完这个计划的好处之后，校长谢绝了我们的提议。

今年，当我再次造访那位校长的时候，我首先向他提供了一个免费的计划，并且请求他批准我们与一个最不容易相处的班级合作，他接受了我们的提议。当他看到了我们在那个班级中取得的成效之后，他立即就批准他的另外五个五年级的班级加入这个计划。

为了取得这个成果，我曾经问过自己：我怎样才能把这个高质量的计划引进那所学校呢？正是通过首先给别人一些东西的方法，我才得以为我的问题找到了一个答案。

要按照信念提问。有些人在提问的时候，你可能会发现他们并不真的指望得到好的答复。他们的身体语言暴露了他们所预想的答案。想象一下，有位负责招收会员的主任一边对你摇着头，一边用迟疑的口气问道："你不想成为这家基督教青年会的会员，不是吗？"这样的问题当然是无效的。

当你提出一个问题的时候，一定要让它与你的口气和身体语言保持一致。当你提出它的时候，要相信你能得到你所预期的答案。

要问了又问。 三年前，我们那个部门的中心计算机突然在一个星期一的下午死机了。我们需要马上得到一台新的计算机，但我们没有钱去买。那天下班的时候，我走到办公室主任面前并且对他说："我将在一个星期内找到一台免费的计算机！"我不知道我如何才能做到这一点，但我决定采用前面介绍的"五步法"，尤其是它的第五个步骤。我向每个人（我指的是所有的人）询问他或她是否拥有或知道一台能够捐给基督教青年会的计算机。终于，在星期四的晚上，我碰到了一位当医生的朋友。我提到了我们需要一台计算机的事情，他回答说："我有一台用不上的计算机，你可以拿走它。事实上，我还有一台多余的打印机，假如你愿意也可以拿走。"要问了又问，直到你找到答案，不要半途而废。

9. 哪个问题最适合用来了解你所在的机构？

苏格拉底的灵魂不仅拜访过亨利·邓恩博士（参阅练习4），可能还拜访过米歇尔·李波夫教授，他是另一位提出过重要问题的管理顾问。

"下一次，当你对人们的行为方式感到难以理解的时候。"李波夫说，"就提出（这个）问题，情况很快就会变得明朗起来。"

在这个机构里真正受到赞赏的东西是什么？

请在你的心里构想一下，你为之工作的那个机构对这个问题的回答，即便它就是你本人的回答！再感受一下这种回答可能对你所在的机构起到什么作用，要想一想如果受到赞赏的是下面这些东西，情况会有什么不同：

- 彻底地解决而不是迅速地解决。
- 承担风险而不是规避风险。
- 明智地工作而不是繁忙地工作。
- 安静有效地工作而不是吵吵嚷嚷地乱窜。
- 有质量地工作而不是快速地工作。
- 合作而不是竞争。

你能想出一个最好的问题,来了解你的工作环境吗?

各行各业的领袖人物和顶级高手,不论他们是销售员还是学术顾问,都在他们各自的领域中发现了更加具体的提问法。例如,最大的人际交往技术培训公司的首席执行官柯文·戴利就发明了"苏格拉底式销售法"。"它根源于少谈多听的苏格拉底方法。"戴利解释说,"大多数销售员都承认他们说得太多。很少有'苏格拉底式'的人来帮助顾客得出合乎逻辑的结论。我打算通过真正的对话来迎合顾客的真实需要,以便集中力量实现我们共同的目标。"

在更高层次的教育中,"苏格拉底式"的反馈也取得了很大的成功,在它的帮助下,密歇根大学的黑人学生通过树立自信而在学业上取得了成功。这些学生在学业上没有按部就班地接受"满堂灌式"的教育,而是通过不断的对话来帮助自己集中精力,以便尽心竭力地完成他们的工作。他们摆脱了以前的"失败"所造成的胆怯,并最终同他们的教授建立了真正的师生关系。结果证明,他们在第一学年的表现要比其他的黑人学生好得多。

10. 向在电视上传播"火种"的人学习

假如苏格拉底能够活到今天的话,他会乐于在公共广播服务公司(PBS)担任"脱口秀"节目的主持人,他喜欢介绍那些来自世界各地的最有教养、最为杰出和最有知识的人,他喜欢把思想游戏、自发交流、机智与深奥相结合,他更喜欢通过挑战性的问题来抓住困难和问题(或人)的核心。

因此,你在观察这个时代的专业人士的工作时,也可以学到令你受益匪浅的提问技巧,例如:查理·罗斯、特德·柯皮尔和国家公共广播公司(NPR)的那位伶牙俐齿的特里·格罗斯。如果你喜欢他们,干吗不把他们的技巧拿过来为你所用?

除了"黄金时段"的广播电视节目之外,还有其他一些以对话为特色的节目。它们都是真正的对话,即在至少30分钟的时间里就一个专门的话题进行了深入的讨论,并且受到了一个真正的"苏格拉底式"的人物的引导,而非主导。目前正在播出的这一类的节目有:

《敞开的心扉》：理查德·赫夫勒主持
《智囊团》：本·维腾伯格主持
《顺其自然》：吉尔·诺伯主持
《不寻常的知识》：斯坦福大学胡佛学院发起
《读书札记》：布莱恩·兰姆主持

11. 向你读到、看到、听到的东西提问

通过提问，你可以从你读到的东西（以本书为起点）和你在媒体上看到或听到的东西中学到更多的知识。例如，在阅读或研究的时候，不要只强调你想记住或者在日后复习的要点。要在空白处或者在另一张纸上提出你对书本的问题，强调那些要点将使你变成一个只会消极地"吸收"别人的观点的角色。相反，想出你自己的问题将使你卷入一场同作者的对话。

要把向书本上的每一节提出一个好问题作为你自己的目标，你将惊奇地发现你的心灵居然感受到了那么多其他的东西。

12. 我提出的最有效的专业问题的清单

下面的13个问题是我花了15年以上的时间为实业家和专业人士找到的最有效的问题。有了它们做"启动器"，你将很快找到更加适合你的专业领域和个性特征的其他问题：

- 我们在这一领域里有什么挑战？
- 它为什么值得认真对待？
- 我们对它有何感想？
- 我们有没有必要的事实依据？
- 我们是否提出了正确的问题？
- 我们究竟在寻求什么结果？
- 在最坏的情况下可能发生什么？
- 我们为什么会遇到这个难题？

- 你能不能做出进一步的解释?
- 假如我们袖手旁观的话会怎么样?
- 我们是否探讨过创造性的方法?
- 你的目的何在?
- 我能够提供什么帮助?

《奥林匹斯山众神》，尼古拉-安德列·蒙肖绘画

希腊人有自己独特的宗教信仰与节日风习。最古老和最重要的希腊节日，可追索至公元前776年的奥林匹克运动会。当时，伯罗奔尼撒的统治者伊菲图斯为了促进和平和纪念奥林匹亚山主神宙斯，努力使宗教与体育竞技合为一体。他不仅革新了宗教仪式，还组织了大规模的体育竞技活动，而这就是奥林匹克运动会的起源。自此以后，每4年的夏至日之后，全希腊的选手及附近的民众欢聚于奥林匹亚这个希腊南部风景秀丽的小镇。古代奥林匹克运动会历经了1170年，共举行了293届，至公元394年被罗马帝国皇帝狄奥多西一世禁止。

古代奥林匹克运动会想象图

德尔菲是古希腊的神秘之地和精神文明的中心。据希腊神话,宙斯为了确定大地的中心,从东西两端放飞两只神鹰,神鹰相向翱翔,最后在德尔菲相会。宙斯由此断定德尔菲是大地的中心,于是立下一粒称做"肚脐"的圆形石头,以为标志。德尔菲从此有了"大地的肚脐"的雅号。

德尔菲主要由阿波罗太阳神庙、雅典娜神庙、剧场、体育训练场和运动场组成,其中最有名的是阿波罗神庙。在古希腊人的信仰里,阿波罗是智慧、光、音乐和医药之神。作为阿波罗昭示其神谕的地方,德尔菲的阿波罗神庙被认为是所有希腊圣地中最重要的神殿。在苏格拉底的时代之前和之后很长时期,它一直是希腊的宗教中心和希腊统一的象征。神庙的入口处刻着一句深受苏格拉底看重的铭文:"认识你自己。"

德尔菲的雅典娜神庙遗址

德尔菲的阿波罗神庙遗址

德尔菲的阿波罗神庙耸立在一座可以俯瞰地中海的山峰上。在公元前5世纪时，能够登上这块圣地绝对是一段非同寻常的经历。你将穿过阴暗的门廊，把祭品献给众神，并且在催眠般的音乐和香火的味道中听一位女祭司吟唱出神谕。这种神谕中包含的预言和指示，曾深刻地影响了希腊世界的文化和历史。

雅典国王埃勾斯以及阿伽门农的儿子俄瑞斯忒斯向德尔菲女祭司询问神谕的故事在苏格拉底的时代简直是家喻户晓。凯瑞得姆当年整天跟在苏格拉底后面转悠，他相信苏格拉底是全雅典甚至是全世界最聪明的人。为了证实自己的看法，他特地去德尔菲征求神谕的意见。女祭司告诉他："没有比苏格拉底更聪明的人。"苏格拉底苦思冥想这句神谕，最后终于明白：人类普遍地对一件极其重要的事情无知，那就是，怎样去照顾自己的心灵并且使它尽可能地完善。因此，所谓最聪明的人就是承认自己的无知，懂得"照顾自己的灵魂具有极端的重要性"的人。

雅典国王埃勾斯向德尔菲女祭司询问神谕，绘于公元前440年至前430年间的基里克斯陶杯上

阿伽门农的儿子俄瑞斯忒斯向德尔菲女祭司询问神谕，绘于公元前330年前后的双耳喷口杯上

《雅典娜和波塞冬争夺阿提卡》,加罗法洛绘画

橄榄收获图,绘于古希腊黑彩陶器上

橄榄在希腊生活中极其重要,橄榄油可用于烹饪和照明,也可用于制作肥皂。古希腊人认为这是雅典娜的馈赠。

  史前的雅典人坚信,世界上最美丽的地方是阿提卡。众神也争先恐后想要统治这片土地。智慧女神雅典娜与海神波塞冬为了将阿提卡据为己有,也展开了竞争。竞争的焦点在于将一份最有用的礼物送给阿提卡。波塞冬将自己的三叉戟在地上猛击一下,于是咸咸的泉水喷了出来。雅典娜则别出心裁地带来了地中海沿岸居民喜欢的油橄榄树。评审团认为雅典娜获胜,并用女神的名字给阿提卡城命名。作为对阿提卡的回报,雅典娜送给它世界上最美丽的神庙——帕特农神庙。

雅典娜和波塞冬的争斗,帕特农神庙西部山墙浮雕

赫拉克勒斯（大力英雄）给雅典娜打制铠甲兵刃，绘于阿提卡吉里克斯陶杯，公元前480—前470年

雅典娜常以猫头鹰的面孔出现

苏格拉底时代的雅典硬币，正面为雅典娜头像，背面为其化身猫头鹰

一身戎装的雅典娜雕像

头戴战盔，胸披甲胄，右手托着胜利女神，左手扶着刻有浮雕的盾牌，盾牌内还有一条巨蛇。头盔上雕刻的是女妖斯芬克斯和两头飞马神兽，胸甲上则是女妖美杜莎的头发。此为罗马时期帕特农神庙中雅典娜雕像的复制品，现藏于希腊考古博物馆。

  雅典娜是胜利女神、雅典的守护神，因此雅典人常将她塑造成一身戎装的希腊重装步兵形象。另外，雅典娜还是智慧的象征。在《荷马史诗》中，雅典娜曾经帮助过希腊人，特别是在奥德修斯的流亡途中，她常以猫头鹰的面孔出现。她在《荷马史诗》中的主要别名是格劳克皮斯，意为"明亮的眼睛"或"猫头鹰的脸"。因此，苏格拉底时代的雅典人将这只"智慧的猫头鹰"刻在自己的货币上。

战车赛

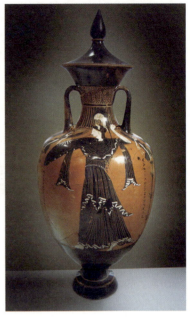

绘有雅典娜形象的双耳罐，是泛雅典娜节的竞赛奖品

赛跑

摔跤

五项全能

泛雅典娜节是雅典城邦中最重要的节日，是雅典人为了纪念城邦守护神雅典娜而欢度的庆典。泛雅典娜节在雅典历法的一月间（相当于公历七、八月）举行。原来庆典持续两天，主要有全希腊人均可参与的拳击、摔跤、古希腊式搏击、五项全能，以及仅允许雅典人参与的火炬接力、模拟步兵和骑兵战斗、马背上投掷标枪、战车赛、战神舞以及划船比赛等各项体育竞技。从公元前566年起，每四

（接上页）年举行一届大泛雅典娜节，持续6天，节庆活动除各项竞技外，又增加了《荷马史诗》朗诵、舞蹈和音乐比赛等文化项目。颁奖仪式上，优胜者将获得装满橄榄油的双耳罐（大型陶瓷器皿），其中，战车赛的优胜者将获得140个装满橄榄油的双耳罐。

庆典的前奏是圣火的传递，新的圣火的发源地是雅典城外的阿卡德谟斯树林。在太阳初升的时候，人们在这里向雅典娜献上"百牛大祭"，然后用火把传递新的火种，途经广场，送达卫城上的雅典娜祭坛。

节庆开始之时，雅典娜神像已送往阿提卡西北部的圣地埃留西斯。节庆的高潮是迎接雅典娜的神像。当前往埃留西斯的人们返回城门时，大队人马前来迎接，并将神像送到卫城上的神庙里，最后由妇女向其敬献绣花法衣。

在节日的最后一晚，人们将举行盛大的宴会，尽情享用献祭给雅典娜的肉食。

《战神舞》，劳伦斯·阿尔玛-塔德玛

在苏格拉底的时代,重要性仅次于泛雅典娜节的是为酒神狄俄尼索斯举行的酒神节。早在公元前7世纪,古希腊就有了"大酒神节"。为表示对酒神狄奥尼索斯的敬意,每年3月都要在雅典举行这项活动。人们在筵席上为祭祝酒神狄奥尼索斯所唱的即兴歌,称为"酒神赞歌"。与比较庄重的"太阳神赞歌"相比,它以即兴抒情合唱诗为特点,并有芦笛伴奏。朗然起舞的酒神赞歌受到普遍的欢迎。到公元前6世纪左右,酒神赞歌开始享有盛誉,并发展成由50名成年男子和男孩组成的合唱队。

伟大的酒神赞歌时代也是伟大的希腊抒情合唱诗盛行的时代,它直接导致了古希腊戏剧、音乐艺术的发展。苏格拉底时代繁荣兴盛的古希腊悲剧、喜剧都源于"大酒神节"。当时,雅典酒神节的主体部分就是在狄奥尼索斯剧场里表演悲剧和喜剧。

大海上尽情畅饮美酒的
狄奥尼索斯

欢庆酒神节的男人们,
以及为狄奥尼索斯倒酒
的青年

《酒神祭》,劳伦斯·阿尔玛-塔德玛绘画

《葡萄酒节》,劳伦斯·阿尔玛-塔德玛绘画

  劳伦斯·阿尔玛－塔德玛是英国皇家学院派画家中的世俗装饰大师,他把拉斐尔前派掀起的古典主义风潮推向了高潮。1863年,他在造访庞贝古城之后,大力研究古代世界的人文知识,并把艺术创作完全转到了对古希腊罗马世俗生活的描画上。英国著名艺术批评家罗斯金称赞他的古典主义绘画充满了考古学上的精确考证。其《酒神祭》和《葡萄酒节》中富于动感和美感的戏剧性瞬间让我们无限遥想苏格拉底时代雅典城邦中欢快热烈的酒神节氛围。

《盲诗人荷马和他的向导》，威廉·阿道夫·布格罗绘画

《盲诗人荷马在唱诗》，让-巴普蒂斯特·奥古斯特·勒卢瓦尔绘画

《阅读荷马的作品》，劳伦斯·阿尔玛-塔得玛绘画

　　《荷马史诗》（《伊利亚特》和《奥德赛》）是古希腊人的《圣经》。在苏格拉底之前和之后很长时间，阅读《伊利亚特》和《奥德赛》都是古希腊人习得教养的重要方式。苏格拉底青少年时期就熟读《荷马史诗》及其他著名诗人的作品，靠自学成了一名很有学问的人。

　　《荷马史诗》的作者据说是盲诗人荷马。千百年来，西方人对荷马的生平行事，甚至其人是否真实存在一直争论不休。不过，在公元前5世纪，诗人荷马就像《伊利亚特》和《奥德赛》一样真实、不容置疑，他甚至还构成了哲学家苏格拉底的思想资源和思想对手。

《对荷马的礼赞》，让-奥古斯特·多米尼克·安格尔绘画

法国新古典主义画家安格尔无限崇敬古希腊文化，他将伟大的荷马视为全部艺术之源，视为他生活的时代及以后年代伟大人物中的旗手，因此精心绘制了一个场景：在典雅的爱奥尼亚式排柱的神殿里，胜利女神雅典娜将桂冠戴在了盲诗人荷马的头上。荷马脚下的两个人像，是《伊利亚特》和《奥德赛》中的人物。在他们的两旁安排的是古往今来的四十多位著名诗人、哲学家、画家、雕塑家、建筑家、音乐家、政治家，如拉斐尔、萨福、欧里庇得斯、伯里克利、菲迪亚斯、苏格拉底、柏拉图、亚里士多德、米开朗基罗、但丁、伊索、莎士比亚、莫扎特、普桑、高乃依、拉辛、莫里哀……

《帕里斯的评判》，恩里克·西莫绘画

《帕里斯的评判》，亨德里克·赫克托·西米尔拉德斯基绘画

"帕里斯的评判"描绘了《荷马史诗》中的故事得以展开的背景：希腊英雄珀琉斯同海洋女神忒提斯举行婚礼时，除纷争女神厄里斯外，奥林匹斯山的众神都被邀请前来参加。纷争女神怀恨在心，把一个金苹果扔在了欢快的客人中间，上面写道："送给最美丽的女人。"天后赫拉、智慧女神雅典娜、爱神阿芙罗狄蒂都想得到金苹果，为此争吵不休，最后她们让特洛伊王子帕里斯做裁决。为了得到金苹果，三位女神都向帕里斯许下最好的承诺：赫拉答应让他成为一个国王；雅典娜保证让他成为最聪明的人；阿芙罗狄蒂则承诺让他娶到希腊最美丽的女人为妻，并向他描绘了斯巴达国王之妻海伦的美丽。最后，帕里斯把金苹果判给了爱神阿芙罗狄蒂，然后在爱神的帮助下把海伦劫持到了特洛伊。天后和智慧女神怀恨在心，决意毁灭特洛伊，于是，长达十年之久的特洛伊战争爆发了……

《阿喀琉斯的凯旋》。希腊科孚岛阿喀琉斯宫主厅壁画，弗朗茨·马什绘画

胜利的阿喀琉斯拖着特洛伊王子赫克托尔的尸体出现在特洛伊城门前。

　　《伊利亚特》是《荷马史诗》中直接描写特洛伊战争的英雄史诗，它集中讲述了特洛伊战争第十年（也是最后一年）中几个星期的活动。希腊联军主将阿喀琉斯因喜爱的一个女俘被统帅阿伽门农夺走，愤而退出战斗，特洛伊人乘机大破希腊联军。在危急关头，阿喀琉斯的好友帕特洛克罗斯穿上阿喀琉斯的盔甲上阵，被特洛伊王子赫克托尔杀死。阿喀琉斯悔恨至极，重上战场，杀死赫克托尔。特洛伊老国王夜入阿喀琉斯大帐要回儿子尸体，史诗在赫克托尔的葬礼中结束。

《奥德修斯与塞壬》，约翰·威廉姆·沃特豪斯绘画

沃特豪斯的绘画展现的是奥德修斯用智慧逃离塞壬岛的故事。塞壬是古希腊神话传说中人面鸟身的海妖，飞翔在大海上，拥有天籁般的歌喉，常用歌声诱惑过路的航海者而使其航船触礁沉没，船员则成为塞壬的腹中餐。奥德修斯的船队经过塞壬岛时，奥德修斯用蜜蜡封住水手的耳朵，却让他们把自己捆在桅杆上。海妖们如约而至，要唱出人间的秘密。倾听音乐的奥德修斯示意伙伴们松绑，但大家依然依照约定将他捆得更紧。而水手们因蜜蜡封耳，听不见塞壬的歌声，一往无前地划桨，安全地驶出了险境。

《奥德修斯与塞壬》，赫伯特·詹姆斯·德拉波绘画

《奥德赛》叙述伊萨卡国王奥德修斯在攻陷特洛伊后归国途中十年漂泊的故事。它集中描写的只是这十年中最后一年零几十天的事情。奥德修斯因得罪了海神，受神祇捉弄，在海上漂流了十年，到处遭难，最后受诸神怜悯始得归家。当奥德修斯流落异域时，伊萨卡及邻国的权贵们欺其妻弱子幼，向其妻珀涅罗珀求婚，迫她改嫁，珀涅罗珀用尽了各种方法拖延。最后奥德修斯扮成乞丐归家，与其子杀尽求婚者，恢复了自己在伊萨卡的权力。

苏格拉底生活的年代正是雅典悲剧鼎盛,建筑、雕刻等艺术大繁荣的美好时代。苏格拉底不仅亲眼目睹了索福克勒斯、欧里庇得斯的每一部伟大悲剧的上演,而且极其熟悉菲迪亚斯的雕刻作品。

索福克勒斯年长苏格拉底二十余岁,他们不仅相识,甚至还是战友。公元前441年,28岁的苏格拉底与索福克勒斯一起驻守在萨摩斯岛。

索福克勒斯最伟大的悲剧是"俄狄浦斯三部曲"。其中,《俄狄浦斯王》讲述忒拜国王俄狄浦斯在不知情的情况下杀父娶母。真相大白之时,他弄瞎了自己的双眼,自我放逐于城邦之外。《俄狄浦斯在科罗诺斯》讲述安提戈涅深信自己的父亲俄狄浦斯虽然犯了骇人听闻的过失,却是无辜的,因此一直陪伴不幸的父亲。俄狄浦斯逢人就说:"这女孩儿的眼睛既为她自己又为我看路。"经历了近二十年的飘泊生活之后,俄狄浦斯幸福地死去。《安提戈涅》讲的是安提戈涅不忍心让反叛城邦的兄长波吕尼刻斯暴尸荒野,不顾城邦禁令,毅然以遵循"天条"为由将其安葬,而被国王克瑞翁处死。最后,一意孤行的克瑞翁也遭受了子死妻离的命运。

《俄狄浦斯解开斯芬克斯之谜》,让-奥古斯特·多米尼克·安格尔绘画

忒拜城的人得罪了天神,天后赫拉为了惩罚而在庇比斯城外的峭崖上降下人面狮身女妖斯芬克斯。女妖向每一个路过峭崖的忒拜城人提出一个谜语:"在早晨用四只脚走路,中午两只脚走路,晚间三只脚走路,在一切生物中这是唯一的用不同数目的脚走路的生物。脚最多的时候,正是速度和力量最小的时候。"过路的忒拜城人猜不中谜底,全被斯芬克斯吃掉了。聪明勇敢的俄狄浦斯路过此地,并猜中了谜底。他说:"这是人呀!在生命的早晨,人是软弱而无助的孩子,他用两手两脚爬行;在生命的当午,他成为壮年,用两脚走路;到了老年,临到生命的迟暮,他需要扶持,因此挂拐杖,作为第三只脚。"谜语被猜中了,斯芬克斯就从巍峨的峭崖上跳下去摔死了。

《俄狄浦斯王》,贝尼纳·加那罗绘画

刺瞎双眼、准备自我放逐的俄狄浦斯祈祷天神庇护自己的孩子们。

《俄狄浦斯和安提戈涅》,亚历山大·科库拉尔绘画

俄狄浦斯逢人就说:"这女孩儿的眼睛既为她自己又为我看路。"

《俄狄浦斯在科罗诺斯》,菲尔什朗-让·阿里埃绘画

漂泊途中,疲惫不堪的安提戈涅倚在父亲身上睡着了。

《俄狄浦斯在科罗诺斯》,让-安托万-泰奥多尔·吉鲁斯绘画

俄狄浦斯的两个儿子为了争夺王位厮杀得厉害。哥哥波吕尼刻斯失败了,因此来到了雅典,想寻求父亲的帮助,却遭到了俄狄浦斯的斥责和拒绝。

《安提戈涅》,弗雷德里克·莱顿绘画

俄狄浦斯因失去了双眼而"多了一只眼睛",这眼睛就是安提戈涅的眼睛。

第三章

独立思考

THINK FOR YOURSELF

苏格拉底之道

Socrates' Way

3

不要听从我，阿伽松。要听从真理。
　　　　——苏格拉底（见柏拉图《会饮篇》）

假如你从上天那里得到了一条关于你这辈子应该干什么的启示，你会怎么办？苏格拉底就曾发现他自己处于这样的境地。而他处理那条启示的方式体现了他的一个基本方法：独立思考。

在公元前5世纪的希腊，你要去德尔斐神庙寻求自己应该如何生活的建议，就像欧绪德谟在第一章里所做的那样。这所神庙矗立在一座俯瞰地中海的山峰上，它直到今天仍然是一个令人难忘的地方。在公元前5世纪的时候，能够登上那块圣

地绝对是一段非同寻常的经历,你将穿过阴暗的门廊,把祭品献给众神,并且在催眠般的音乐和香火的味道之中,听见一位女祭司吟唱出来的神谕。

在大多数雅典人看来,这所神庙就是智慧的最终发源地。但在苏格拉底看来,却并非如此。他坚持认为,即使我们得到的建议来自这个最具权威性的地方,我们也要依靠自己来判断这个来源是否绝对可靠。我们还必须问一问它的建议是否符合我们自身的特征、处境和理想。

下面的引文介绍了苏格拉底在一个即将决定他余生的事业的时刻是如何依靠自己来做出判断的。这件事出自柏拉图的对话录《申辩篇》,在那篇对话中,苏格拉底在即将决定他的命运的陪审团面前申辩了他的生活和工作。

在苏格拉底的老朋友中有一个骨瘦如柴、脸色苍白、行动笨拙的凯瑞得姆,他整天跟在苏格拉底的后面四处转悠。他相信苏格拉底是全雅典、甚至是全世界最聪明的人。为了证实他的看法,他专门去了一趟德尔斐,以便征求神谕的意见。

"有没有比苏格拉底更聪明的人?"凯瑞得姆问。

女祭司答道:"没有比苏格拉底更聪明的人。"

凯瑞得姆带回雅典的这条消息给苏格拉底造成了不小的困扰和麻烦。凯瑞得姆是按照表面的价值来看待神谕的回答的。他认为,苏格拉底显然是世界上最聪明的人。

苏格拉底本人却没有那么肯定。他问道:"神要用这个暗喻说明什么呢?我完全知道我并不聪明,甚至连小聪明也没有。那么神为何要把我称为最聪明的人呢?"

神谕是不可能骗人的,因为它是以阿波罗神的口气说出来的,而神是不会骗人的。有很长一段时间,苏格拉底都无法弄清这条神谕的含义。后来,他终于想出解开这个谜团的办法。他决定寻找一个明显比他更聪明的人。如果他找到了那样的人,他就可以证明德尔斐神谕的错误,他就可以说:"你说我是最聪明的人,但他比我更聪明。"

苏格拉底首先拜访了一位以智慧著称的雅典政治家。他向他提出了许多不同方面的问题。"当我和他交谈的时候，"苏格拉底后来回忆道，"我逐渐发现，尽管有那么多的人，尤其是他自己认为他是聪明的，但他实际上并不聪明。"苏格拉底试图向那位政治家证明他并不是真聪明，而只是自以为聪明。当然，那个人很快就变得恼羞成怒，因为苏格拉底在大庭广众之下暴露了他是一个白痴。

"我比这个人更聪明。"苏格拉底在离开他的时候想，"我们都不知道任何真正有价值的东西，但他不知道自己的无知；而我知道自己的无知。无论如何，我在这一点上似乎比他明智一点：我不认为我知道我不知道的东西。"

他又一个个地拜访了另外一些以有智慧而著称的人，而他每次都会碰到同样的情况。在刚开始交谈的时候，一个所谓的聪明人总是对自己的智慧充满了信心。但当苏格拉底提问的时候，这个"聪明人"就会犯糊涂，并开始陷入自相矛盾中。最后，他会恼羞成怒地离开那个暴露了他的无知的人。

在同一大批雅典的政治家交谈过之后，苏格拉底发现了一个令人困惑的现象："我发现那些号称智慧超群的人常常缺乏智慧，而那些受人轻视的人常常更有智慧。"

苏格拉底现在终于明白了神谕的意义。"没有比苏格拉底更聪明的人。"神谕宣布。知道自己的无知的人就是最聪明的人，因为他没有欺骗自己。

既然所有的人都不聪明，一个人又能做些什么呢？他可以不断提问，并且努力学习。

像苏格拉底一样，我们也必须做出自己的判断（即使我们得到了最具权威性的建议）。我们必须通过独立思考来接受或拒绝别人告诉我们的东西。有趣的是，德尔斐的神谕宣示所也承认了这一原则。尽管德尔斐的神谕被人们视为最高的智慧和预言，但它的祭司们还是警告说：每位祈求者都必须对神谕的话做出自己的判断，否则就可能带来灾难。

最出名的例子就是吕底亚国王克娄苏的故事，他向神谕请教他是否可以同波斯人开战，神谕告诉他："如果你同波斯人开战的话，你将摧毁一个强大的帝国。"于是他开战了，但他摧毁的是他自己的帝国。

但苏格拉底所要做的绝不仅仅是对神谕做出正确的解释，他还要通过逻辑思考和参与讨论来对它做出自己的判断。有时候，我们也必须通过深入的思考来正确地解释我们的世界并采取明智的行动。为了说得更具体一点，请允许我把本章的其余部分所要探讨的七个步骤列举如下：

a. 苏格拉底之所以要这么做，是因为他把自己看成了一位思想家。他坚信他有能力做出自己的判断。

b. 他承认他的直觉。神谕的宣示并没有让他洋洋自得，他把自己的不安看成了一项来自他心灵深处的挑战。

c. 苏格拉底花时间去思考。他愿意耐心地，甚至顽强地获取他所需要的信息和洞见。

d. 苏格拉底采取了一种策略，在这件事情上，他采取了一种经验主义的策略，那就是用证据来证明或否定神谕的宣示。他在挑战面前没有手忙脚乱，而是有条不紊地发起了进攻。

e. 苏格拉底邀请其他人加入他的思考。

f. 苏格拉底得出了一个既令人震惊又经过了深思熟虑的结论。那是一个犹瑞卡①的时刻，一个创造性的洞见为神谕的宣示投下了新的亮光，从而使它可以被理解并且具有了紧迫性。（我们可以把它称为"范示的转变"。）

g. 苏格拉底把他的结论付诸行动，他利用他的思考来积极地推进他的生活。

当代的苏格拉底精神

苏格拉底进行独立思考的决心在一个当代人的事迹中得到了最出色的体现，那就是理查德·费曼对"挑战者号"太空船坠毁事件的调查。费曼发现，他之所以能够尽到一个美国人的职责，完全是由于他抵制了传统的观点并做出了独立自主的判断。他是一位传播苏格拉底

---

① 译者注：犹瑞卡是希腊语中的惊叹词eureka的音译，意思是"我找到了"。

"火种"的英雄。

1986年2月,"挑战者号"航天飞机在刚刚发射之后就爆炸了,这起事故夺走了好几位宇航员的生命,其中包括受人喜爱的、原为中学教师的宇航员克丽斯塔·麦卡厄里夫女士。费曼,这位诺贝尔物理学奖得主和加州技术学院的名师,被总统派到罗杰斯委员会负责调查这起事故的原因。

费曼曾是一只家喻户晓的"牛虻"。他把自己的诺贝尔奖称为"脖子的疼痛",因为他厌恶任何形式的礼仪和排场,并且感到只有与同事和朋友一起进行科学思考的过程才是至关重要的,然而这一过程却未能得到应有的表彰和奖励。他的最畅销的著作的标题就是"别闹了,费曼先生"。

在罗杰斯委员会的运作过程中,费曼逐渐发现他和委员会的其他成员正在身不由己地趋向某个预先构想的结论,而不是在对事故的原因进行认真调查。强大的压力在迫使他们加快进度、信任"专家"、"迎合"那些"谁都知道的"东西。但费曼怀疑这一切并且感受到了"苏格拉底式"的爱国热情:发现一个对他的同胞来说意义重大的事件的真相。

于是,费曼开始自己着手进行调查。值得注意的是,他发现他所做的正是苏格拉底在验证德尔斐的神谕时所做的。结果,出现了一幕对于委员会的其他成员,乃至对于整个国家来说都非常犹瑞卡的经历。

这种"苏格拉底式"的调查在那些为飞船提供过重要部件的公司的总部里激起了轩然大波。当费曼前去索取简报的时候,他被迎进了一间豪华的会议室,并且得到了三大本皮革包裹、装帧考究的《致费曼博士的简报》。随后,几位高级管理人员便开始用他们的发言来敷衍他。

听了一会儿之后，费曼用酷似苏格拉底的腔调说："先生们，如果你们不介意的话，我希望你们能够说得慢一点。我有几个问题。"他打开第一卷的第一页，读完了第一段并且提出了一个尖锐的问题。在听到他们的答复之后，费曼又提出了另外两个问题，以便透过表面去找到他所需要的逻辑和事实。

谈了一个小时之后，费曼才刚刚读到第三页的中间。但他开始接近了事故的真实原因，而那正是他的接待者们试图回避的。"费曼博士！"那家公司的一位管理人员说，"不管怎么讲，这样的工作流程会占用您大量的宝贵时间。您是否想听一听我们的其他发言，以便及早回到大学里去完成您的那些重要工作？"

费曼平静而坚定地回答："不，先生，我不想！对于我来说，再重要的事情也莫过于履行我的职责，就是为我的祖国找到这场悲剧的真实原因。只要有必要，我为此花多长时间都可以，我相信你也是这样想的。让我们继续吧！"

费曼的独立调查让罗杰斯委员会的主席和其他成员感到不快，他们施加了强大的压力，要求他停止调查。然而，就像那位认真履行提问、推理和探讨职责的苏格拉底一样，他始终不屈不挠。

在该委员会召开的一次极具戏剧性的公开会议上，费曼的工作达到了高潮。他发表了自己的意见，他认为导致这场灾难的物理原因在于，飞船是在极其严寒的气候中发射的，而极低的温度导致了重要部件的失灵。他的观点遭到了嘲讽，他却出人意料地把火箭助推器上的一枚O形的环状物质浸入一杯冰水，并且向在场的每个人证明这枚物质已经失去了它应有的弹性。

让我们更仔细地看一看费曼在该委员会中的工作是如何高度体现了我们每个人都应该掌握的苏格拉底的才能。

第一，费曼相信他有能力做出自己的判断，他相信自己是一个思想家。尽管他处在专家们的包围之中并且从事着他并不擅长的工作，他还是相信他可以凭借自己的智慧和直觉来完成调查。

第二，他花时间进行透彻的思考，拒绝在别人的进度、社会压力、自己急躁的影响下仓促行事。

第三，费曼找到了一套既适合他自己又适合普通人的思维策略和方法。

第四,费曼请求别人向他提供关键的数据,他向有真才实学的同事和朋友咨询每一项相关的科学技术。

第五,费曼的工作方式富有创造性,他愿意接受出人意料的洞见。

最后,费曼想出了一种向别人表达和证明他的思想的方法。他不是凭借自己的权威和专长,而是利用一个示范来向别人介绍他的独到见解。

在本章的其余部分,我们将继续探讨这些重要的才能。

加强你的苏格拉底精神

- 你是否把自己当成一个思想家并且喜欢运用你的心灵?(练习1)
- 你是否真的思想开放?(练习2)
- 你是否经常要求你的心灵不要就事论事,而要分析、综合与判断。(练习3)
- 你是否承认一个困难或问题需要长时间思考并且给自己足够的时间去进行独立思考。(练习4)
- 你是否不仅通过语言而且通过数据和时间来进行顺利的思考?(练习5)
- 你是否有熟练的方法来促使你自己和其他人对所有情况或问题提出新颖的、积极的观点。(练习6)
- 你是否知道如何改进你的思想以应付不断出现的变化?(练习7)
- 你是否有一个思维的工具箱来协助你进行思考?(练习8)
- 你是不是一位独立的学者?在你最关心的那个领域里,你是不是一位既有主见又有创见的研究者和思考者?(练习9)

挑战、探索和运用

1. 把自己当成一个思想家

正如我们所看到的,苏格拉底之所以要探讨神谕的宣示,是因为他相信自己是一个思想家。他也有困惑和挑战,但他知道必须依靠自己的智慧来摆脱困境。

在做这个练习的时候,你要用两段话把自己描述为一个思想家:第一段要如实地反映你日常的思维方式,第二段要描述你希望达到的目标。

a. 现在,我要把自己描述成这样一个思想家:

关于我把自己当成一个思想家的信心,我……

关于我对自己的思维过程的控制,我……

关于我对思维过程的享受和重视,我……

关于我擅长的思维方法和策略,我……

关于利用我的思想来引导我的决定,我……

b. 作为一个思想家，我希望沿着下述方向发展：

关于我把自己当成一个思想家的信心，我希望……

关于我对自己的思维过程的控制，我希望……

关于我对思维过程的享受和重视，我希望……

关于我擅长的思维方法和策略，我希望……

关于利用我的思想来引导我的决定，我希望……

2. 培养开放的思想

苏格拉底的雅典同胞因为思想开放而自豪。例如，伯里克利在他赞美公民的誓词中宣布："每个雅典人似乎都有能力以最大限度的灵活性和宽容心来容忍各种各样的行为方式。"苏格拉底考察了这种自吹自擂的开放，并且发现它常常名不副实。当他要求雅典人去检验他们的基本信念时，他们常常固守自己的信念，哪怕他们在逻辑、知识或经验上明显缺乏可靠的证据。

我们也因为自己的"思想开放"而自豪。但我们果真如此吗？我们真的敢于面对那些向我们的基本信念和我们最珍视的价值提出了挑战的观点吗？苏格拉底发现雅典人缺乏这样的勇气，我也一样。

大部分人，不论他们所赞同的东西是"自由"的还是"保守"的，都不愿认真倾听那些有可能威胁到他们最基本的信念的观点。只有在极少数情况下，我们才愿意就这样的问题展开"争论"，而且大多数参与者只是为了驳倒对手，而不是为了学到什么知识。即使一个人在争论中被驳倒了，他也会继续坚持自己的观点，而不愿从另一个人的推理中学到什么知识。

我们的文化鼓励这样的态度。我们所接受的培养和教育都是如何通过"对抗"的方法来消除争论。这种方法以我们的法律体系为基础，它假定真理是通过敌对的鼓吹者之间的激烈斗争产生的。只要每个人都不遗余力地维护自己的观点，那么坚持到最后的那个人就一定是正确的。

遗憾的是，这种方法在帮助我们寻找真理的同时，也常常会掩盖真理。这种"对抗"的方法青睐那些更大、更强、嗓门更高的鼓吹者，而与他或她的观点无关。更糟糕的是，它分散了我们的精力，使我们找不到新的视角来调和不同的意见或敌对的立场，从而也找不到创造性的方法来解决争端。

a. 回想你所参与的最后一次关于某个原则性问题的激烈争论。那段经历真的值得赞许和令人满意吗？如果是，那么它好在哪里？如果不是，你能够想出一个办法来产生更好的结果吗？

b. 回想一位就某个重要的问题、难题或困境提出了与你相反的观点的朋友或同事。想一想，假如你的目的是为了通过学习来对你的观点加以适当的改进，那么你将如何与他展开讨论。

下一次，当你发现某人提出了一个与你截然相反的观点的时候，你可以在适当的时机通过下述答复来消除分歧，你可以对他说："我的确对你的观点感兴趣。你能告诉我你为什么这么认为吗？你找到了什么有说服力的事实和逻辑依据吗？这个观点令我不敢苟同,所以我想更多地了解一下你为什么这么认为,以便考虑如何改进我的观点。"

3. 要求你的心灵做出有意义的判断

对于苏格拉底来说,做出自己的独立判断的能力是人格高尚的一种表现。没有任何神谕、法律、假设的信念、公认的观点的合法性可以不受我们的检验。

很多当代心理学家都赞同这样的看法。他们认为,做出自己的独立判断的能力是最高级的心理功能。在他们当中,最著名的是芝加哥大学的本杰明·布卢姆教授,他提出的思维过程的层次理论得到了最广泛的运用。

a. 记忆。

想起一些信息、术语、技术、用法等。

b. 理解。

理解你读到或听到的东西,因而能够归纳或解释它。

c. 运用。

把你学到的东西运用到具体的环境中。

d. 分析。

把一个主题分解成它的要素,因而能够看出它们之间的联系和你在逻辑上的缺陷,以便通过更多的信息来更好地理解这个主题。

e. 综合。

把那些要素重新组合起来,要用你自己的新方法把来自不同渠道的信息综合起来,并且提出关于这个主题的新见解和新观点。

f. 评价。

根据特定的目的来判断材料的价值。

用下面这个图解来对照一下你思考你现在所面临的一个重要问题或难题的方法。在一步步地爬上这个金字塔的时候,你要提出下述问题:

a. 我是否按照这样的标准完成了我的"家庭作业"?

b. 我是否在这个环节上做得太多了?如果是的话,我是否需要上升到下一个环节的探讨？

　　c. 我是否在对这个问题、难题、机会或困境的过程中忽略了这些环节中的任何一个？

　　d. 我还需要完成哪些工作才能做出一个判断？

　　e. 什么时候是做出这个判断的最佳时机？

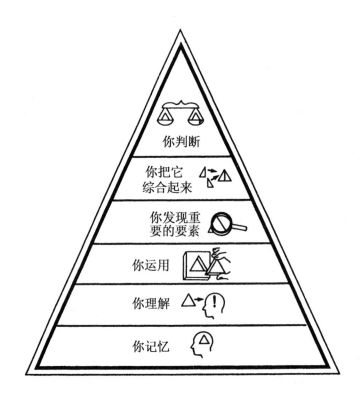

重新评价你的信念和信仰

　　你的信念是否符合你自己标榜的宗教或信仰？有哪位大哲学家的观点最能表达你对主要伦理问题的看法？你不妨进行一次令人振奋的哲学测验，去探讨一下www.Selectsmart.com网站上的试题。在那家网站提供的种类繁多的自我测验题中，有两种是宗教选择题和伦理哲学选择题。

前者将揭示出你的基本信念是否符合你自己标榜的信仰，不论它是东正教还是世俗的人文主义。当你表明了自己的立场以及你的坚定程度之后，那家网站会按照与你的立场的近似程度依次列出26个宗教和信仰体系。然后，你可以点击它们中的任何一个来了解更多关于它的知识。

后者则能够帮助你用你的道德观念来对照那些苏格拉底之后的思想家，如犬儒学派、伊壁鸠鲁、斯宾诺莎和保罗·萨特等人的道德观念。

苏格拉底通过思考节省了49个德拉克玛①

在柏拉图的对话录《克拉底鲁篇》中，苏格拉底遇到了两位向他求教的年轻朋友。他却明智地回答说，他们应该依靠自己的思考！

假如我不是穷光蛋的话，我可能会花上50个德拉克玛去听听伟大的普罗狄科开设的全部相关课程。那样一来，我就能够回答你们的问题了。但遗憾的是，我只听过一个德拉克玛的课程。因此我不知道这些事情的真相。不过，我愿意协助你们去探讨它们，并且依靠我们自己来发现真相。

坚持依靠自己"表现了世界上最伟大的导师之一苏格拉底所特有的态度"，伊迪斯·汉密尔顿在《希腊精神》中指出，"他不会代替投奔他的人去思考"。

4. 花时间进行独立思考

苏格拉底是一个耐心的思想家。在大多数对话的开头，他总是落在其他参与者的后面。在一般情况下，其他人都会对他们讨论的问题或难题做出迅速的回答，就像现代政客们在新闻发布会上提供"无

---

① 译者注：德拉克玛（drachma），古希腊的货币名，相当于一个银币。

懈可击的信息"时一样。苏格拉底则会解释说，他的思想没有其他人那么敏锐，因而他需要回过头去慢慢地思考。"我对此几乎一无所知。"他会说，"请帮助我理解你的意思和理由。"

当然，他的朋友们在阐明他们所坚持的观点的依据时，常常发现这些观点缺少逻辑或事实上的依据。这表明他们迅速做出的答复是站不住的。

我们也常常思考得太快，更确切地说，我们常常过早地中止了我们的思维活动，并且在我们刚刚开始思考的时候就认为我们已经完成了思考。这可能起因于我们在中学和大学里接受的训练，因为无论在课堂讨论还是在限时考试中，迅速地做出正确的回答都是至关重要的。而要做出自己的判断，你就不得不多花时间去找出你真正要思考的东西。但我们大多数人在大多数情况下，都只会接受在第一时间浮现在我们脑海的东西，而且在通常情况下，这种东西甚至不是我们自己的观点，而是我们不加批判地从其他人那里接受的观点。

当你感到有必要花点时间进行深入思考的时候，就不要把你正在做的事情看成慢悠悠的，而要把它看成深思熟虑的、悠闲自在的、追根溯源的、全面的、透彻的或深刻的。

 ## 苏格拉底怎样使自己聚精会神

当苏格拉底准备做出自己的判断时，他常常会在参与一场对话之前使自己聚精会神。他常常会花点时间去寻找他真正要思考的东西并且感受一下它的主题。柏拉图在《会饮篇》的开头描述了苏格拉底的这种做法。（希腊式的会饮不是一种学术讨论会，而是一种小型的宴会，在宴会中，客人们要对紧要的问题进行讨论和对话。）当那次宴会在剧作家阿伽松的家里开场的时候，人们热切盼望的贵客苏格拉底却引人注目地缺席了。一个奴隶被派到附近寻找他，以免他迷路。

"他在大街上，就站在一位街坊的凉棚下面，而且还不想马上过来。"那个奴隶报告说。

"真奇怪!"主人阿伽松说,"还是再去叫叫他吧。"

"不用。"熟悉苏格拉底习惯的朋友阿里司托得姆打断道,"随他去吧,这是他的习惯!在出席这种场合之前,他有时会变得精神恍惚。他马上就会来,别管他!"

当苏格拉底出场的时候,他已经做好了进入最佳状态的准备。(在第五章里,我们还要继续讨论这次宴会上发生的事情。)

花时间考虑一个难题或问题

找出一个你在上个月遇到的、你感到自己没有花足够的时间去深入思考的难题或问题。

a. 你为什么要缩短自己的思考过程?(不耐烦?焦虑?其他事情的压力?粗心大意?或者……)

b. 如果你拿出更多的时间来思考这个难题或问题,你将如何改进你的思考或做出一个更好的决定?

c. 你将在什么时候再次遇到类似的情况?你如何才能花更多的时间对它进行深入思考?(通过与同事或朋友的讨论来放慢进度?运用本章的后面所介绍的某种方法?制定一个更务实的最后期限?其他……)

5. 使用三个"防止愚蠢的过滤器"来改进你的思考

在几乎每一场对话中,苏格拉底都要对某个观念或信仰的有效性进行检验。为了排除错误的信念,他使用了逻辑、经验和常识的过滤器。今天,我们仍然可以使用这样的过滤器。但与此同时,我们还可以使用另外两个"防止愚蠢的过滤器":数据分析和深思熟虑。

你有没有注意到这样一个常见的经历?你在电视上看到了某个学科的一位知名专家在接受采访,他运用有力的事实和推理说明了某项公共政策为什么是令人满意的。但两天之后,你又读到了该学科的另一位知名专家的论文,他以同样的说服力指出了那项政策为什么是灾难性的。

我们都处在这些相互冲突的权威人物的包围之中,而且我们必须在他们之间做出判断。加勒特·哈丁是一位杰出的科学家、生态学家和苏格拉底"火种"的传播者,他认为我们可以做出自己的判断,只要我们能够借助防止愚蠢的过滤器来对专家的意见进行批判性的审视。

如果我们想对专家的意见(对我们而言的德尔斐神谕)发表自己的看法,就必须具备以下几种能力——

语言能力:理解和表达语言的能力。
数据分析:理解和解释数据信息的能力。
深谋远虑:透过纷繁复杂的因果关系来预见未来的影响的能力。

"如果我们想正确地理解这个世界并预见我们行为的后果,"哈丁指出,"就必须同时掌握上述三种能力,因为它们是三个不可或缺的过滤器。"

数据分析是一种把数量运用到事物之上的艺术,它可以帮助我们分析事物的转变概率、比例和比率等因素。深谋远虑则是一种预见长期的效果的能力,它最为关心的问题是以后会怎么样。

假如你想知道如何利用它们来做出自己的判断,那么哈丁的书就是一本最好的启蒙教材。它会告诉你如何利用它们来分析人寿保险、核反应堆安全、食物和药品安全、全球变暖和国际援助之类的问题。

6. 体验一下恍然大悟的感觉

希腊人喜欢听阿基米德经历恍然大悟的故事。据说,这位伟大的哲学家从他的保护人、叙拉古国王海伦二世那里接受了一项艰巨的任务:设法查明一顶作为礼物献给他的王冠究竟是用纯金制成的,还是用金和银的合金制成的。由于那顶王冠制作得十分精巧，因而不可能对它加以精确测量，阿基米德着实为难了好一阵子。后来，他决定暂时停止思考这个难题，并且洗个澡放松一下。然而，当他把身体浸入水中的时候，他发现水位开始逐渐上涨，直到它从澡盆里溢出来为止。他猛然意识到，王冠所排出的水的质量可以显示出它所特有的重量，并由此表明它的构成。

据说，阿基米德被这个突如其来的顿悟弄得激动异常，他从澡盆里一跃而起，冲出他家的大门，赤身裸体地在大街上边跑边喊："我找到了！"

蒲鲁塔克①在解释阿基米德的这种过激反应时指出，它表现了只有突如其来的顿悟才能带来的狂喜："我们从未听到一个好吃佬以这样的激情狂呼'我吃到了'，也从未听到一个色鬼四处大喊'我做爱了'。"

你进行独立思考的最有效的方法之一就是去创造。当你想到只有你才能想到的观点时，你就知道你对某件事情提出了独到的见解。

我有一种最适合用来激励你进入"我找到了"的状态的方法。它是一种包含着七个步骤的方法，你可以把它用到自己身上，也可以用到别人身上。如果你喜欢这种方法，可以把下面的图表和文字放大，印在优质的黄色标签上，并且贴在你的记事板或冰箱上。那样的话，你就可以随时进行一场从事自我创造的活动。

先向你介绍一下它的运作方法。你要设想自己正在和同事一起处理一个棘手的问题或正在家里筹划一件重要的家务事。一切都很顺利，太顺利了。每个建议都是合理的，但毫无创见。你有了似曾相识的感觉，就像瑜伽师所指出的那样。但没人向你提出真正有创见的或有趣的观点，怎么办？

你抬起头来，看见了挂在你后面的那块记事板，它上面有一个电灯泡形状的、醒目的标签（见下页图）。它是一个可以让一群人随时

---

① 译者注：蒲鲁塔克（Plutarch，公元46—120年），古希腊著名历史学家、传记作家。本章中的引文出自他的代表作《名人传》。

暂　停

说："让我们花时间用新的方法来思考这件事。"

集　中

说："我希望提出一些新的方法来凝聚我们的力量。"

"让我们一起考虑____这方面的问题，以便提出新的观点。"

提　问

说："我们怎样才能使____成为可能？"

"我们能够利用什么因素来改变这里的局面？"

创　造

说："让我们听听新的意见——不要批评或判断。"

"让我们依靠彼此的大胆设想。"

选　择

说："在这么多意见中有哪一个更值得认真考虑？"

改　善

说："我们怎样才能利用这个意见的优点？"

行　动

说："我们怎样才能安全、顺利、省力地检验它？"

随地投入创造性的思考的简单公式。

这个图表一方面展示了一种基本的思维方法，另一方面又简单明确地描述了你在激发一群人进行创造性的思考时所说的话。你可以先说："迄今为止，我们的观点似乎无懈可击，但我们为什么不能继续前进呢？我觉得我们有能力提出更有创造性的观点。"你也可以说："让我们再拿出半个小时做一次'创造性的暂停'。让我们提出一些创造性的、新颖的观点。"

人们提出了三个主题，而你首先要拿第一个主题开刀："让我们从突发奇想开始吧。请不要急于提出批评或做出负面的评价，要听一听和看一看你能否利用每个观点来发起向其他观点的'蛙跳'。现在所要的只是数量。"

刚开始的时候速度会很慢，但要不了几分钟就能快起来。那群人的热情将被调动起来并开始讨论。用不了多久，他们将开始互相取笑那些异乎寻常的观点，但气氛会很热烈，而且他们会发现有的观点具有一定的可行性。于是他们会停止相互指责，而把希望寄托在互相帮助上。

这种方法后面的几个步骤可以引导人们发现最有趣的观点，对它们的部分内容加以改进，并决定认真考虑一个最有前途的观点。这次短暂的、创造性的停顿将产生出一到五个新的观点，尽管这些观点早就蕴藏在某些人的心里，但他们曾经觉得难以把它们摆到桌面上。更可贵的是，人们找到了向上的感觉。他们将一起发挥他们的想象力，并且相互勉励。

你能够通过这种简单的方法获得新的观点吗？绝对没问题。它任何时候都行之有效。那么你是否每次都能获得奇妙的、有用的新发现呢？绝对不可能。但这无关紧要。在谈到创造性的时候，你不可能担保它的结果，没有人能够做到。但你做得越多，在越多的场合让人们知道你渴望得到新的想法，你所达到的效果就越好。那些有新观点的人将受到鼓励，并把这些观点拿出来与别人分享，而不会因为感到每个人都喜欢因循守旧而把它们窒息。

7. 通过"赫拉克利特式"的思考来防止误解

苏格拉底从一位诞生在他之前的圣人那里学到过不少东西,这位圣人就是写下"你不可能两次踏进同一条河流"这句名言的赫拉克利特。伟大的赫拉克利特率先提出了世界的本质是变化的思想,这种思想在现代科学中达到了它的顶峰,因为现代科学告诉我们,微观世界、生物界和宏观世界都处在不断流变的状态之中。"无物长驻,万物皆变;任何状态都不可能停留,即使片刻也不行;任何东西都正在失去它曾经是的东西,并且正在成为它将要是的东西。"

苏格拉底充分意识到我们的世界是以不断的变化和差异性为特征的。因此,他不得不再三说明独断的主张可以轻易地被具体的事例所驳倒。

今天,我们都在抽象的层面上知道我们生活在一个不断变化的世界里。在现实世界的任何一个层面,事物都在不断变化:从分子的层面到生物的层面,从社会的层面到全球的层面。然而,我们常常因为没有把这个原则运用到日常生活中而犯错误。我们的语言本身就容易导致不准确的判断。我们所使用的词汇和概念的含义是不变的而不是变化的,是同一的而不是多样的,是限定的而不是开放的。

 两个独立思考的人:苏格拉底和佛祖

做出自己的判断是生活在同一时代的苏格拉底和佛祖所共有的动力。宗教学家克伦·阿姆斯特朗注意到,这两个人都不得不拒绝他们的社会强加给他们的信仰。他们都抛弃了他们最重要的老师,因为他们必须找到他们自己的道路。

佛祖和苏格拉底都深深地感到了依靠自己来判断价值和至善的精神需要。阿姆斯特朗强烈地感受到了他们之间的联系,所以她把佛祖描述为"印度的苏格拉底"。

想想你这些年来听到的种种陈述，以及它们为什么违背了现实的真理。

- 日本人喜欢竞争。（哪个日本人？什么时候？）
- 她是个管得太宽的经理。（谁有这样的感受？在什么情况下？）
- 我一直不走运。（在生活的哪个方面？在什么时期？）
- 结婚是行不通的。（对谁而言？什么时候？什么类型的人？有哪些例外？）

为了避免上述错误，并且利用语言本身来激发自己进行更周密的思考，我们可以从日常语义学这门学科中找到最好的方法。这些可以直接派上用场的方法为我们提供了提出哪一个、什么时候和其他咨询性问题的途径。

给你的陈述打上编号，以便表明它们只能适用于特定的情况。在日常生活中，我们总是利用编号来区分那些看起来一样的东西：剧院里的座位号、宾馆里的房间号、电话号码。要在你讨论的主题下面用一个小小的标记画上这样的编号，以便提醒你自己它只是一个具体的事例而已。

例如，当你谈到"少年"的时候，你指的是：

少年（1）——优等生

少年（2）——运动员

少年（3）——电脑黑客

少年（4）——帮会成员

不要做出"日本人喜欢竞争"的断言，而要说：

我在经手金融管理方面的一个项目时遇到了20位日本商人，他们的行为方式在我看来都是极具竞争性的。

给你的陈述注明期限，以便表明它们在什么期限内才是真实的。给陈述注明期限对于判断它们的用处有很大的帮助。现在，我们就要为一个陈述打上一个小小的标记，以便注明它的期限。

"总统对国防开支的态度。"（在总统竞选期间）

"总统对国防开支的态度。"（在执政一年之后）

"总统对国防开支的态度。"（在他的党失去对参议院的控制的中期选举之后）

"总统对国防开支的态度。"（在下台并成为一位慈善家之后）

想一想，注明期限为什么可以加强你判断那个关于日本商人的陈述的能力。

我和20位日本商人一起完成那个项目的时间是15年之前，那是战后美国和日本之间的商业竞争最为激烈的时期。

利用"等等"来提醒你自己和其他人注意到还有一些可以改变这个结论的东西要说明。现在，我们要在我们的陈述的后面插入一个小小的"等等"，以便提醒我们注意它仅仅包含了一部分真理。

我要补充的是，我所在的公司当时正在和那家日本公司就合并问题进行谈判，所以我本人非常希望在那个项目的方方面面都取得最好的成绩，而且实际上，我的日本同行在完成那个项目时也表现得相当出色。

现在，你要把以上三种方法运用到自己身上。设想有个朋友来拜访你并且对你说出了本节的另外三个陈述中的一个：

- 她是个管得太宽的经理。
- 我一直不走运。
- 结婚是行不通的。

你怎样利用上述方法来答复他？

8. 七条思维策略

在阅读《柏拉图对话录》的时候，人们总是对苏格拉底驾驭思想的聪明才智感到惊讶。在思考一个问题时，他会借助严密的逻辑推理来坚定地向前推进。但突然之间，他又会改变思路并转而从另一个完全不同的角度来探讨那个问题。有时候，他还会引用一个耐人寻味的比喻或者一段激动人心的故事。很显然，他是在综合运用一系列的思维策略：即用来分析难题或问题的不同方法。只有掌握了这些策略，我们才能分享他所具有的聪明才智。

下面的七条思维策略将使你能够以一种创造性的方式来关注任何难题或问题。它们的提出者是爱德华·德邦诺博士，他一直在我们这个时代里传播着艰苦的独立思考的火种，他利用这些策略在数以万计的人身上和数以千计的组织内部激起了创造性和批判性的思考。

从这些策略中挑出一个最让你感兴趣的策略，并设法运用它来正确地思考你在这个星期遇到的一件需要认真对待的事情。你将发现，它们可以帮助你提出自己的独特想法，并且判断出你所应采取的最适当的行动。

PMI[①]：加号、减号、利息

本杰明·富兰克林提出，当你需要做出一个决定的时候，不妨把它的长处和短处都列举在一张便条上，然后分别统计一下两者的数目。然而，尽管这种分类法常常很管用，它却遗漏了那些无法用"是"或"否"来回答的新颖的、创造性的想法。PMI则请求你不要只考虑某个观点或建议的长处和短处，还要考虑它有何趣味，从而使你的思路更加开阔。

思考一下这个建议：在每个孩子出生的时候，他们的家庭都应该得到一笔津贴，津贴的利息会随着孩子的成长而不断积累，当他或她长到18岁的时候，这笔钱就可以由这个年轻人自由支配了——用于接

[①] 译者注：PMI是英文单词Plus Minus Interesting（加号、减号、利息）的缩写，格罗斯用它来命名一条思维策略。下文中的CAF是Consider All Factors的缩写，C&C是Consequences and Sequel的缩写，AGO是Aims Goals Objectives的缩写，FIP是First Important Priorities的缩写，APC是Alternatives Possibilities Choices的缩写，OPV是Other Point of View的缩写。我们在这些缩写的后面都附上了它们的全称。

受高等教育、创业、成家，或其他目的。想一想这个建议的三个积极因素，再想想它的三个消极因素，最后再想想它的三个有趣的意义、影响或其他方面。

苏格拉底和"不敬神"的欧里庇得斯

苏格拉底的独立思考在当时最伟大的剧作家之一欧里庇得斯的身上得到了体现。他俩都鞭策、震惊并最终触怒了他们的雅典同胞。

欧里庇得斯是与苏格拉底同时代的"三大悲剧家"之一，这三个人的成就都足以和莎士比亚或易卜生（Ibsen）相媲美。埃斯库罗斯是他们中最年长的一位，他使戏剧第一次从酒神节的舞蹈中脱颖而出。索福克勒斯是《俄狄浦斯》的作者，他创造出了成熟的悲剧，亚里士多德正是从他的作品中发现了艺术的本质。欧里庇得斯则通过自己的悲剧揭露了众神和英雄的真实面目，批评了战争的残忍和非正义，并且为妇女的需要和权力大声疾呼，他同苏格拉底之间的关系最为密切。

苏格拉底和欧里庇得斯都把机智的怀疑论同严肃的道德感结合在了一起。在《特洛伊的妇女》中，欧里庇得斯描述了妇女和儿童是如何成为战争和征服的主要牺牲品的。在《奥里斯的伊芙琴尼亚》中，他把特洛伊战争中的希腊将领刻画成了一群宁愿拿自己的孩子献祭也要把战争继续下去的胆小鬼、自私狂和懦夫。在《美狄亚》中，他表达了一位妇女对她遭受的虐待和屈辱的愤怒。

与苏格拉底同时代的人都承认了这两位伟大的怀疑论者和道德家之间的联系，例如，另一位剧作家阿里斯托芬就表达过这种看法。雅典人常常说："苏格拉底点燃了欧里庇得斯的篝火。"而我们只能想象一下，当苏格拉底看到雅典人厌倦了欧里庇得斯并以"不敬神"的罪名将其流放时，他的心里会是什么滋味，因为仅仅七年之后，苏格拉底本人也在七十高龄时被他们送上了审判台。

CAF：考虑所有因素

这条策略要求你更加全面地思考每个难题或问题。例如，当你打算买一套房子时，你考虑到的问题和因素可能有：位置、折算、学校、娱乐设施。但你只有关注和讨论所有的因素，才不至于考虑不周。例如，你还要考虑噪音、附近街道上即将出现的搬迁、石棉瓦等。列出所有问题的清单将有助于你做到CAF。

C&C：后果和影响

"处境化"的思考的本质就是要不断地思考那件事的后果。作为一个非常有效的方法论原则，C&C要求我们更系统地设想我们的行动的后果。

例如，大多数人在考虑"跳槽"的时候，都会把他们的注意力集中到眼前的希望上。但假如你打算长期待在那个新的岗位上的话，就必须更认真地思考一下你在5年、10年，甚至25年之后的情况。商业机构如果不想错过未来的机会，就要制订出长达二三十年的"持续发展计划"，并且要提前找到那些最有可能出色地完成任务的候选人。你也一样。

AGO：宗旨、目标、目的

简单地表述一下你的行为的理由常常有助于理清你的思路。我们很容易沉醉于头等的或主要的目标，却不知道我们的内心深处还有其他的目的。

例如，我的一位同事在为一门重要的考试做准备工作时遇到了很大的困难，而她只有通过那门考试才能得到晋升。她把一门心思都扑在了作为她的目标的"通过考试"上。当我们在一次谈话中聊起这件事的时候，我问她是否可以在实际工作中利用她所要学习的某些资料来更好地服务客户。她立刻发现了她的另一个学习目的并随即对它提起了兴趣，她还把这个目的同她对那些资料的学习结合了起来。当天晚上，她以一种更加积极的态度重新投入学习中。

FIP：头等重要的优先

我们都知道按照先后顺序采取行动的必要性，只有重新安排我们要做的事情，才能使那些头等重要的事情成为最优先的事情，而不仅仅是最紧迫的事情。但这个原则也同样适用于我们的思考。

在我们运用了CAF或AGO之类的策略之后，另一条重要策略就是要按照先后顺序来思考我们所面对的众多观点。例如，在考虑投资问题的时候，一个最容易受到忽略的头等大事就是要下意识地决定你的投资目的（投机、缓慢而稳定的增长、收入等等）。同样，在考虑结交新朋友的时候，我们常常忙于从不同的角度思考另一个人。但在很多时候，真正重要的事情是要重新思考我们在这种交往中真正在乎的和所要寻求的东西。

APC：随意、可能、选择

APC可以把真正的创造性引入你的思考。它要求你突发奇想、运用你的直觉，并且提出异乎寻常的观点。在本章的练习6中，我们曾经详细地介绍过这条策略。

OPV：其他人的观点

大多数人都很少注意与其他人一起思考。但在任何一个真正需要与人打交道的场合，它都是一条重要的思维策略。我在处理工作场合或其他场合人际关系问题时，常常让每个人谈一谈站在他们的角度的感受，并且认真地倾听。这种简单的思想交流经常可以化解久拖不决的难题。

9. 成为一个独立的学者

雅典人坚信"每个人都必须亲自研究真理，否则他就得不到任何真理"，伊迪斯·汉密尔顿在她的名著《希腊精神》中写道，"如果《柏拉图对话录》指出某个人的结论超越了其他人的结论，那是因为那个雅典人不愿意让其他人替他思考"。自从拉尔夫·沃尔多·爱默生在哈佛大学优秀大学生联谊会的致辞中提出"学者就是思考的人"之后,这句口头禅几乎成了美国知识分子的座右铭。

苏格拉底直到今天仍然是独立自主的学者的榜样,这些人都把对知识和理解的追求视为一种热情,而不是一种职业。他们都是在学术机构之外进行严肃研究的学者、科学家、社会活动家、艺术家等等。有位传播苏格拉底"火种"的人叫文森特·科瓦洛斯基,他是一位独立自主地研究了伟大著作的发展历程的学者,他在描述这样的学者时指出:

> "苏格拉底式"的业余爱好者是职业教书匠的老冤家。苏格拉底本人就与当时的智者们划清了界线,因为那些智者总是自以为很有知识,并且出于种种不可告人的目的而向学生兜售他们想学到的任何知识。
>
> 苏格拉底认为他没有智慧,而只是爱智慧,正因为如此,他不应该被称为智者,而应该被称为哲学家,即爱智慧的人。"苏格拉底式"的业余爱好者敢于成为一个知识渊博的人,敢于在没有专业技术的情况下处理最重大的和最复杂的问题,敢于分享和传播知识,而不是控制和霸占知识。
>
> 12世纪的流浪学者继承了这一传统,他们效忠的是学习,而不是世俗的权力。中世纪的大学也继承了这一传统,它们产生于流浪学者和他们的学生同教会之间的斗争。
>
> 后来,当他们建立的大学反过来变成了死气沉沉的"学术"机构之后,继承这一传统的责任又交给了独立学者。就此而论,他们都是现代科学的奠基人,例如伽利略、开普勒、波义耳。他们在大学之外建立了独立的"学习协会",以便探索那些被大学拒之门外的新观点和新方法。
>
> 独立自主的学习一直在挑战一个危险的神话,即认为严肃的思考只能在正规的、传统的学术机构中进行,而且学术是教授的特权。在学术上的官僚主义和专家作风愈演愈烈的当今时代,我们迫切需要听到"苏格拉底式"的业余爱好者的声音。

苏格拉底——终生学习者和独立学者

苏格拉底随时随地向任何人请教任何事情,他的雅典同胞也一样。结果,他们在各个领域里都提出了前所未有的思想。亚历山大·艾略特在《苏格拉底》一书中指出:

> 在苏格拉底的时代,人类的认识在它的各个主要方面都取得了巨大的进步。然而,没有一项进步是由现代意义上的学者或研究者创造的。或许这正是古雅典人让我们感到最不可思议的地方。我们都喜欢坐着学习,而苏格拉底时代的人则喜欢在运动中学习。他们开创了独立学习的方法。
>
> 当时的大多数著名思想家都是苏格拉底的朋友。他把自己的哲学研究视为对知识和经验世界的一次探险———一次没有终点但充满惊喜的旅行。"老师不是我,而是这座城市。"他常常说。他可以从他热爱的雅典那里学到他需要的任何知识。

你在任何领域里或任何问题上都有机会使自己真正成为第一流的专家,只要你愿意为之付出必要的时间。这的确是一个大胆的想法,但我在两本著作中用大量的事实证明了它的有效性,例如,哪些人做到了这一点、他们是如何做到的、你怎样才能做到,这两本著作是:《独立学者指南》(1993)和《独立学习:期望、问题和前景》(1983)。

那本《独立学者指南》在大多数的公立图书馆里都可以借到,你将从中得到各个方面的具体指导,从而使自己成为一个独立的学者,它们包括:

- 研究方法。
- 如何获得别人的帮助,从导师到研究助手。
- 思维策略。
- 如何通过教学、出版和非传统的途径来介绍你的作品。

- 如何相互支持。

最善于启发人的教授会主动鼓励最优秀的学生去质疑他们的权威，并且通过独立的思考做出自己的判断。这样的学者才能把他们的精神火种传播给年轻人。例如，在耶鲁大学历史学系担任约翰·海·惠特尼讲席教授的弗兰克·特纳就是这样的人，他在对一群首次参加优秀大学生联谊会的学生致辞时指出（当然，特纳的话回应了前面所引用的爱默生的名言）：

> 你们一直沉浸在老师提供给你们的思想之中，掌握那些思想，并且在一定程度上把它们反馈给老师，而老师最不希望看到的就是他们的思想又回到了原地。服从老师的权威在本科生甚至在研究生的学习成绩中似乎都是一个不可避免的副产品。然而，过分地服从老师的权威有可能导致死气沉沉的学习氛围，并且导致心灵和想象的死亡。
>
> 有资格进入优秀大学生联谊会的人都把太多的时间用在了服从老师的权威上。因此，我迫切地要求你们去抵制这种学术上的盲从。

在回顾了三位曾经抵制过这样的权威并且取得了巨大成就的学者——笛卡尔、托克维尔和达尔文之后，特纳教授在他的结束语中敦促那些年轻人（和我们）去独立思考：

> 我鼓励你们去思考这三个人，以及你们所知道的来自其他研究领域和其他文化的人。我鼓励你们利用怀疑主义，就像笛卡尔利用它来反对当时的学术界一样，我也鼓励你们选择一位伟大的思想家来进行友好的争论，就像托克维尔挑选了孟德斯鸠一样，我还鼓励驶向你们的加拉帕戈斯群岛，就像当年的达尔文一样。
>
> 要远离老师们到达过的海岸，去探索危险的海滩，那里有新的发现，还有你们自己的思想成就和道德上的自信。

第四章

挑战传统

苏格拉底之道

Socrates' Way

第四章 挑战传统 119

4

> 如果一个囚徒获得了释放并且站立了起来，那么当他转身走向光明的地方时，他会发现以前所看到的一切都是虚假的和骗人的，但现在他终于可以看到真相了。
>
> ——苏格拉底（见柏拉图《理想国》）

那是一个风和日丽的日子，雅典人都拥到广场上去购买日用品或进行社交活动。阳光洒满了广场上的每一个角落：照在那些昂首阔步地穿行于小商贩之间的运动员的光滑的肌肤上，落在新鲜的农产品、艳丽的编织品和待售的珠宝上，映在俯瞰大广场的帕特农神庙的高高耸立的石柱上。

令人奇怪的是，阳光似乎让苏格拉底想到了它的反面，正如柏拉图在《理想国》中所描述的一样。苏格拉底正在与年轻的朋友格劳孔谈话时，突然想象出了一个非常奇特的地方，那里的一切都和他们周围的景象恰好相反。

"设想有一群人生活在一个长长的地下洞穴里，面朝着洞底。"

"他们从孩提时代就住在那里。他们从头到脚都被锁链捆绑着，所以无法活动。他们只能直视洞底，因为脖子上的锁链使他们无法回头看见位于后上方的洞口。"

"在他们身后不远处燃着一堆火，在火与这些囚徒之间是一条崎岖的小路。而且你可以看见，沿着路边有一堵矮墙，就像一道可以演木偶戏的屏障。"

"我看见了。"格劳孔一边说，一边仔细琢磨苏格拉底想出的这个图像的意义。

"请再设想一下，"苏格拉底接着说，"有些人扛着各种石制、木制和其他材料制成的人像和动物像沿着那堵墙走动，把它们的影子映在墙上。"

"这是一幅奇特的图像，他们也是奇特的囚徒。"格劳孔说。

"是的，"苏格拉底说，"的确很奇特。这些囚徒只能看见木偶或自己的影子，它们是被火光投射到洞底上的。"

"没错。"格劳孔说，"假如连头都不让他们转一下，那么他们除了影子之外还能看见什么呢？"

"再假设他们可以彼此交谈，那么他们会不会认为他们谈到的东西是真实地存在于他们面前的东西呢？"

"完全正确。"

"在他们眼里，"苏格拉底说，"除了墙上的影子之外，几乎没有真理可言。"

"肯定是这样。"

"现在，"苏格拉底说，"再设想其中的一个囚徒获得了释放。他的束缚突然被解除了，他可以站立起来并转过身去，走向光明。你认为他会有什么感觉？"

"我想他一开始会被耀眼的光芒刺痛眼睛，并且感到沮丧。"格劳孔答道，"他再也不能用囚徒们看待影子的方式来看待眼前的真实对象了。"

"是的！"苏格拉底表示赞同，"但他的视野会变得清晰起来。尽管真实的阳光让他眼花缭乱，但他会逐渐适应它，痛苦和烦恼都将成为过去。他将学会分辨墙上的影子、水中的反射和真实的东西。"

"我看得出这是事实，苏格拉底。"格劳孔说。

苏格拉底接着说："接着，他将凝视月亮、星辰和灿烂的星空。最后，他终于能够直接观看太阳，而不仅仅是观看它在水中的倒影。"

"他将发现太阳才是光和热的源头。他将回忆那个洞穴、洞穴里的囚徒，以及他们如何通过墙上的影子来构造自己的世界观。他会怜悯他们。"

"是的！"格劳孔说。

"请再想一想！"苏格拉底接着说，"假如这个人在见到了阳光灿烂的世界之后，又被送回原来的洞穴并被重新捆绑起来，那么他将看不清洞穴里的任何东西，直到他的眼睛再次适应那里的黑暗为止。"

"那些一直待在洞穴里的囚徒会认为他的眼睛瞎了。他们会说，他出洞走了一遭，居然把自己的眼睛给毁了，以后对出洞这样的事最好连想都不要想。他们还会说，假如有人企图释放他们并把他们送到光明的地方，他们将予以拒绝。"

现在轮到苏格拉底来解释这个奇特的洞穴比喻了："有时候，人有机会抵达更高的世界并发现事物的真相。当他待在上面的时候，他会怜悯那些仍然待在洞穴里的可怜的囚徒。但当他返回洞穴之后，他会为上面的阳光感到茫然，并且重新在黑暗中摸索和徘徊，他还要遭受那些一直住在幽暗世界里的囚徒的嘲笑。"

每当我们把认识的发展看成一个从黑暗走向光明的活动时，我们都要用到苏格拉底在"洞穴"的比喻中提出的想象。他以这种方式形象地表现了认识的过程。

值得注意的是，在一个人从影子的世界走向真实的世界的过程中，他会感到痛苦。而当他带着新思想返回洞穴的时候，同样会有痛苦，还有危险。我所说的危险绝不仅仅是指嘲笑，对于这一点，苏格拉底在下面的段落中会做出进一步的说明，他由此预言了他本人将在雅典人手里遭受的厄运。

苏格拉底：假如囚徒们喜欢夸奖那些能够最早认出从墙上掠过的影子，并能够凭记忆预言哪个在前、哪个在后，又有哪几个是并排的人，他还会在乎这样的夸奖吗？假如他突然离开光明回到了老地方，他的眼前会不会一片漆黑呢？

假如他随即被那些从未离开洞穴的人拉去参加一场评价影子的竞赛，而这时他的视力还很模糊，还需要不少时间才能恢复到原来在黑暗中的状态，那么他会不会遭到嘲笑呢？囚徒们会不会认为，他出去了一趟，居然把自己的眼睛给糟蹋了，因而再也不应该有出去的愿望了呢？

假如再有一个人企图打开他们的锁链并把他们带到上面去，而且他们能够摸到那个人，那么他们会不会打死他呢？

格劳孔：他们肯定会这么干。

想一想古往今来的那些曾经把洞穴的比喻与自身的处境相结合的人。千百年来，各式各样的哲学家和神学家，如圣奥古斯丁、卢梭、斯宾诺莎、黑格尔、弗洛伊德等都曾经用"洞穴"来形容他们在破除人们的痴心妄想，以帮助他们发现真理的时候遇到的困难。

洞穴的比喻还有一个十分有趣的现代版本，那就是爱德华·阿博特提出的一个数学幻想"平面世界"：他首先勾画了一些被禁锢在两维空间中的生物的生活状况,然后又让其中的一个生物突然冲出他们的洞穴闯入我们的三维世界,并在这里获得了惊奇的发现。那个生物一下子就看见并体验到了那些一直生活在平面世界里的伙伴所不可能理解的东西。

当代的苏格拉底精神

苏格拉底的洞穴比喻会被西蒙·洛克学院用来考察它的报考者,该学院是莎士比亚学院的预备学校。它要求那些年轻而优秀的报考者结合自己的生活经历来解释这个比喻。请想象一下,假如那些学生在踏入那所校园的时候真的遇到了一位苏格拉底,那么会出现什么情况:在一个凉爽宜人的9月的傍晚,在纽约的莱茵溪畔,他们遇到了一个人,那个人居然是苏格拉底。

"我们的学生都渴望遇到苏格拉底，因为他们知道把自己从洞穴中解放出来是接受真正的高等教育的第一步。"一位邀请我访问那所校园的年轻教授说，"这是他们平生第一次有机会去对抚育他们成长的文化加以批判性的审视。而且只要他们愿意，他们就能发现他们的思想是如何被他们的家庭、社会和媒体塑造出来的。他们还可以由此开始独立的思考。"

苏格拉底将考问这些聪明的美国青年，就如同他当初考问公元前5世纪的雅典青年一样。他将提出一些根本性的问题：你信仰什么？你为什么来这里？你要到哪里去？

学生们将接受他的挑战。他们将认出"墙上的影子"就是塑造了他们的思想的东西，并会对后者加以批判性的审视。下面所列举的就是这些与众不同的年轻人从中发现的东西：

- 家庭教养：每个家庭都有一个它自认为正确的思维方法来思考任何事情，而且它的每个成员都会认同这个方法。
- "政治正确性"的观点：它来自我们的社会，并认为商人都是反对社会福利的、穷人都有金子般的心、犯人都是压迫的牺牲品、政府机关都比营利性组织干得好。
- 商业广告：它每隔12分钟就会出现在我最喜爱的电视节目上，并且向我兜售一些我用不上的废物。
- 政治竞选：它取决于口号和候选人的姿态，而不取决于对现实问题的讨论。
- 地方电视台的新闻：它用警察局的登记簿来填满30分钟的时间。
- 空洞的抒情诗：我们的父母所说的一些关于我们应该如何生活的话。

那位缺席的苏格拉底在过去的几十年里已经同来自全国各地的年轻人进行了上百场的对话。在每一场对话中，人们都在自己的心里感到了震撼，都醒悟到了把自己从"洞穴"中解放出来并且开始独立思考的必要性和可能性。

大多数现代人都把媒体和电脑文化看成一个威力巨大的洞穴，而我们一生中的大部分时间就是在那里度过的。不过，我们不再是"被捆绑的囚徒"，而是"被遥控的电视迷"。也不再观看木偶的影子，而是把时间花在我们所热衷的广告和网页上。夸大其词的广告和宣传、偶像和信息为我们提供了精神快餐，它们在不断地灌输新的欲望、恐惧和焦虑。各式各样的著作都在揭示这种危险，它们的标题都与尼尔·波兹曼的"娱乐至死"一样醒目。

　　不仅年轻人会得到这样的指点。苏格拉底还会花大量的时间与那些已经结束了学生时代的人对话，例如专业人士、商人、家长和社区领袖。而且他们会同样真切地感受到把自己从洞穴中解放出来的必要性。

　　下面的引文最贴切地表达了许多人对这样的生活方式的感受，它的作者是一位善于辞令的观察家大卫·邓伯，他是《纽约人报》的小品作家和电视评论员。你自己是否也有过类似的感受？

　　　　像许多其他人一样，我也陷入了"在媒体里生活"的现代生存状态之中，那是一种兴奋与厌倦相交织的状态，我不再知道我知道什么。我拥有信息却没有知识，拥有意见却没有原则。我感到我的个性淡化了并且融入了表演的氛围之中，而且我完全不知道何时才能结束这样的表演而开始我的生活。我自己的记忆在媒体生活的迷雾中消失了，我成了一个没有生命的旁观者。

　　　　我开始在心里厌倦我的这种生活方式，它处在表演和假象的庞大体系或者信息、偶像和姿态的浓厚氛围之中，正是这些东西决定了每一位生活在20世纪晚期的成年人的心理状态和习惯。我在这个影子的山谷里感到很不舒服，它是一种令人激动但前途黯淡的生活，其中充满了名誉、地位、闲谈、活动、赛车、射击、专家访谈、相互指责的表面夫妻、纯粹的交易、不断的变迁、不可思议的行为和极度的无聊……

　　在随后的挑战、探索和运用中，你将学到一些必要的方法来识别那些存在于我们的社会上的种种虚幻的影子。

加强你的苏格拉底精神

- 你是否知道你在思想和情感的成长过程中曾经逃离过的"洞穴"?(练习1)
- 你能否体验到其他人在"洞穴"里的感受?(练习2、3、5)
- 你是否审视过你从父母和家庭那里接受的"传统的智慧",以弄清它们是否有意义和是否符合你的生活经验?(练习4)
- 你是否知道你的职业、你的朋友、你每天接触的媒体、你的宗教和信仰背景对你的观点的影响?你的日常信息(你了解和认识发生在这个世界上的事物的间接的渠道)是否足够开阔、多样化和富于挑战性?如果不是,那么它是否受到了几个最方便和最愉快的渠道的支配?(练习6)
- 你是否利用苏格拉底的精神来使自己免遭电视的洗脑?(练习7)
- 你是否愿意让你的某个基本信念经受"严峻"的考验?(练习8)
- 你是否养成了一种批判和怀疑的态度来保护自己免受愚弄?(练习9)
- 你是否有一套简单的方法来对一个你必须面对的难题提出圆满的意见,以使你能够通过逻辑和证据来维护你的立场?(练习10)
- 你是否知道怎样明智地对待专家,以免被虚假的专业知识误导?在你必须认真思考并做出正确抉择的领域里,你是否有一个由专家组成的"私人顾问团"来向你提出忠告和建议?(练习11、12)
- 你是否能够在必要的时候有效地发挥"牛虻"的作用?(练习13)

挑战、探索和运用

苏格拉底的"洞穴"代表了一个由我们"接受的信念"所构成的世界。我们每个人都有大量的观点、态度和意见是从我们的家庭、学校、文化、社会和媒体那里按部就班地接受的。把我们捆绑在这些东西上的"锁链"就是我们试图取悦他人、得到认可、避免独立思考的可以理解的愿望。

这样的接受并不一定是坏事。在大多数情况下，这些观点、态度和意见都是相当有用的。我们不必亲自思考每一件事，我们也不必质疑每一件事。但我们必须知道如何在必要的时候对我们自己的信念加以审视。否则的话，我们就会变成没有思想的木偶。如果一个无知的人既坚信自己的观点又从不审视它们，那么他不过是某些过时的哲学家或最新的媒体广告的会说话的工具。

在本章的挑战、探索和运用中，我请求你认真地从根本上质问一下你自己接受的信念。发现别人的眼睛上的污点总是很容易，而发现我们自己的盲点却要痛苦得多。

1. 重访一个你已经走出的"洞穴"

想起一个你曾经置身于其中的"洞穴"，回忆你在那段时间里的生活。（你在按照别人的想法生活，甚至对这种状况毫无察觉。）

  a. "感受"你进入或接近那种心理状态的途径。（它为什么令你愉快？）
  b. 回忆你在发现你必须怀疑那种观点时的感受。
  c. 回想是什么东西使你获得了解放？
  d. 思考你是否能够或者应该回到那个洞穴，以便帮助其他人获得解放？

2. 进入一个思想僵化者的"洞穴"

想起你在日常生活中遇到的一个人，他的观点让你感到非常可怕、令人气愤、没有头脑、极为有害等（他可能是一个政客、空想家或自大狂)。问一问你自己:什么样的经历才可能使他拥护这样的观点?再问一问自己:是否至少在他的某一方面或层面的叙述中,我可以汲取一些教训?

3. 通过电视剧来体验"洞穴"

想不想体验一下你生活在"洞穴"里的感受?有三部感人的电视剧可以让你获得这样的体验:《摇篮》《小人得志》《杜鲁门的表演》。

真实的洞穴里的囚徒

苏格拉底的"洞穴"和囚徒的比喻很可能来自一个真实的生活场景的启发。在苏格拉底时代,西西里岛以它的富裕和奢侈的生活方式而闻名于世。当柏拉图访问那里的时候,他发现当地的公民常常一次参加两场宴会并同时沉溺于其他的享乐。他认为这就是当地人对哲学思考反应迟钝的原因之所在。

西西里岛富有的原因之一是它在西米里的矿井。但大批的矿工在它的地下矿井里度过了一生,而从未见过白昼。苏格拉底极有可能听说过这件事,而那些矿工的形象很可能发展成了他所说的精神囚徒的原型。

4. 探索先入为主的思想的"洞穴"

我们每个人的头脑里都充满了"墙上的影子",它们就是那些传授给我们的思想和偏见的幻影。这些"影子"是我们从父母和其他人那里听来的谚语,例如:

闪闪发光者,未必皆黄金。
人多好办事。
眼不见,心不烦。
犹豫不决者坐失良机。

千万别在老手面前卖弄新方法。
稳妥总比后悔好。

听起来是不是挺不错？当然，它们都很管用，除非你停止思考它们？当你停止思考的时候，你就很难考虑例外的情况，以及可能影响它们的有效性的其他因素。事实上，你能够为每个这样的谚语找到一个正好相反的谚语！请参考下面的相反的谚语来思考上面的谚语：

- 闪闪发光者……　　　　　从不发光……
- 人多……　　　　　　　　太多的厨子……
- 眼不见……　　　　　　　离别让……
- 犹豫不决者……　　　　　先思而……
- 千万别在老手……　　　　活到老……
- 稳妥总比后悔……　　　　不冒险……

现在，再思考与下述谚语相反的谚语：

- 丰富多彩是生活的情调。
- 笔墨比刀剑更有力量。
- 沉默是金。
- 人靠衣裳打扮。
- 失之毫厘，谬以千里。
- 一只到手的鸟赛过两只林子里的鸟。
- 如果一次不行，就两次、三次。
- 异性相吸。
- 信仰可以移山。
- 车到山前必有路。
- 没有人会一再被愚弄。
- 血浓于水。
- 只用功不玩耍，孩子会变傻。
- 数量是安全的保证。

找个朋友一起玩这个游戏。假如有兴致的话，还可以进一步讨论下面的问题：

- 在这些谚语之间或其他"传统的智慧"之间出现的矛盾说明了什么？
- 它们使我们学到了哪些用来寻找生活的智慧的方法？

5. 与一位"囚徒"交谈

与三个不同的人一起做这个练习：一个家庭成员、一个私人朋友、一个在工作中认识的人。在每次交谈时都要：

a. 找到这个人提出的一个与你相反的重要信念或意见。

b. 然后尽量找到这个人之所以要提出那个与你相反的信念或意见的原因。

c. 最后，想一想你的分析是否有助于找到你们之间的"共同点"或者让这个人认识到你不同意他或她的说法的原因。

 "一个不仅仅属于雅典的公民"

没有一个雅典人比苏格拉底更自豪。他终生都在享受和利用他的雅典公民权，甚至很少想到要去拜访别的地方。当雅典卷入战争的时候，他在前线忠诚地为它服役。

在他人生的终点，当人们为了挽救他的生命而向他提供逃亡的机会时，他决定服从这个城邦的法律。然而，这个最优秀的雅典人却说："我不仅仅是一个雅典公民，也不仅仅是一个希腊人，而是一个世界公民。"

6. 审视你的"洞穴"里的影子

在做这个练习的时候，你要审视你的"洞穴"里的"墙上的影子"，你的"洞穴"是由你的生活的四个层面构成的：

- 你的事业。
- 你的家庭。
- 你的朋友。
- 你的媒体环境（阅读、看电视、听广播等）。

在上述的每一个层面，我都要请求你说出一些长期以来一直被你视为理所当然的信念和观点。你可能很难用语言来表达它们，但只有做到了这一点，你才能够看清它们并且知道如何在你的生活的某个层面中感受它们。下面是帮助你描述它们的一些提示。

我们都把我们生命中的大部分时间花在了那个由我们的事业、职业或工作构成的"洞穴"里。受其影响，我们容易从某个特定的职业的角度来观察这个世界。例如：

- 心理医生在工作中只会注意那些有心理问题的人。当他们在一天中花了10个小时的时间来密切关注那些心理变态的人之后，他们大都会很自然地发现周围的人——他们的伴侣、孩子和朋友——的心理疾病。
- 执法部门的人员在工作时总是同犯罪分子打交道，受其影响，他们大都认为犯罪的冲动实在太强烈了，以至于只有缺乏经验的执法部门才会试图控制它。

按照下列提示做练习：

a. 你的事业：哪些态度、信念和观点是由你的工作、职业或事业灌输给你的？

b. 你的朋友和熟人的圈子：哪些态度、信念和观点主要是因为在你的朋友和熟人中十分流行才被你接受的？

关键问题：你是否有一位密友，他（她）的政治、社会和文化观点与你自己的观点大相径庭？如果有，你怎样才能借助你们的友谊来检验你自己的信念？如果没有，为什么？结交这样的朋友对你有什么益处？

c. 你的家庭和教养：哪些态度、信念和观点主要是因为你所受到的抚养和教育才被你接受的？

关键问题：你是否有一些完全不同于你的家人的重要信念？如果有，你是如何形成一个不同的信念的？如果没有，为什么？你是否不假思索地从他们那里接受了一些你感到可疑的信念？

d. 你每天接触的媒体：哪些态度、信念和观点主要是因为你经常接触的报纸、电视、广播和杂志的宣扬才被你接受的？

关键问题：你是否坚持对你从媒体上得到的信息和观点加以批判性的审视？（他们是怎么知道的？他们有没有偏见？有什么来源？他们提供了什么证据？）

e. 你的宗教（精神）信仰体系：哪些态度、信念和观点主要是因为它们属于你从小就接受的东西才被你接受的？

关键问题：在你的宗教（精神）信仰体系中是否有一些你从未怀疑过的基本原则？如果有，你是否满意你不对它们加以批判性的审视的理由？

最后一个要点：把我们自己从那些未经认真审视的盲目信念中解放出来并不意味着任何特定的政治或文化倾向。"机械的自由主义者"与"顽固的保守主义者"一样罪孽深重。

一个像我这样在世俗的、人文主义的传统中培养和教育出来的人所可能具有的未经审视的信念丝毫不会少于一个基督徒、印度教徒或正统的犹太教徒。例如，就拿我自己来说，我在我的生活的各个层面都不得不对我从父母和学校那里接受的下述信仰和信念加以批判性的审视：

- 政府的"扶贫计划"是令人满意的和普遍有效的。
- 宗教是个人生活的一个必要的和有益的部分。
- 自由贸易损害了民主的价值观并且违背了大多数人的利益。
- 教育是推动社会进步和促进个人发展的最有效的手段。

在某些场合，我发现我不能有效地维护我的信念并且需要改变我的立场。在其他场合，我又能够利用可靠的证据来加强我的信念。

需要指出的是，重新检验这些基本的信念是艰苦的，有时甚至是痛苦的。它不仅是一种勤奋的思考,而且会触及我的内心深处的情感。它挑战了我的自我意识,因为我已经把某些信念同我的本质和我的立场紧密地联系在了一起。

苏格拉底医生

与苏格拉底同时代的希波克拉底利用苏格拉底的提问法掀起了一场医学革命。他发现,希腊的医术掌握在艾斯库累普的祭司手里。艾斯库累普是一位同宙斯和阿芙罗狄蒂一样古老的神,祭祀这位神的庙宇在阿提卡的土地上星罗棋布。

如果你生了病,你很可能会走进一所艾斯库累普的庙宇,睡在他的神像前,那里常有一些据说可以治病的蛇出没。(从那时起,缠绕在埃斯库罗斯的拐杖上的蛇一直是医生的象征之一。)

"是希波克拉底为这些庙宇的疗法带来了一次戏剧性的变革。"霍华德·哈格德在《神话、巫术和医学》一书中写道,"他的丰功伟绩是使神不再承担预防和治疗疾病的责任,并且把他们送到了他们该去的地方——端坐在人的肩头上。"

7. 和苏格拉底一起看电视

你可以把电视上的商业广告从令人厌恶的干扰转变成从事"苏格拉底式"的研究的动力。这是一个需要其他成年人或者你的孩子共同参与的精彩游戏。在看电视的时候把一支铅笔和一张便笺放在你的身边,并且写下每个商业广告的主要吸引力(例如,恐惧、性感、健康、物质的诱惑、悠久、地位等)。

在至少发现了两打这样的吸引力之后,再去审视它们并且把它们归纳为主要的门类。用大号字体把它们打印在一块小纸板上,并且将其贴在电视屏幕的旁边。然后继续坐在电视机前,你的任务是不断地改进这张清单,直到它能够覆盖你所听到的九成以上的商业广告为止。

你可能还要重新归纳它们,以便创造出更大的门类,或者稍稍调整它们，以便找到最好的分类方法。在这么做的时候，你将创造性地加强你识别电视广告上正在利用的那些吸引力的能力。

把你探究以下问题所获的结果拿出来与朋友分享：

- 它揭示了美国人的哪些普遍观点，我们社会上的哪些价值观，以及你和你的同胞的什么心理？
- 你在哪些方面不同于那种容易受到广告商吸引的人？有哪些吸引力既让你感兴趣又让你感到必须加以抵制？

8. 让你的一个基本信念接受严峻的考验

在做这个练习的时候，你要选出你的一个信念并且对你接受它的途径和原因加以批判性的审视。要确保你选择的这个信念在你的生活中意义重大，因而值得你花费大量的时间来更好地认识它。

苏格拉底对光芒的热爱

苏格拉底热爱各种意义上的光芒，首先是访问希腊的人经常看到的、爱琴海上所特有的阳光。思想家、艺术家、诗人和空想家们之所以喜欢那个地方，是因为照射在它的海面上、荒山上和辉煌的建筑物上的阳光是明媚的、清澈的和令人振奋的。

苏格拉底把这种令人振奋的阳光与雅典人对真理和理解的追求联系在了一起。"这就是我们的守护神——守护光明、自由的聆听、探索神秘事物的神。"剧作家马克斯韦尔·安德森在《赤脚走雅典》中以苏格拉底的口气说道。

雅典的动力和辉煌来自那种驱使着我在它的街头寻觅的冲动。它就是雅典人对真理的追求、对事实的渴望和永无止境的好奇心，正是这一点使他们的城市与众不同。如果把阳光隔绝起来，并且把我们这些芸芸众生禁锢起来，我们的城市就会像过去的无数城市一样，从泥泞中走出来，在黑暗中自我崇拜一番，又重新回到泥泞，被人遗忘，归于黑暗。

按照下面的步骤制订一个至少需要两周来完成的计划。它将提供足够的时间来进行各种批判性的审视：内省、反思、自我询问、与别人对话、回忆并且讨论观点或者事实的来源等。

结论很可能是肯定性的，并且能够真正地加强你原有的信念，因为你让自己注意到了它所依据的理由。但它也有可能表明这个信念的依据并不像你过去想象的那么可靠。不论是哪一种结论，你都将更好地认识到你是如何得到你的信念的，以及你今后可以怎样改进它们。

a. 选出你的一个信念，例如……（在生理或心理健康、宗教、政治、儿童教育等方面的信念）。

b. 找出这个信念或更多信念的主要依据（我之所以会产生这个信念，是因为……），写下促使你得出这个信念的原因、证据和经验（另一个有用的练习是第一章里的"为什么"）。

c. 运用下列标准来评价这些原因、证据和经验的正确性和说服力。

- 权威
- 参考
- 事实依据
- 亲身经历

d. 按照下列四个等级来评价这个或这些依据的可靠程度——

绝对可靠：该信念绝对真实、可靠，而且符合我当前的处境。

非常可靠：该信念得到了大量证据的证实，它合乎逻辑而且符合我当前的处境。

比较可靠：该信念得到了实质性证据的证实，但还要考虑一下我是否需要随着条件的变化而对它加以修改。

不大可靠：该信念缺乏有力的依据而且需要加以修改。

现在，如果你对该信念的可靠程度的评价很低并且这种评价绝对可靠，就要回到前面的第二个步骤去重新列举那些与它相反或可以取代它的信念。例如，你可以用下面的信念来取代"事业成功主要取决于努力工作"的信念：

- 事业成功主要取决于你在本行业和社会上的交往与联系。

e. 看到另一面：描述与之相反的观点，并且找到一些有可能促使人们支持它的原因和证据。假如连你自己都被它说服了，就应想一想该如何改进它。

f. 按照下列标准以及你认为可行的其他标准来评价你对该信念的新看法：

- 你的信念在多大程度上得到了证据和圆满的论证的证实？
- 你的信念在多大程度上解释了这些事实？
- 你的信念与你对世界的其他信念是否一致？

9. 培养怀疑主义的品质

在做这个练习的时候，你要改进纽约大学的尼尔·波兹曼教授所说的你的"垃圾探测器"。该术语是由欧内斯特·海明威率先提出的，他把它视为作家的最重要的工具之一。

每天都要睁大眼睛注意一下人们谈论得最多的那些有关撒谎、欺骗、歪曲和隐瞒真相的事例。它完全不需要占用额外的时间，因为这样的消息和情景会不断地强加给你，除非你住在"沃尔登·庞德号"上的那个没有电视和电脑的小船舱里。例如：

- 广告牌
- 宣传单
- 报纸
- 广播电视上的商业广告（有时甚至是新闻联播）
- 别人灌输给你的观点

每天要做的头一件事就是发现欺骗和歪曲的伎俩。（它将是一个难以做到的要求！）与朋友和同事一起讨论你的事例，并请他们发表意见和评论。

10. 就一个现实问题发表一个正确的观点

在做这个练习的时候，你所做的事情正是苏格拉底在每年的364天里所做的事情，在那段时间里，他在大广场上的对话尚未达到可以被记录在某一篇对话录上的高度。在那段时间里，他正在倾听。他佯装无知并表示他要向"那些比我更有知识的人求教"。（这是著名的"苏格拉底佯装无知法"的表现形式之一。）

他在自己的心里寻找需要澄清的疑问和问题，他考虑怎样提出这些问题才最有利于讨论，他提出问题来丰富和深化自己的理解，他做这些准备工作是因为它有巨大的回报。它使他的思想更加犀利，使他能够提出、讨论和解决问题。

批判性的思考不仅仅是一种否定性的活动，它的最终目的是要剔除糟粕并通过发表正确的意见来引导明智的、有效率的行动。

在做这个练习的时候，你要就一个现实问题提出经过你自己的认真审核的观点。该问题必须在这个星期或者这个月里受到过广泛的关注，这样你才有大量的机会来运用你与朋友和同事们进行对话的技巧。

整个过程需要占用你两周左右的时间，但像苏格拉底一样，你在整个过程中都能够学到不少作为它的回报的知识。而且在完成它的时候，你将能够以一种前所未有的方式提出自己的观点。

它的独特之处在于，你在讨论这样的现实问题时不必遵循我们大多数人所采用的讨论方式。我们大都会预先选择一个不成熟的观点，然后再积极地为它辩护，而不是听取别人的意见。相反，你要悄悄地采用另一条策略，它有可能让你赢得第一次成为一名真正的对话者的感觉，并且使你的思想得到改进。

你将通过提问和倾听来运用一种包含下述五个步骤的方法。每个步骤都要持续至少一天的时间，以便你可以在睡梦中思考它。

第1天到第3天：倾听其他人对那个问题的看法，要不做评价并保持开放的态度。尤其要注意人们思考一个问题的方法如何说明了他们的世界观，例如，用以前的生活来对照预定的选择。

第4天到第5天：确认其他人提出的不同观点，要用你自己的话复述它们、反思它们，并且听取其他人对你表达的准确性的反馈。

第6天到第8天：评价每个观点的论据的可靠程度，要依照证据、逻辑、相关性和其他的适当标准。

第9天到第10天：考虑每个观点的影响。

第11天到第14天：表达你自己的观点并且倾听别人对它的反馈、批评和反对。

苏格拉底的学习

苏格拉底亲自投入了那个时代最前沿的认识活动，并且超越了它。他利用了当时最出色的西方思想家都被吸引到了雅典的事实。他找到他们，向他们学习，然后又质疑他学到的东西，以便加深自己的理解。

年轻时的苏格拉底曾经受到阿那克萨戈拉的影响，后者是被伯里克利请到雅典来的，并且以有思想而著称。他之所以能够出名，是因为他在仔细观察了一颗陨石之后推测：住在天上的不是神，而是天体，太阳是一个大火球，月亮是被它的光照亮的。

苏格拉底受到了这个大胆的设想的影响，而且可以肯定，他也受到了阿那克萨戈拉的遭遇的影响。雅典人越来越无法容忍这个人，并且以不敬神的罪名把他流放了！

在柏拉图的对话录《普罗泰戈拉篇》的开头，我们可以看到雅典人是如何热情地欢迎那些来访的智者的。苏格拉底描述了一个朋友在天亮前闯入他的房子时的情景：

> 一大早，他就用拐杖把我的门敲得山响。有人给他开了门，他冲进来大声喊道："苏格拉底，你醒了没有？"
>
> 我听出了他的声音，并且问道："希波克拉底，是你吗？为什么要在这个奇怪的时间来我这里？"
>
> "我带来了最好的消息。"他大声回答。他凑到我耳边说："普罗泰戈拉来了。"

起床后，苏格拉底和他的朋友一起赶到了卡利亚的家里。在那里，苏格拉底同那位来自色雷斯的著名智者进行了一场旗鼓相当的较量。他们就美德的本质展开了辩论，而这场辩论一直是哲学史上最重要的辩论之一。最后，普罗泰戈拉彬彬有礼地宣布："我不得不为你的能力和你的论证而欢呼。"你可以在柏拉图的《普罗泰戈拉篇》里读到他们的对话并且靠自己来评价苏格拉底干得有多么出色。

在35岁时，苏格拉底已经超越了他的老师。他发现了他自己的研究领域和研究方法。苏格拉底意识到他自己的使命不是像阿那克萨戈拉一样去认识物质世界，而是去认识人本身。雅典人也开始承认他把哲学从天上带到了人间。为了探讨这个新的领域，他需要一种新的方法：提问，以便能揭示人的动机、价值和本质。

11. 明智地对待"专家"

苏格拉底一生的研究是从拜访专家开始的，正如你在上一页中所看到的那样。他拜访过雅典最著名的政治家、诗人、哲学家和商人，他们都对他的问题做出了明确的回答。然而，当苏格拉底进一步追问他们的理由和依据时，他们显然不知道自己为什么要做出那样的回答。

我们也生活在一个充满了冒牌专家的世界上。我们处在权威的评价和观点的包围之中。像苏格拉底一样，我们也需要判断它们的方法。

我们的世界也非常复杂，因而我们不可能亲自审查我们所要思考的每个问题的证据。因此，我们需要找到我们可以信赖的专家：具有专门的知识、客观的态度和诚实的品质，从而能够为我们提供可靠的指导的个人或机构。

例如，我就曾经向这样的机构寻求过帮助，我请消费者协会向我提供对产品和服务的建议，请公益部门的科学家向我介绍营养学和环境学方面的研究状况，请公共广播服务公司和国家公共广播公司的各个部门向我提供关于脑科学研究和媒体诚信等方面的信息。

"苏格拉底式"的旅行者

苏格拉底对雅典的感受与梭罗曾经说过的一种感受很相像："我常常在同一个地方旅行。"苏格拉底也常常在他自己的家乡旅行，因为当时最杰出的人士都被吸引到了那里。他可以找到这样的人并同他们一起进行思想的探险，所以他不必再去别的地方旅行。

然而，在今天的世界上，我们常常需要离开自己的家乡去寻找多样性和兴奋。在这么做的时候，我们可以成为一个"苏格拉底式"的旅行者，以便从我们的旅行中得到最大的收获。下面就是做到这一点的方法：

1. 为了成为"苏格拉底式"的旅行者，不要预先确定你的目的地，以便你能够用新的目光来发现它。

2. 为了成为"苏格拉底式"的旅行者，要善于询问你在旅行之前、旅行之中和旅行之后访问的人和地方。

3. 为了成为"苏格拉底式"的旅行者，要寻找经验，而不仅仅是可以购买的东西。

4. 为了成为"苏格拉底式"的旅行者，要注意你遇到的那些人所追求的价值。

5. 为了成为"苏格拉底式"的旅行者，要问一问你可以从你访问的地方和人那里学到什么关于你自己的知识。

6. 为了成为"苏格拉底式"的旅行者，要在不同的地方和不同的人那里寻找最有趣的东西。

7. 为了成为"苏格拉底式"的旅行者，要利用旅行来加强你的精神，并把它带回家。

像苏格拉底一样，我们首先要认出冒牌的专家。你要进行一次游猎，而那些冒牌专家就是你猎获的对象。捕获一头这样的野兽将提醒你注意到你有能力使自己免遭他们的伤害。

你的第二步是招募你自己的私人顾问团，就是那些你认为值得信赖的并且可以帮助你就你关心的问题发表意见的个人和机构。

第一步：捕获冒牌的专家

你要去评价一个在你的重点研究领域里很有影响的观点。下面的评价标准出自一本优秀的专业指南《相信我们，我们是专家》，它是谢尔敦·拉姆登和约翰·斯陶伯尔为媒体与民主中心撰写的。

首先，你要找到一篇对你来说很重要的研究报告。例如，主要的医疗卫生类的网站提供了介绍他们的最新发现的科学论文的在线索引。你要利用下述方法来调查一下这种报告的可靠程度。

犯错误的余地

我们对科学发现的普遍尊重是完全有根据的。科学家已经发明了一系列用来检验错误的方法，而且它们通常比其他研究领域的检验方法更可靠。它们是检验证据和评价过程的标准，而且是支持，甚至欢迎人们用有说服力的事实来挑战传统、智慧的"文化"。然而，真正的科学家大都会给他们的发现留下继续改进的余地。因此，如果你想考验一个学者在科学上是否诚实，那么最便捷的方法之一就是问他："你的研究中是否存在某些缺陷？"一个诚实的科研人员永远不会否认可能存在的缺陷。你还可以向他提出下面的问题：

- 有没有充分的材料来证明这些结论？
- 这项研究是否引起了同行的关注？（它是否发表在一个重要的学术期刊上？）
- 这些结论与其他科研人员在其他研究中得出的结论有没有冲突？
- 有没有得到这一领域的其他专家的赞同？
- 有谁不同意这些发现？为什么？

追踪经费

科学研究是要花钱的，因而你最好去追踪一下钱的来路。这项研究的经费是从哪里来的？谁雇用了这些研究人员？有没有迹象表明这些研究者的发现会使那些聘用他们做咨询师或顾问的机构获益？

现在的很多医学研究都得到了与结论利害攸关的制药公司的赞助。如果一项研究成果能够在一本备受同行关注的学术期刊上发表，那么它通常是值得信赖的，因为在那里，独立的研究人员会对其加以批判性的审查。然而，接受了赞助的研究人员在得到赞助商的同意之前，一般不能随意发表他们的成果。

中立的面具

许多暗藏着政治动机的团体都会利用名称来掩盖或伪装它们的使命。接受了公司和企业的赞助的"代言人"也与这些暗藏着政治动机的"智囊团"一样，常常打着绝对中立的旗号四处招摇。

第二步：把可靠的和值得信赖的专家招募进你的私人顾问团

我们不可能亲自去研究我们需要考虑的每一个问题。因此我们在每个领域里都必须找到值得我们信赖的专家。你可以通过下述方法把那些值得信赖的专家招募进你的私人顾问团：

- 密切留意在你所关心的问题上发表了客观、合理和可靠的意见的专家，然后继续从他们在常规刊物或网站上发表的意见中汲取经验。
- 找到能够对你所关心的主要问题提出公正、确凿和最新的分析的通讯和杂志。
- 加入一个研究或处理你所关心的主要问题的团体。与关心这个问题的其他明白人交换意见，将极大地帮助你澄清那些相互冲突的观点。

12. 校园是不是思想自由的堡垒？

我们习惯于把我们的学院和大学看成思想和言论自由的堡垒。的确，大多数学术机构和知识分子都认为它们理应如此。例如，哥伦比亚大学的爱德华·赛德教授就认为大学所扮演的主要是"苏格拉底式"的角色："引起争论和提出反对，检验所有的权威，帮助年轻人了解不同的文化或价值体系。"

但两位活跃的知识分子通过一项具有挑衅性的试验揭露了言论自由在我们的校园里受到的限制。这项试验是一个保守主义者大卫·霍洛威兹首先发起的，他向12所崇尚自由主义的大学，包括哈佛大学和哥伦比亚大学的校报提出了购买一个版面的要求，以便撰文反对那些鼓吹美国政府对非洲裔美国人在奴隶制时期遭受的剥削和压榨进行赔偿的观点。但这些校报都拒绝了他的要求。他试图以此证明，美国的大学实际上受到了自由主义的"政治规章"的控制。

然而，一个自由主义者大卫·梅泽尔教授则从反面回应了霍洛威兹的挑衅。他把自己的文章提交给了12所崇尚保守主义的大学，但只有一所大学同意发表他的文章。

梅泽尔的目的是用自己的行动证明霍洛威兹的挑衅并不足以说明大学里存在着自由主义的偏见。然而，这两次行动共同说明了在所有的大学里都存在着抵制非主流和非正统的观点的规矩，尽管它们都被认为是自由地、不受限制地讨论基本问题和价值的场所。

13. 成为你自己的"牛虻"

每个月至少要有一次时间（或许是在飞机上，当有一大堆免费刊物供你选择的时候），你要下意识地用半个小时浏览一本与你的观点截然相反的刊物。或者在广播电视上听一听一个诸如此类的访谈节目。例如，如果你持有自由主义和改良主义的立场，就要以诚恳的和开放的态度浏览一本保守主义的刊物，如《国家评论》。如果你本身是一个保守主义者，就要选择一本自由主义的刊物，如《国家》或类似的刊物。当你发现一个观点或论点真的打动了你的心弦的时候，就用下面的问题来检验一下你自己的信念的可靠性：

- 你在何时何地接受了这个观点?
- 你有什么证据或推理来支撑你的信念?它真的比你读到的东西更有说服力吗?
- 那位作者是否提出了一些你未曾考虑到的事实或论据?
- 你是否知道那位作者的论据能够说服他自己和众多读者的原因?
- 你能否提出某个事实或洞见来改变你自己或那位作者的观点?
- 是否有某些形势或情况可以使那本杂志上的观点变得能够被接受或理解?
- 是否可以通过某些方法来调和你读到的观点与你自己的观点,哪怕是部分的调和?

第五章

与朋友一起成长

GROW WITH FRIENDS

苏格拉底之道

Socrates' Way

5

> 当一群朋友在一起享受友好的对话的时候,你会看到突然发生了一件不寻常的事情。当他们开口说话的时候,就仿佛点燃了一朵火花,它从一个人传递给另一个人,并且在传递的过程中越变越大,最终变成了一团温暖而明亮的火焰。那是相互理解的火焰,没有人能够单独把它点燃。
>
> ——苏格拉底(见柏拉图《申辩篇》)

在柏拉图的对话录《会饮篇》的开头,一群客人正准备出席一场宴会。主人是剧作家阿伽松,他刚刚在狄奥尼索斯剧场举办的一年一度的戏剧节上赢得了最高奖。为了庆祝这次胜利,他邀请了各行各业的朋友们出席一场融晚宴和社交为一体的、雅典人所说的"会饮"。

菜肴和酒是最好的,当然还有一队非常有魅力的年轻侍者来服侍他们,以便为那些靠在躺椅上饮酒、谈话和调情的客人助兴。还有什么东西能够使这场宴会更加完美吗?

当然有,那就是苏格拉底出席了这场宴会。实际上,他每天晚上都会被人请去赴宴,因为只要他一去,谈话就会充满活力、意义和机智。

苏格拉底出场之后,马上寒暄了几句他为什么喜欢这样的场合以及他将怎样尽可能地向在场的人求教。

阿伽松: 苏格拉底,到这来,坐在我旁边。你看上去心情不错!

苏格拉底：见到你真高兴，阿伽松！祝贺你在昨天取得的成功。我从来没有像你那样给人们带来过如此之大的快乐。

阿伽松：谢谢你，我的朋友。但我不想让你把时间花在对我的赞美上。我知道今晚的话题是你最喜欢的，因而我想首先听听你的意见。

苏格拉底：要是我能办到的话当然没问题，阿伽松，但恐怕我办不到。再说，即便我真的知道答案，我也不可能像把一只杯子的水倒进另一只杯子那样把我心里的知识灌进你的心里。那样做只能让你了解一些没有价值的观点。

阿伽松：我明白你的意思，苏格拉底。因为在上次"会饮"的时候，你似乎非常认真地思考过今晚的话题，所以我猜想你早就知道了答案。

苏格拉底：我承认，阿伽松，我确实为今天的对话做过认真准备。这样的讨论是最大限度地完善我自己的主要途径。但如果我只想发表自己的意见，那还不如对一个镜子去说，何必还要费

劲儿来这里呢？

我之所以要来这里，是因为我已经考虑得很成熟了，因而想听听别人的意见，并且同他们进行令人兴奋的对话。大家的见解毕竟胜过一个人的见解。

对于苏格拉底和他的朋友来说，这样的对话是使生活更加美好的主要途径之一。他们享受和利用对话的方法主要有以下几种，我们也将发现这几种方法是有价值的。

第一，这些参与者愿意让他们的对话超出绝大多数日常对话的水平。"我们沉溺于会谈。"梭罗敏锐地注意到。正因为苏格拉底和他的朋友们愿意让自己的谈话、对话或会谈变得更重要和更积极，所以他们才能做到这一切。

第二，他们的对话澄清了他们赖以生活的价值。这样的对话促使他们说出自己的意见并且充分地听取和回应它们。随后，他们还要充分地听取其他人的意见，并且力图改进他们自己的模糊或错误的观点。

第三，参与对话的过程磨砺了他们的思想，而且无论他们的话题是什么。今天的心理健康专家宣称我们必须通过这样的对话来使我们的大脑得到健全的发展，不论我们尚处在襁褓之中还是已经到了垂暮之年。运用它或者失去它已经成了保持心理健康的一个法则，而做到这一点的最简单和最有效的方法之一就是进行更有思想的对话。

当代的苏格拉底精神

我们都需要"苏格拉底式"的朋友和导师,就像苏格拉底和他的朋友彼此需要一样。我们都感受到了其他人的影响,他们使我们发现我们尚未充分发挥自己的潜能,他们提出了关于我们应该如何利用自己的生活的问题,但这样的朋友和导师会以不同的形式和不同的名称出现在我们的时代。我们常常把他们称为咨询师、教练、训练员、诱导者或治疗师。

最后一种称呼并不令人惊讶:我们时代的治疗师与苏格拉底时代的哲学家扮演着同样的角色。我们习惯于把哲学家看成与世隔绝的学究,而不是可以告诉我们应该怎样生活的人。但苏格拉底时代的哲学家都是一些健全的和有影响的人物,他们可以向人们提供关于如何获得成功、幸福和满足的建议。因此,不要奇怪我在列举这种"苏格拉底式"的朋友和导师时提到了两位治疗师。

他们中的第一位是阿诺德·贝塞尔,他非常像苏格拉底在雅典街头碰到的一个公元前5世纪的雅典人。"在局外人看来,"贝塞尔回忆道,"我干得相当出色。我现在是一个负责培训精神病医生的项目的主管,我有一位可爱的妻子,所以我一言不发,埋头工作。就这样周而复始!但我是不幸的,我认为这并不是真正的我。"

贝塞尔完全有理由满足于他已经取得的成就。他完全可以拿医学院的毕业证和妻子的爱情来安慰自己,尽管他实际上患有脊髓灰质炎,而且他脖子以下的部位已经瘫痪了。为了克服内心的烦恼,贝塞尔下意识地去寻找那些能够改变他的生活的老师、朋友和导师。直到他发现自己终于把一位"当代的苏格拉底"请到了家里的时候,他的寻找才达到了高潮。

贝塞尔的职业使他有机会接触到来自全国各地的同事。"我邀请这些先生和女士到我家里来，这样我不仅可以在白天参与他们的教学活动，而且可以在晚上和他们待在一起。我尽可能地向他们学习。我想我这么做的潜在目的是为了实现自我拯救，尽管我不是下意识的。"

就在这时候，一位"苏格拉底式"的人物出现了，此人"有着超凡脱俗的生活方式，他不尊重权威，在任何事情上都坚定不移地相信和支持个人的自由与选择"。这位"苏格拉底式"的人物就是美国的格式塔疗法①的奠基人弗里兹·珀尔斯。珀尔斯还有另一个酷似苏格拉底的特征，那就是非常坦率。在初次见到坐在轮椅上的贝塞尔的时候，珀尔斯提出的第一个问题竟然是"你到底出了什么事"。"他说这番话的时候带着一股孩子般的稚气，并且对我不发火感到很奇怪。"贝塞尔回忆道，"这种令人耳目一新的纯真反应只不过表明了他是个有趣的老实人。那仅仅是他的一个玩笑而已。"

当他们彼此熟悉了之后，珀尔斯开始以苏格拉底的方式来倾听和提问，他常常研究一些关键的术语，并告诉贝塞尔他以前如何误解了它们的意义，又如何发现必须要重新思考它们。"他认真地倾听，并用自己的语言来复述我的话。这使我的意思变得更加明白，有时甚至使我想到我以前没有想到的选择。"

像苏格拉底一样，珀尔斯也非常和蔼可亲，而且对自己的信念非常执着。"我和他的关系不同于我和我以前分析过的那些人的关系，"贝塞尔指出，"弗里兹从不弄虚作假。我在很多不同场合见过他，但他始终是同一个人。因为他就住在我的家里，所以我在吃饭、工作、醒着、休息的时候都能见到他。他以平等的态度热爱每一个生命。每个人都是独一无二的，而他对任何人都一视同仁。他按照自己的信念生活。"

像苏格拉底一样，珀尔斯对飞黄腾达不感兴趣，也不热衷于通过弟子或学院来传播他的思想。遍布全国各地的格式塔治疗中心几乎没有从他那里得到过任何支持。"他总是按照自己的信念生活，"贝塞

---

① 译者注：格式塔疗法（Gestalt Theraphy）又称形态心理学疗法，它是当代的欧美心理学家和认知科学家发明的一种心理治疗方法。弗里兹·珀尔斯是其主要的奠基人之一。

尔评价道，"就仿佛每个稍纵即逝的时刻都是永恒的一样。"

这位"后来的苏格拉底"为贝塞尔做了什么呢？

在人到中年之后的某个时刻，你必须想办法来把你的理想与现实联系起来。我们大多数人都只有在导师的帮助下才能找到这样的办法，弗里兹就是我的导师，而且他的开导还让我发现了许多其他的东西。他是我的第一位精神导师（尽管他从未这样称呼过自己）。他在任何世俗的和丑恶的事情上都能找到暗藏的真善美。他是可爱的但不为我所独享，而他的智慧正好符合我的需要。

挑战、探索和运用

加强你的苏格拉底精神

- 你是否敏锐地意识到了你在与朋友的对话中最重视的东西是什么？（练习1）
- 你是否能够在任何场合同任何人进行一场有趣的对话？（练习2）
- 你是否知道如何把某个社交场合变成一次"会饮"？（练习3）
- 你是否知道一场精彩的对话的基本程序？（练习4）
- 你是否喜欢开办你自己的苏格拉底咖啡馆？（练习5）
- 你是否喜欢参与网上的精彩对话？（练习6）
- 你是否利用有意义的谈话来改善你的工作环境？（练习7）
- 你是否参与了有助于创造一个更美好的世界的"讨论式的民主"？（练习8）

1. 发现你在对话中最重视的东西

苏格拉底与朋友聚会的目的并不是只有一个。他通过谈话丰富自己生活的方式是多种多样的。我们的聚会也可以带来大量的快乐和好处，从享受和兴奋直到深入和渊博。例如，心理学家赫伯特·奥托就曾指出：

> 一件最重要的事情就是你周围的朋友要能帮助你考证自己存在的原因，或者帮助你探讨有关存在的基本问题：你为什么来这里？生活的意义是什么？他们还要帮助你弄清你的行为是否符合你的价值观。
>
> 当然，这并不是说他们（那些朋友）一定要关心和爱护你、加强你的自尊、使你得到别处无法得到的安慰。同时，他们要激发你的创造力，你的身边需要有一些能够激发你的创造力的人。只要有机会，就应该与这样的人待在一起，或者与那些和你有着相同感受的人待在一起。在我看来，这种交往正是我们的文化中最缺乏的东西。

想一想你在上个月参与的三场最精彩的对话。回忆它们的所有高潮，或者它们令你感到愉快和有意义的整体氛围，再从每场谈话中找出三个优点。

下面所列举的是我本人从同事们的谈话中找出的一些优点：

- 新颖
- 宽容
- 得体
- 真诚
- 机智和幽默
- 中肯
- 简洁
- 清晰
- 正确
- 魅力

哪些优点是你在与别人交谈的时候最重视的东西？

2. 在任何场合与任何人对话

苏格拉底证明了生动而有价值的对话可以与任何人在任何地点、任何时间进行。它们的出现不一定要有正式的场合、重要的话题，或"出色"的伙伴；恰恰相反，它们可以在任何时间、任何地点和任何人身上产生非同寻常的效果。

追随苏格拉底之道的莫里斯·伯杰是一位文化史家和批评家，他常常登上曼哈顿的公共汽车并在那里进行美妙的对话。他把这种对话称为"后车厢的对话"：

> 我平时上车的车站离我工作的新学院大学不远，那里是格林尼治村的中心，住在附近的至少是中产阶级以上的人士，尤其是白人专业人士。但我下车的地方离我位于96街和西大街交会处的公寓只有一个街区，那里的乘客大都是黑人、拉美人以及住在哈姆莱区、华盛顿高地和96街北端的英伍德区的人。
>
> 我一般选择坐在后车厢，因为那里的乘客都要面对面地而不是一排排地坐着。住在纽约的人很少会彼此注视，更别说相互谈论一些重要的事情了。我发现面对面的交流容易打消人们的顾虑，它可以缓解人们的自我保护情绪。
>
> 大多数人都不习惯被人提问。他们不认为自己的回答有什么要紧。然而，我常常在那里提出紧迫的问题，并且盯着对方的眼睛，以便能够听到他们的想法。几乎每个被我提问的人——旅游者、来自郊区的工人、当地人——都做出了他们的回答。假如我早一点知道这种办法的话，我就能参与更多的美妙的集体讨论。
>
> 我发现自己常常能够同有色人种进行交流，尽管我自己是个白种人。大多数纽约人都害怕遭到那些不同于他们的人的拒绝或怀疑，而只想同本社区的人待在一起。然而我发现，直接而友善地向一个陌生人提问恰恰是在这座城市里获得答案的好办法。

正如伯杰的最后一句话所指出的那样，他在后车厢里的对话不仅仅对他个人有意义。它们是他用来拓展我们的社会和政治的前途的重要方法：消除我们社会上的"不同"人群之间的隔阂。他的重要著作《白色的谎言——白种人的起源和神话》（1999）对这个主题进行了专门的探讨，而且作为新学院大学的维拉艺术与政治研究中心的高级研究员，他对全国各地正在为创造一个富有同情心的社会而努力的人们发挥了巨大的影响。

3. 把某个社交场合变成一次"会饮"

苏格拉底每天都要找个机会把他的对话变得更有趣、更兴奋和更重要。我们也可以追随他的脚步，就像著名的政治和文化作家道格拉斯·凯特所做的一样。他常常在宴会上利用一种大胆的策略来提升对话的层次。

当人们讲完了那些微不足道的客套话之后，凯特会彬彬有礼地询问他们是否愿意花几分钟的时间讨论一个大家都感兴趣的问题或难题。如果大家表示赞同，他就会提出那个问题或难题，并一个个地恳求他们发表有创意的想法。当每个人都发表了他们对那个问题的看法之后，他又会提出各种不同的观点来鼓励他们交换意见。这就使一个原本平淡无奇的晚会变成了一个令人愉快而且常常令人受到教益的晚会。而要做到这一切，就必须有一个人把大家的注意力吸引到某个有趣的、可供"高谈阔论"的话题上来。

另一种提升对话层次的方法是追究一下大家聚在一起的原因或目的。在这么做的时候，你常常会奇怪地发现，并没有人真正重视那个原因或目的，但他们还是乐于接受你的提问。

例如，在我们社区举办的一次地方画展的开幕式上，我就碰到过这样的事。按照以往的经验，你可能会认为人们出席这次画展的原因或目的是欣赏本地艺术家的绘画，但我知道那并不是事实。因为站在那里的大部分人根本就不懂绘画，但他们却一个个感叹道："噢，真是妙极啦！"因此，我特意把一枚颜色鲜艳的徽章别在了我的衣领上，它上面写着：

请帮助我欣赏你的绘画！

在一个小时的过程中，九位不同的艺术家高兴地向我介绍了他们的作品，并且向我说明了最令他们得意的地方、陈列的原因，以及与其他参展作品的联系。他们帮助我从绘画作品中发现了三个很重要的问题。

层次。让我感兴趣的是我怎样才能创造出密度感和参差感，那也是我对我们的心灵的感受。

色彩与结构的协调。并且，我还发现，无论你怎样转动这幅画，它都能起到这种效果，就像一座从任何角度来看都非常漂亮的雕像。

人与人之间的相互关联。无论人们多么关心他们自己的感觉，他们在现实中仍然是伙伴。尽管人们可能意识不到这一点，但他们仍然是相互联系的，就像他们的头颅的形状和眼睛的外表是彼此协调的一样。

苏格拉底始终在做这样的事：在陶匠的作坊里，他询问怎样才能制作出好的陶器；在运动场上，他询问怎样才能锻炼出强健的体魄；在智者的演讲会上，他询问怎样才能给出完美的论证。他从这样的对话中学到了更多的技艺，他收集了从人类的各种活动中找到的最优秀的东西。

 ## 在雅典人的会饮上会发生什么？

雅典人的会饮是一种只有男人才能参加的晚会，它融餐饮、讨论和娱乐为一体。当你应邀在一位富有的雅典人家里参加会饮的时候，你将在门口受到一个仆人的接待，他帮你脱下斗篷和拖鞋，并递上洗手的毛巾，然后你可以和其他客人一起靠在躺椅上。你还可能被戴上一个用树叶和鲜花编织成的花环。

在开始饮酒之前，客人们把酒洒在地上以向宙斯表示感谢。接着，仆人会给每个人倒上一杯芬芳的美酒，再用陶制的或金属的盘子盛上菜肴。你可以用手抓着吃（也有刀和勺子，但没有叉子），并用面包擦手，然后把它们扔给狗。

第二杯酒里兑有水，水的分量是由主人决定的。水果、果仁、甜点也将和酒一起担上来。

在整个过程中，都有人在笛子的伴奏下唱歌，演唱者是一个女孩或者行吟诗人。一把七弦琴在客人们的手里传来传去，以便使每个人都有机会一显身手。富有的主人还请来了音乐家、歌手和舞娘。

谈话的兴致越来越高，话题无所不包，从街谈巷议直到哲学问题。客人们都在竞相展示他们的机智、教养和渊博。

4. 发现一场精彩对话的程序

苏格拉底对一场精彩对话的程序有着内在的直觉。我们也可以获得这种直觉并且利用它来安排我们与朋友的对话。

一场精彩的对话就像一部精彩的影片、戏剧或一场精彩的音乐会一样，都有一个开头、过程和结尾。许多对话之所以令人乏味，原因之一就是它们没有任何的程序或者过程，它们就像单调的机械运动一样始终保持着同一种模式。

在谈到一场精彩的对话时，莫蒂·阿德勒指出：

> 开头要通过关心主题来集中注意力——需要讨论的难题、问题或话题。
>
> 过程要花费更长的时间，要探讨那个难题、问题或话题，要提出所有的相关意见，并且提出这些意见的依据。
>
> 结尾要给这场对话下一个结论——假如它的目的是实践性的，就做出一个决议；假如它的目的是理论性的，就达成一项共识。但假如无法形成一致意见，就要在结论中提到悬而未决的判断和下次讨论的问题，并且留待以后来解决它们。

最后值得一提的是，苏格拉底的绝大多数对话都是用后一种方式结尾的，因而我比阿德勒更重视这样的结尾。与其把它作为第二位的选择，你倒不如把它看成大多数精彩对话的自然结果。关键不是要做出一个决议或达成一项共识，而是要探讨不同的视角、加深理解和同情，或者激发想象和创造力。

一场这种形式的对话可能带来独一无二的快乐，正如阿德勒所说："一个小时的精彩对话就像一个小时的业余运动。它不仅仅是令人愉快的；它可能是极其美妙的，特别是当它的参与者都遵循了好的方法并且都做出了贡献也获得了教益的时候。"

5. 开办你自己的苏格拉底咖啡馆

"苏格拉底是我们在实践中研究哲学的榜样。"克里斯·菲利普斯宣称，他是遍布全国各地的约翰尼·爱普斯德协会①的一位成员。"对于他来说，哲学是一种人人都可以尝试的生活方式。苏格拉底的方法是一种依靠自己的直觉来寻找真理的途径，它是一个体系、一种精神、一条道路、一项哲学研究、一种思维艺术，是对它们的融会贯通。"

苏格拉底咖啡馆是一种流行的进行"苏格拉底式"对话的方式，菲利普斯在他的同名著作中大力宣扬了这种对话方式。其目的是要"把哲学带回人间"，以便让普通人有机会表明，当他们在适当的场合提出实质性的问题的时候，他们可以变得多么出色。千百个发起苏格拉底咖啡馆的组织在克里斯本人和他的著作的启发下产生了，它们经常在书店、老年中心或其他场所举行集会来热烈地讨论那些大问题：我们是谁？真理是什么？朋友是什么？"家"是什么？

苏格拉底沙龙的起源是一个效法苏格拉底自我审视和崇高目的的激动人心的故事。10年前，克里斯·菲利普斯正处在人生的一个转折点上，他放弃了一份没有意义的工作和一个失败的婚姻。"我决心提出一些前瞻性的问题，问一问怎样才能在我的生活引起重大的转变。"他回忆说，"我开始提出这样的问题：什么样的使命感将使我感到我从这个重要的契机中得到了最大的收获？"

当答案出现时，他得到了这样一个顿悟："我要成为'苏格拉底式'的哲学家！我要召开'苏格拉底式'的对话！"这个理想促使他用五年的时间走遍了美国各地，在书店、教堂和其他场所主办苏格拉底咖啡馆。他的《苏格拉底咖啡馆》一书描述了那次奇妙的旅程，并且为那些愿意这么做的人提供了全面的指导。

---

① 译者注：约翰尼·爱普斯德协会是对相信"每天吃苹果，不用看医生"的美国人的昵称，因为这句话出自18世纪的一位美国老寿星约翰尼·爱普斯德（Johnny Appleseed）。

克里斯提出了下列基本步骤：

a. 请参与者提出可供讨论的问题，记录它们，并且在每个人都得到了提问的机会之后，通过投票来决定应该首先处理哪个问题。（你可以把自己的问题放到最后来讨论。）

b. 一开始，让大家进行自由讨论。

c. 当时机成熟的时候，开始探讨一段最有趣的陈述，请那个人通过具体的例子来说明一个抽象的概念或者用事实和逻辑来论证一个观点。

d. 在观点得到了解释之后，再提出"苏格拉底式"的问题：

- 是否有另一个类似的情况？
- 是否有其他观点可供选择？
- 是否它的某些前提或含义还需要进一步推敲？
- 是否有截然不同的观点被混为一谈？
- 是否有逻辑上的缺陷？

他似乎看透了我的灵魂

成为苏格拉底的朋友会有什么感受？这里有一段著名的描述，它是阿尔喀比亚德在《会饮篇》里参加宴会时所说的。

> 我以前并不是没有碰到过出色的演说家，但他们从未像苏格拉底这样打动过我，甚至连伯里克利也不例外。我知道他们讲得很好，但他们缺乏苏格拉底的洞察力。当苏格拉底对我说话的时候，他是在对我一个人说话。在听到他提出的问题之后，我才意识到我并没有按照自己的信念生活，而且我必须为此做点什么。
>
> 当我和他交谈的时候，他的思想使我受到了强有力的震撼，以至于我感到它进入了我的身体：我的心跳加快了，我的眼里充满了泪水。我看到其他人也出现了类似的情况。

> 不要否认这一点，苏格拉底。我知道，就在此时此刻，假如你继续对我提问的话，我还会出现同样的情况。我之所以要一边交谈一边饮酒，是因为只有这样才不会让你发现我正在努力控制自己的情绪。

5. 继续邀请更多的人加入这场讨论

为了说明这些原则，克里斯引用了某人在一次会谈中提出的话题："我们怎样才能克服精神错乱？"在探讨这个话题的时候，克里斯提出的问题包括：

- 我们是否在任何时候都想克服精神错乱？它能否成为积极的、鼓舞人的、知识性的或艺术性的东西？
- 精神错乱的真实含义是什么？克服它的含义又是什么？
- 精神错乱有没有不同的类型和程度？

克里斯为苏格拉底沙龙提出的最后一条建议是："要不断问自己：苏格拉底会怎么做？"他说这句话的意思并不是让你机械地把问题强加给别人，因为他解释说：

> 苏格拉底不仅仅是把自己伪装成或打扮成一个困惑的探索者，他本身就是一个困惑的探索者。他不仅仅是为了证明我们知道的东西少于我们自以为知道的东西，而是为了强调获得知识的困难，强调我们对这种困难在一定程度上（甚至在很大程度上）是无知的，但我们至少可以通过某种探索来减少我们的无知。
>
> 因此，苏格拉底不是通过伪装无知来引导人们认识自己的无知；相反，他本身就是一个困惑者，而且要鼓励其他的困惑者来加入他的探索，在这种共同的探索中，他们都可以使自己的困惑变得越来越少。

你还可以找到其他一些能够进行有益的对话的团体，例如书友会、研究小组和讨论会。在杰达·桑德拉的《谈话的乐趣》一书中有大量关于这类团体的信息，书中较为全面地描述了出现在全国各地的沙龙。

沙龙鼓励清谈。谈论那些层次更高的问题，而不仅仅是日常琐事，例如天气、运动、购物、电视、影片（尽管人们在叙家常的时候，也可能会偶尔得到一些有趣的、思想深入的收获）。"当咖啡的味道正浓而我们的兴致正高的时候，"桑德拉说，"我们的谈话似乎直接触及了这个时代的精神。你的观点启发了我的观点，我的观点又启发了他的观点。沙龙是有趣的、迷人的，然而我们需要靠自己去营造它。"

有些简单的方法可以帮助你在自己的街区里举办苏格拉底咖啡馆或沙龙：

a. 召集你的伙伴。假如幸运的话，你可以找到四个以上的人，即使只找到一个人也没关系。你需要的是能够迅速就上述宗旨达成共识的团队。

b. 筹备你们的团队：要召开一次筹备会，在会上讨论下面这些事项，并把你们的协议写在纸上：

- 我们还想邀请什么人？
- 我们打算讨论什么样的话题？
- 我们在什么地方开会？
- 我们在什么时间开会？
- 我们要首先制定哪些基本规则？
- 我们的团队叫什么名字？
- 我们如何解决会议的主持问题？
- 怎么发出第一次会议的通知？

c. 发出第一次会议的通知。

d. 正式召开第一次会议：如果有条件的话，准备一些甜点供大家享用或购买。把房间弄得暖和一点，并且在大家出席的时候放音乐。

如果不违背你们团队的风格的话，在每个人面前放上一个写有其名字的卡片，而且要用大写字母。

下面的六条事项可能对你们有用：

（1）按照你们喜欢的方式轮流做自我介绍。

（2）介绍主题。一场精彩的对话有什么特点？这很适合作为你们的第一次会议的主题（参见练习1）。

（3）确保每个人都能畅所欲言。

（4）假如你愿意的话，还可以请大家就这个团队的筹备问题发表意见（参见上文）。例如，它应该叫什么名字，在什么时间、地点开会最合适等。

（5）讨论下次会议的主题。

（6）通知下次会议的时间和地点，如果可能的话，还要公布它的主题。

在网上对话

苏格拉底一定喜欢在网上参加讨论。他经常出门找陌生人交谈，但他们只能进行面对面的交谈。而我们现在拥有一个电子化的大广场——一个可以与全世界的人进行有意义的对话的公共场所。你可以轻易地找到、参与和发起那些通过电脑进行对话的群体。

听起来很不错吧？它的确很不错，只要你喜欢这样的场合。但要做到这一点，你还得下点工夫。很多网上聊天的内容都是些低级的东西：平庸、乏味，而且有害。（有些甚至是色情的，许多提供聊天服务的网站之所以取得了巨大的成功，是因为它们把性服务当成了它们的秘密武器。）此外，网上交谈的匿名性还可能助长轻薄的甚至挑衅性的言论，有人会在网上说粗话或彼此攻击。因此，你不得不小心翼翼地寻找适合你自己的社区，但只要找到了它们，你就可以从它们那里得到大量的好处。

苏格拉底与塞列努斯①

　　苏格拉底的丑陋常常把人吓跑,因为雅典人非常注重肉体的美。因此,每当朋友们把陌生人介绍给他的时候,总要设法证明一下他的外表并不是交往的障碍。

　　他们常常把苏格拉底比作工匠们在雅典的大广场上出售的塞列努斯的小石膏像。塞列努斯的石膏像是一个丑陋的、醉醺醺的、放荡不羁的大肚汉的形象。但在这些石膏像的肚子里,工匠们有时候会放入一个漂亮的小金像。问题是你只有首先打碎这些石膏像,才能知道肚子里是否藏着一个小金像。

　　朋友们注意到,了解苏格拉底的过程与这种情况十分相似。你必须忽略外在的表象,才能了解内在的灵魂。

　　定期参与这种交谈的人就是所谓的"网民"。他们大都加入了一些较大的网上社区,例如,以三藩市为基地的Well网和以纽约为基地的Echo网;也有的加入了一些较小的网上社区,例如,以宾夕法尼亚州的学院谷为基地的Cellar网,它的总部设在托尼·谢珀的地下室里。"如果互联网是世界上最宽的林荫大道,"谢珀斯说,"我们就是它旁边一家温馨的咖啡屋。"

　　"令我满意的是它每天开放24个小时。"一位有两个女儿的护士对丁迪·摩尔说。摩尔在一本有趣的小书《皇帝的新装:网络文化的真实报道》里介绍了这个网上社区的情况。在该书中,有位叫布朗恩的护士指出:"你不需要去任何地方,也不需要找任何人。你不需要拖地,不需要填满冰柜,也不需要担心婴儿床。你随时都可以加入它。网友们喜欢让你受到打击,并且一个劲儿地说:'你错了,你错了,你又错了!你的逻辑有缺陷,你的观点全错了。'但说完这些话之后,他们不得不重新修正你的观点,并且指出这就是你的逻辑缺陷之所在。反

---

① 译者注:塞列努斯(Silenus)是希腊神话中森林神的首领,也是酒神狄奥尼索斯的养父。

复思考一件事情,直到剔除所有的错误令我们感到非常愉快。"

我一读到这段话,就马上意识到他们所做的正是苏格拉底和他的朋友在公元前5世纪的雅典街头所做的。因为他们对各种智识问题进行了高水平的讨论。他们一起开动脑筋并解决问题,他们相互批判对方的创见。他们提出问题,得到答案,并因此变得更有效率。电脑使这样的交谈变成了全球性的对话。哥伦比亚大学教授约瑟夫·特洛比说:"我每天早上醒来后做的第一件事就是打开电脑。我首先得到的常常是刚从日本和中国发来的信息,接着是前一天从柏林、基辅和莫斯科等地发来的信息。每当我想起自己居然可以和那些远在华沙和莫斯科的伙伴交谈时,我都会意识到这样的'联系'是何等的非同寻常。"

 苏格拉底,"我的伙伴"!

一位"苏格拉底式"的人物可能出现在任何时间和任何地点,只要当时和当地的人们开始诚实地讨论那些真正重要的事情。小说家沃尔特·莫斯里在几部小说里描述了一位名叫苏格拉底·福特楼的英雄。福特楼在回答他为什么会得到这个与众不同的名字时解释道:"我们是贫穷的乡下人。我的母亲没有钱供我上学,所以她想,假如给我起上一个聪明人的名字,我就会变得像那个人一样聪明。"

下面是这位当代的苏格拉底在吃午饭的时候进行的一段经典对话,与他对话的是一位坐在他身边的、酷似雅典人的非洲裔美国人。

苏格拉底问:"你是干什么工作的,威尔弗雷德?"
"我是个自由职业者。我是个生意人。"
"是吗?什么生意?"
威尔弗雷德不好意思地笑着说:"你认为呢?"
"我看你是个贼!"苏格拉底答道。他顺势把一只热土豆塞进嘴里。

威尔弗雷德放声大笑,眼里却露出了凶光。
"你要朝别人谋生之道泼污水吗?"
"看情况。"
"看什么情况?"
"看它是错是对。"
"朋友,偷窃就是偷窃,它不是别的东西!你得到了它,我拿走了它。"
"你居然这么看!"
"我就是这么看!"威尔弗雷德说,"偷窃对于得到的人是对的,对于失去的人是错的。它就是那么回事。"

这只是开场白。等到这次谈话结束的时候,年轻的威尔弗雷德像苏格拉底的雅典朋友一样,意识到他的回答虽然又快又肯定,却是最值得怀疑的。你可以在莫斯里的小说《总是多一点,总是胜一筹》里读到这次谈话的全文。

特洛比教授的妻子帕梅拉·麦考达克也是一位网上对话者(他俩都是我在哥伦比亚大学的同事)。她谈道:"我每天都要花一个小时坐在电脑前与人聊天。我的社交活动远比我父母的社交活动更加丰富多彩,这主要是由于我可以在网上找到那些我愿意在以后亲自会见的人。"

7. 在工作中进行富有成效的对话

本章的主要目的是介绍我们在业余生活中进行精彩对话的乐趣和好处,但我们在工作中同样可以发现这样的对话的威力。

"早在陈述出现之前,"《纽约人报》的评论员伊恩·帕克写道,"就已经有了对话,我认为我们已经不习惯进行真正的相互对话,而只有从这样的对话中才能找到新的答案。我们是在相互陈述,而不是在进行讨论。"

管理者正在意识到在工作场所发起真正对话的必要性。例如,著名的管理咨询公司HRDQ推出了一系列旨在"通过五种重要对话来管理业绩"和"通过五种重要对话来鼓励创新"的计划。在第一类计划中，管理者要学会通过齐心协力和富有成效的对话来培养业绩突出的雇员。他们要让雇员每天进行有意义的、同业绩有关的对话，以便加强联系和营造集体主义的氛围。在鼓励创新的计划中，重点是要探索超越传统思维的可能性，鼓励人们充分发挥创造力、敢于承担风险，并且通过整个机构的共同努力来寻找最好的经营之道。

8. 参与"讨论式的民主"

在许多的领域里都可以看到对话的威力。当民主的浪潮席卷全球的时候，一场非同寻常的被称为"讨论式的民主"的运动正在加深人们对民主原则的理解。它呼吁公民就社会上的基本问题展开"苏格拉底式"的对话，这样的对话诞生于西方人第一次尝试民主制度的时期。它使每个人都有机会对我们共同的生活方式发表有意义的看法。

"讨论式的民主"是一场由华盛顿特区的桑德拉·迈尔斯率先发起并领导的运动，它向各种非官方组织、社区和民间团体、志愿者协会和学术机构散发用于对话的材料。迈尔斯指出，"我们相信小组讨论才是民主进程的实质"，他还在美国各地和那些正在走向民主制的国家鼓吹这种思想。

作为它的阅读材料和讨论指南的《"讨论式的民主"指南》已经散发到了整个美国，而且被美国的信息管理部门特许以11种语言出版，目前它在世界各地的发行数已经超过10万册。

把苏格拉底的"伟大的对话"延续下去

苏格拉底与朋友的对话为整个西方的理性传统奠定了基础。罗伯特·哈钦斯在介绍由《大英百科全书》发表的西方经典著作的目录时，曾经用"伟大的对话"的标题确切地反映了这一历史事实。哈钦斯相信，西方的传统根植于苏格拉底发起的一场持续至今的对话，他写道：

不论其他文明在其他方面有什么优点，它们在这方面都无法与西方文明相匹敌。其他文明都不可能把这样一场对话作为自己的本质特征，其他文明的任何对话都无法与这样一场对话相提并论，因为在它后面有无数的西方经典著作的支持。西方社会的目标是一种对话式的文明，西方文明的精神是探索的精神，没有东西可以免于讨论。每个人都要说出他的想法，任何观点都必须得到检验，交换意见确实是这个种族发挥自己潜能的途径。

我自己在介绍这样的对话时，最喜欢拿哥伦比亚大学的一个研究小组做例子，这个小组每个月都要召开一次会议。它是八个最奇特的大学研究小组之一，或许还是目前最敢于复兴"苏格拉底式"对话的团体。这个研究小组是在"二战"后诞生的，创始人是玛格丽特·米德和其他几位激进的知识分子，他们试图把大学里的学习同世界上的主要问题联系起来。

这个研究小组公开使用苏格拉底的方法。它的主要负责人弗兰克·丹能鲍姆宣称："早在上大学之前，我就迷上了柏拉图的《对话录》。"因此，他的人生理想就是要复兴苏格拉底的对话，并把它作为解决世界上主要问题的新方法。

这个研究小组里的成员都会和那些事业有成的、制定政策的、提供产品和服务的人们一起思考、研究和探索。他们没有老师、没有成绩，也没有文凭。他们只有对话中的学习，他们严肃而不压抑、好学而不急躁、注重知识而不反对实践。他们的目的是要改善自己的生活并创造一个更加美好的世界。

菲狄亚斯（公元前 480—前 430 年）是雅典著名雕塑家、建筑设计师，政治家伯里克利的挚友和艺术顾问。希波战争中，雅典受到严重毁坏，菲狄亚斯为雅典的重建做出了卓越的贡献。他擅长神像雕塑，主要作品有奥林匹亚宙斯神庙中的宙斯雕像、雅典卫城中央的雅典娜雕像，以及帕特农神庙中的雅典娜雕像等。另外，帕特农神庙中的装饰性雕塑，也是在他的领导、设计和监督之下完成的。

菲狄亚斯于公元前 438 年为帕特农神庙内部设计的雅典娜女神像高达 12 米，用木料作胎，用黄金和象牙作表面装饰，其所表现出的"神明的静穆"受到了苏格拉底乃至全希腊人的极大赞美。苏格拉底曾用这件作品来界定"美"的概念。

《奥林匹斯山宙斯神庙内景》，伽特赫梅赫·德·甘西绘画

宙斯神像为古代世界的七大奇迹之一，高 14 米，用木料和贵重的黄金、象牙雕成。宙斯头顶金冠，右手持胜利女神尼凯像，左手握黄金权杖，一只雄赳赳的鹰栖息在权杖的顶端。公元 5 世纪，希腊人出于安全考虑，决定把它移到君士坦丁堡（今伊斯坦布尔）。但那里也没能最终保全住这尊伟大的雕像。公元 462 年，一场大火彻底毁坏了雕像。

《菲狄亚斯向朋友展示帕特农神庙的浮雕》，劳伦斯·阿尔玛-塔德玛绘画

菲狄亚斯的艺术天赋为后人无限敬仰。英国著名画家阿尔玛－塔德玛根据英国博物馆藏的帕特农神庙浮雕残片创作了《菲狄亚斯向朋友展示帕特农神庙的浮雕》，画中菲狄亚斯背靠浮雕，其朋友包括伯利克里夫妇（右二和右一）、苏格拉底（左二）和阿尔喀比亚德（左一）。

《半圆议事厅》,保罗·德拉罗什绘画

《半圆议事厅》是巴黎的法国美术学院的剧院墙壁上的大型壁画,长达27米,描绘了各个时代的75个艺术界最著名人物。正中央坐着古希腊的三位著名艺术家:雕塑家菲狄亚斯,建筑家伊克提诺斯(参与建造帕特农神庙以及巴塞的阿波罗神庙),画家阿佩利斯(曾经担任亚历山大大帝的御用画师)。这三个人物在一起,象征雕塑、建筑和绘画三位一体,他们前面的几个女性是缪斯女神。

《半圆议事厅》(中部),保罗·德拉罗什绘画

在伯里克利时代兴起的雅典是整个希腊世界的文化中心，当时有许多希腊著名人物都居住于雅典，且与伯里克利交好。苏格拉底与伯里克利身边的人都有亲密的交往，特别是他那位出身下层的夫人阿斯帕希娅。阿斯帕希娅是古代雅典的杰出女性。她不仅受到苏格拉底的尊重，也被所有生活在公元前5世纪的雅典人视为一位幻想家、决策者和作家。人们普遍认为她是伯里克利的一些重要的官方讲话的"匿名作者"。

《伯里克利与夫人阿斯帕希娅》，何塞·圣地亚哥·加尼洛伊·阿尔达绘画

《阿斯帕希娅与名人交谈》，尼古拉-安德列·蒙肖绘画

《苏格拉底与阿斯帕希娅争辩》，尼古拉-安德列·蒙肖绘画

伯里克利执政期间的阿斯帕希娅沙龙名流云集，苏格拉底也经常出入其间。他也许是这个沙龙中最独特的人物。他既没有行使过伯里克利的政治权利，也没有表现出雕塑家菲狄亚斯、建筑家伊克提诺斯、壁画家波利格诺托斯或剧作家索福克勒斯的艺术天赋；他既没有像阿尔喀比亚德那样当过奥林匹克冠军，也没有做成一笔生意。然而，他却是他那个伟大的时代留下最长久和最深远历史回响的人物。

《阿斯帕希娅的沙龙》

雅典大学主楼入口处的著名壁画。画中人物左起分别是：苏格拉底、菲狄亚斯、阿里斯托芬、伯里克利、阿斯帕希娅、柏拉图、安提西尼、阿那克萨戈拉、阿尔喀比亚德、伊克蒂诺、波利格诺托斯、阿基米德。据考，苏格拉底出入此沙龙的时间在公元前441年至前429年。在此期间，柏拉图（公元前427—前347年）和阿基米德（公元前287—前212年）尚未出生。不过，苏格拉底与其他人出入阿斯帕希娅的沙龙应是事实。需要补充的是，此画中，阿那克萨戈拉是著名的自然哲学家，苏格拉底曾受教于他；安提西尼（公元前445年—前365年）则是苏格拉底的学生，犬儒学派的创始人，曾亲见苏格拉底在狱中赴死。

《伯里克利给阿那克萨戈拉斟茶》，哈勒·尼凯斯·佩兰绘画

阿那克萨戈拉是伯里克利的良师益友。他认为太阳不是神，而是一块巨大而红热的石头，月亮和地球一样也有山谷和居民，陨石是从太阳上掉下来的石头，雷由云彩的撞击而产生，闪电是云与云之间摩擦的结果。公元前432年，伯里克利的政敌罗织罪名，攻击阿那克萨戈拉宣传邪说，以"不敬神"的罪名起诉他，并判处死刑。阿那克萨戈拉在伯里克利帮助下幸免一死，但被驱逐出境。

《普罗泰戈拉与德谟克利特》，萨尔瓦多·罗萨绘画

普罗泰戈拉（约公元前490—前420年）出生在色雷斯地区的阿布德拉城邦，一生旅居各地，收徒传授修辞和论辩知识，曾为意大利南部的雅典殖民地图里城制定过法典。多次造访雅典，与伯里克利结为至友。德谟克利特（公元前460—前370年）是希腊自然哲学的集大成者，与普罗泰戈拉同乡，他的哲学有一部分就是为了答复普罗泰戈拉的。他早年曾经广泛游历埃及、波斯、印度等地，也曾到过雅典，并且听说过苏格拉底的大名，但是苏格拉底却不认识他。德谟克利特在思想上与柏拉图是死敌，两人分别代表着希腊自然哲学和形而上学的两座最高峰。据说，公元前370年德谟克利特死时，柏拉图曾想购其书付之一炬。

苏格拉底卓异于时代且深远影响后世之处在于他是伟大的哲人和塑造灵魂的导师。苏格拉底21岁时曾向自然哲学家阿那克萨戈拉以及阿凯劳斯学习，并开始意识到自己的使命是通过关注伦理问题（人生的目的和善）而非科学问题来把哲学"带回现实"。34岁时，苏格拉底在一次公开辩论中驳倒了古希腊最杰出的智者普罗泰戈拉，从此声名鹊起。"在我认识的人中，你是最值得尊敬的。"普罗泰戈拉彬彬有礼地对他的对手说。

据说，苏格拉底还曾受教于女祭司狄奥提玛，了解到爱智慧是爱的最复杂、也最具启发性的形式，因而决意过哲人的生活，去探寻灵魂的最高福祉。

苏格拉底安于清贫，无意去追求政治事业或世俗的产业，以致妻子克珊西普对他大为不满。据说克珊西普是个泼妇，在雅典的街谈巷议中也有不少关于她的传闻。例如，有一天她跟踪苏格拉底到广场，并在那里声嘶力竭地斥责他，还把一个尿盆扣在了他的头上。朋友们急于知道苏格拉底如何按照哲学家的方式来处理这件事，但他只是淡淡地说了一句："连孩子都知道雷霆之后必有暴雨。"

《苏格拉底受教于女祭司狄奥提玛》，弗朗茨·卡夫奇契绘画

《克珊西普将尿盆扣在苏格拉底头上》，雷耶尔·雅各布斯·布洛门戴绘画

《苏格拉底的洞穴》，米歇尔·考克斯绘画

公元前421年，苏格拉底48岁。为了说明人类认识的局限性和哲人的使命，他向格劳孔讲述了一个意味深长的情景：在一个洞穴中有一群囚徒，他们手脚都被捆绑，身体也无法转身，只能背对着洞口。他们面前有一堵白墙，他们身后燃烧着一堆火。在那面白墙上他们看到了自己的影子。由于看不到其他任何事物，这群囚徒会以为影子就是真实的东西。最后，一个人挣脱了枷锁，摸索到洞外。他第一次看到了真实的事物，于是返回洞穴并向其他人解释，那些影子其实只是虚幻之物，并向他们指明光明的道路。但是那些一直待在洞穴里的囚徒认为，除了墙上的影子，世界上根本没有其他东西，他出洞走了一遭，居然把自己的眼睛给毁了，因此，以后对出洞这样的事最好连想都不要想。

在苏格拉底看来，试图启蒙众人的囚徒将遭遇巨大的误解甚至伤害。但是，为了多数人的福祉，必须有人挣脱枷锁，并返回洞穴，讲述更高世界里的真相。

苏格拉底不仅是哲人，而且还是"塑造灵魂的导师"。他的周围聚集了雅典最有天赋和最杰出的青年。他一生的伟大事业就是与这些青年对话，就是通过盘问和显明他们道德观念中的弱点或漏洞来帮助他们追问生活的意义。公元前399年，当面对来自城邦的控告时，他这样为自己一生的事业做辩护："我用尽所有的时间来试图说服你们不要把关注的首要焦点放在自己的身体和财产上，而要放在灵魂的最高福祉上……我告诉你们不要让每日虚度，要每天讨论那些听我谈及的善和其他问题，要省察自己和他人，这实在是人所能做的最好之事，未经省察的人生不值得一过。"正是出于对雅典的公民之爱，他义无反顾地试图唤醒人们去审察城邦肌体中正不断扩散着的精神毒瘤："这个城邦好像是一匹肥硕的良种马，但日趋懒惰，需要牛虻的刺激。神特意派我来到这里，似乎正是为了让我执行牛虻的职责，不停地到这到那，四处唤醒、劝告和责备你们每个人。"

《苏格拉底教诲门徒》，约瑟夫·阿贝尔绘画

《苏格拉底教诲门徒》，尼古拉斯·吉巴尔绘画

苏格拉底的学生阿尔喀比亚德（约公元前450—前404年）是出身豪门的雅典民主派政治家。与伯里克利是亲戚，父亲早亡，从小受伯里克利耳提面命。因为才干过人，公元前417年被任命为将军，次年又在奥林匹克的战车比赛中获得大胜。公元前415年远征西西里时被诬告而逃往斯巴达。后又辗转返回雅典。公元前410年他带领雅典的爱琴海舰队击败伯罗奔尼撒舰队，公元前408年又收复拜占庭，但好景不常，雅典海军又被斯巴达人击溃，阿尔喀比亚德再次流亡，结束了他在雅典最辉煌的时期。公元前404年被谋杀。

《阿尔喀比亚德受教于苏格拉底》，马切洛·巴西亚尔里绘画

阿尔喀比亚德曾这样谈到自己的老师苏格拉底："他是唯一能够让我对虚掷光阴的生活方式感到懊悔的人……他的生活简直是毫无瑕疵。他所说的每句话和他所做的每件事都能够对你的生活发挥重要的影响。"

《阿尔喀比亚德受教于苏格拉底》，弗朗索瓦-安德烈·文森特绘画

《受伤的阿尔喀比亚德》（阿尔喀比亚德后站立的老者为苏格拉底），约瑟夫·马里·维恩绘画

《阿尔喀比亚德在妓女当中》，科斯罗耶·杜希绘画

《苏格拉底在妓院找到自己的学生阿尔喀比亚德》，亨德里克·赫克托·希米拉德斯基绘画

《苏格拉底把阿尔喀比亚德从性爱欢悦的拥抱中拖走》，让-巴蒂斯特·勒尼奥绘画

阿尔喀比亚德相貌俊美，但为人任性、反复无常，曾经从学于智者普罗泰戈拉，学会了蔑视时人认可的正义、节制、神圣、爱国等通行观念。他后来追随苏格拉底多年，虽然敬重苏格拉底高尚的生活，但无力实践苏格拉底的教导，由于行为放荡而声誉不佳。苏格拉底规劝阿尔喀比亚德行为节制是西方画家惯于表现的艺术主题。

西西里争夺战，雅典军队惨败

公元前431年，雅典和斯巴达争夺希腊霸权导致了伯罗奔尼撒战争的爆发。这场将几乎所有的希腊城邦都牵扯进来的"古代世界大战"最终以雅典战败、被迫解散提洛同盟而告终。

导致雅典战败的关键性事件是西西里远征。公元前415年，年轻的雅典将军阿尔喀比亚德率领一支由134艘战船、130艘运输船和1300名轻装步兵、5100名重装步兵、480名弓弩手、700名投石手以及2.6万名桨手组成的强大舰队远征西西里。阿尔喀比亚德出征前被诬犯有渎神罪，行军途中被缺席判处死刑，于是愤而投靠斯巴达，导致雅典远征失败，丧失了最精良的陆军和几乎全部的舰队。此后，雅典和斯巴达的战争虽然还持续了将近10年，可是西西里的惨败已经注定了雅典最后失败的命运。

有史学家认为，阿尔喀比亚德的政治地位动摇是伯罗奔尼撒战争中雅典失败的最大决定性因素。他的恶名也牵连到苏格拉底，加强了政敌对苏格拉底"腐蚀青年"的指控。

苏格拉底具有非凡的人格魅力，经常受邀参加会饮。希腊式的会饮是一种朋友间的小型宴会，融餐饮、娱乐和讨论于一体。应邀参加会饮的客人将在门口受到仆人的接待。在仆人帮忙脱下斗篷和拖鞋，并递上洗手毛巾之后，客人就可以靠在躺椅上了。会饮前有一定的祭神仪式，会饮过程中通常有乐舞助兴。酒过三巡，主客谈话兴致越来越高，话题无所不包，从街谈巷议直到哲学问题。客人们会竞相展示他们的机智、教养和博学。

柏拉图在《会饮篇》中就记载了一次极为著名的苏格拉底会饮。公元前416年，在苏格拉底的朋友阿伽松的悲剧上演获得巨大成功的那一天，有3万名观众前来道贺。阿伽松也想庆祝一番，第二天晚上就在家里举办了一次会饮。席间，苏格拉底谈到了爱的本质。他认为，爱是灵魂的支柱，而哲学（爱智慧）是爱最复杂、也最具启发性的形式。

会饮中的吹箫女，公元前420年前后的双耳喷口杯彩绘

一名奴隶照顾呕吐的会饮者，公元前5世纪的双耳喷口杯彩绘

《柏拉图的会饮》(1869年第一版),安瑟尔姆·费尔巴哈绘画

　　德国新古典主义画家安瑟尔姆·费尔巴哈在给友人的信中说:"多年来,我一直沉迷于(《柏拉图的会饮》)这一作品……作为我个人艺术成就的高峰,这幅画呈现出来的安详、极乐的情景日日夜夜萦绕着我。完成这幅作品,将拯救我的艺术天赋。"费尔巴哈曾画过两版《会饮》,此为第一版。画中,53岁的苏格拉底(右边灯柱旁的白袍长者)完成了哲学演讲,坐其对面的阿里斯托芬正待回应时,喝得烂醉、手搭在随行女人肩上的阿尔喀比亚德(画左着红袍的袒胸者)闯了进来。主人阿伽松(画中央头戴月桂花环者)只好离开正在进行的哲学对话,持杯相迎。

《苏格拉底之死》，雅克-路易·大卫绘画

　　公元前399年，雅典民众法庭判处苏格拉底死刑。临刑前一个月，他继续与朋友们在狱中交谈，并断然拒绝了他们帮他逃跑的要求，因为逃跑会使他终生承认的原则显得愚蠢可笑。苏格拉底活得潇洒，死得洒脱。按照他的说法，死亡对人来说是一个秘密，是以下两者中的一种：死亡要么是无，要么是灵魂从这个世界迁移到另一个世界。苏格拉底宣称，不论何种情况，都没有什么好害怕的。一方面，如果死亡是无，这就像酣睡无梦的夜晚，而这样的夜晚是颇受欢迎的。另一方面，如果死亡是灵魂从这个世界迁移到另一个世界，他就有机会与荷马、赫西奥德以及阿喀琉斯这样逝去的伟人交谈。因此，他安之若饴地饮下了那杯毒芹汁。

像耶稣殉道一样，苏格拉底从容赴死也构成了思想文化史上无法绕开的一页。两千多年来，众多杰出的艺术家用自己的画笔精心绘出了那沉重的一刻。当然，最有感染力的还是雅克－路易·大卫1787年的作品，因为它抓住了苏格拉底饮鸩赴死时超脱于悲伤之上的那份沉静。

阿兰·德波顿在《哲学的慰藉》中这样描述大卫的名画："被雅典人民判处死刑的苏格拉底在悲痛欲绝的朋友的围绕中正准备喝那杯毒药……柏拉图坐在床脚，手里拿着一支笔，身旁放着一卷纸，他是这场城邦冤案的沉默的见证人。他在苏格拉底死时29岁，但是大卫把他画成了一位老人，须发皆灰，神色凝重。走廊里是苏格拉底的妻子克珊西普，由两名狱卒陪送从牢房里走过来。有7位朋友处于不同程度的悲戚之中。苏格拉底最亲密的伙伴克里同坐在他身旁深情而关切地凝视着这位大师。但是哲学家本人腰杆笔挺，上身和胳膊如运动员般健壮，神情略无畏惧或悔意。众多的雅典人骂他是笨蛋，却丝毫没有动摇他的信仰。起初大卫准备画苏格拉底正在仰药自尽的情景，但是诗人安德烈·谢尼埃提出了可以表现更大的戏剧张力的建议：画上的苏格拉底正宣讲完一个哲学论点，同时泰然伸手拿起那将要结束他生命的毒杯，这既象征着对雅典法律的服从，又象征着对自己内心的召唤始终不渝。现在我们看到的就是生命完成升华的那一刻。"

《苏格拉底之死》，牙雅克·菲利莆·约瑟夫·德·圣康坦绘画

《苏格拉底之死》，弗朗索瓦－路易斯－约瑟夫·华托绘画

《苏格拉底之死》，夏尔－阿方斯·迪弗雷奴瓦绘画

《苏格拉底之死》，让－弗罗索瓦·皮埃尔·佩龙绘画

《雅典学园》，拉斐尔绘画

出于对人类追求智慧和真理的敬仰，"文艺复兴三杰"之一的拉斐尔（公元 1483—1520 年）在其不朽画作中描绘了不同时代的学者、贤士、哲人聚集一堂热烈讨论的情景。位于画作中央的是正在热烈讨论的柏拉图和亚里士多德。柏拉图左手持《蒂曼乌斯篇》，右手指向天；亚里士多德左手持《伦理学》，右掌向下。这样的手势反映着他们世界观和认识论的差别——柏拉图是一个理想主义者和理性主义者，而亚里士多德是一个现实主义者和经验主义者。

埃斯基涅斯（或色诺芬）与苏格拉底交谈，《雅典学园》（局部），拉斐尔绘画

苏格拉底没有留下任何有关自己的思想和活动的文字记录，不过他杰出的学生柏拉图对他具有深切的了解，并且凭着戏剧家的天赋，写出了众多的"苏格拉底对话录"，为我们留下了对这个伟人和伟大时代的生动记忆。

青年时代的柏拉图曾经有过从政的热情，后来历尽政治风波，终于看清了政治生活中的肮脏和腐败，而转向教育，创办了雅典学园，并培育出了杰出的学生亚里士多德（公元前 384—前 322 年）。由于在思想、文化方面的卓越贡献，苏格拉底、柏拉图和亚里士多德这三位"不世出"的伟大哲人被后人尊为"古希腊三贤"。

第六章

说出真相

苏格拉底之道

Socrates' Way

6

说真话是我一贯坚持的原则。
　　　　——苏格拉底（见柏拉图《申辩篇》）

在4月的一天下午，对苏格拉底的审判已经持续了两个多小时。坐在石凳上的500人的陪审团变得越来越焦躁不安。从中午开始，陪审团就一直在听取三位原告——美勒托、阿尼图斯和莱康的高谈阔论，他们试图以"介绍新神和腐蚀青年"的罪名起诉这位七十高龄的被告人。

就在这时，审判的进度突然加快了。苏格拉底开始发言并且把整场辩论提升到了一个新的层次。他运用著名的"苏格拉底伴装无知法"来归纳对他的指控，回顾他终生的使命，证明他献身的事业：做一个人和做城邦的"牛虻"。对于他来说，最高尚的爱国行为就是通过履行社会的最高原则，而不是承认多数派的意见来表现自己的忠诚。

在柏拉图的《申辩篇》里，我们读到了苏格拉底在这个法庭上的发言，它是西方历史上对思想和言论自由的最经

典的论述。它呼吁每个人都要在自己的个人生活、日常工作和政治生活中说真话。

好的,不知道你们在听了原告的话之后有什么感想。但我必须承认我有几次差点失去了控制。他们讲的并不都是事实,你们应该知道这一点!

美勒托告诉你们,我是一位聪明的演说家,但那是一个无耻的谎言。我之所以这么说,是因为你们很快就会发现它完全是一派胡言。

他警告你们要提防我的能言善辩,注意我的阴谋诡计。这纯粹是胡说八道!你们没有必要因此害怕一个像我这样坦率的老年人,我并不是一个演说家,除非这个词的含义是说真话的人。

你们都知道,尽管我已经70岁了,但还是第一次被人送上法庭。对于我来说,这里的规则是完全陌生的。我没有能力发表适合法庭风格的演说,即使我想那样做也办不到。正因为如此,有几位能说会道的好心人主动提出为我写辩护词,以供我在法庭上宣读。但我扪心自问,对于一个像我这样德高望重的老年人来说,通过这种做法来博取法庭的同情是否合适。我最终认识到,这种做法是不合适的。

我没有接受他们的好意,并决定用我平时说话的方式对你们说话。我要把我的心里话统统说出来。如果有个外乡人不懂阿提卡方言,因而只好用他自己的方言同你们打招呼,我想你们一定会原谅他的愚昧无知和笨口拙舌。因此,请你们也以同样的态度来宽容我这位不善言辞的老年人。先生们,请不要在意我说话的方式,而要在意我所陈述的事实。别忘了,这正是我的职责之所在。

我首先要谈一谈人们在很久以前加给我的第一个指控。"有个狡猾的家伙叫苏格拉底,"人们常常说,"他喜欢探讨一些不可思议的奥秘。他是个狂热分子、无神论者,还是个讨厌的蛊惑者——对合理的言论提出质疑的专家。要当心苏格拉底,他可以把纯粹的废话变成公认的真理!"

这些诽谤我的谣言是由一两个剧作家杜撰出来的,后来又被许多不知名的、无耻的家伙不断地重复。说实话，我最害怕的东西莫过于这些谣言了。我知道，你们早在年少无知的时候就受过它们的影响，而我要竭尽全力地帮助你们摆脱由此形成的偏见。

还有，现在法律要求我为自己提出申辩。我希望我能够为了大家的缘故而取得成功，尽管它的希望非常渺茫。

我现在受到的指控究竟是什么？在我看来，它不过是在重复以前的流言蜚语，即一方面指控我研究了不可思议的东西，一方面指控我谈论了邪恶的话题。

我把它们统统视为谎言，我建议你们把它们扔到它们该去的地方。陪审团的先生们，你们当中有不少人亲自和我交谈过，还有更多的人听到过我的谈话。现在我想请你们根据自己的亲身经历来告诉其他人，你们有没有亲耳听到我以内行的口气讨论过巫术或神秘的知识。

此外，我还想请你们公开宣布，你们有没有亲耳听到我向一个杀人犯提供过如何除掉他人的建议。你们没有听到，不是吗？

事实上，我根本就不知道这些东西。我之所以坚持不收学费，原因之一就是我没有什么特长、秘密或技巧可供传授。

然而，我知道你们当中有些人会对我的话表示反对，并且会说："苏格拉底，我们都知道无风不起浪的道理。因此我们猜想，任何关于你的流言蜚语都不是没有原因的。再说，如果你现在就告诉我们你的麻烦出在哪里，我们就省事多了。你到底做了些什么，竟然让一半、甚至一大半的雅典人那么仇视你？"

在我看来，这是一个合情合理的问题，也是一个公正的问题，因此，我要尽最大的努力来回答它。给我带来麻烦的原因就在于：我的确拥有一种非同寻常的、可以使人感到困惑的才能。当我告诉你们，这种才能就是给我带来麻烦的原因时，你们可能会认为我在开玩笑。当我再次声明它并不是什么神秘的或超自然的才能的时候，你们更会这么认为。任何一个说我拥有神奇的能力的人都是骗子，我的才能首先是人间的、世俗的、这个世界上的才能。

我是一只被神灵派来叮咬雅典人的"牛虻"。

朋友们，我们的国家就像一匹大马！它有力量却非常懒惰，令人赞叹却缺乏活力。如果没有一只"牛虻"来不停地刺激它，它就会变得更加愚蠢和丑陋。

在过去的30年里，我没有放过任何一件事和任何一个人，包括我自己。我把整个生命都献给了这座城市，我忽视了大多数人所关心的东西，例如，财富、军事领袖、政治职务。

只要我活着，就绝不会停止向雅典人揭示事物的真相。

说真话没有错已经成了我所固守的原则。我相信，说真话只会伤害那些说假话的手艺人、商人、智者、政客或神灵。

要想使民主的气氛保持健康，就必须不断地叮咬每个建议、每个计划，甚至生活的基本信念的脚后跟。

苏格拉底认为说真话的责任包含三个层面，那就是他在《申辩篇》里所提到的：个人、社会、政治。他感到他有必要去面对那些欺骗自己的个人、值得考虑的社会实践和受到误解的政治问题。因此，他始终是那些在个人生活和社会生活中自觉地保持诚实的人的导师。梭罗、甘地、马丁·路德·金都曾经在监狱里提到他的名字，他们都是因为参加了非暴力的不合作运动才被捕的。这几个持不同政见者后来被公认为他们的社会和文化的最高价值的维护者。

我们也需要自己的"牛虻"，不管我们把他们称为持不同政见者、泄密者、独行者，还是干脆称为革命者。任何压制或忽视批评的团体和社会都将从它们的顶峰上跌落下来。健康的团体和健康的社会都必须积极响应苏格拉底的号召："在寻找真理的时候，要自觉自愿地审查所有的证据。"这项任务是对现状的挑战，但你不能把它推脱给其他人。每个人都必须一次又一次地成为某种类型的"牛虻"，即使不能成为整个国家的"牛虻"，也要成为个人或者社区和团体的"牛虻"。

儿童保护基金会的奠基者玛丽莲·怀特·艾德曼在她自己的"申辩篇"——《我们的成功之道》中雄辩地指出：

不要以为只有风云人物才能有所作为。我的偶像苏杰勒·图斯就是一名没有受过教育的女奴，但她无法容忍奴隶制和性别歧视。有一天，她正在发表反对奴隶制的演讲时，有个老头挖苦她说："老太婆，你以为你对奴隶制的谩骂会有什么效果吗？与其听你说废话，还不如被跳蚤咬一口。"

"不见得。"苏杰勒·图斯立即反唇相讥，"但只要地主们愿意，我不反对你继续拍他们的马屁。"

"许多人以为只有大人物才能有所作为，"艾德曼评价道，"但事实并非如此。你们只要成为一只正义的跳蚤，就能够为建设美好的家园、街区、工厂和美国而鞠躬尽瘁。不管一只狗的体积有多大，只要有足够多的跳蚤齐心协力地叮咬它，就可以使它感到不舒服，甚至可以使它因此变成一个最伟大的国家。因此，无论你住在哪里，无论你选择的职业是什么，你都要在生活中成为一只正义的跳蚤并且为了改造美国而奋斗。"

对苏格拉底的审判

在公元前5世纪的雅典，任何公民或公民组织都有权指控另一个公民，苏格拉底的三个指控者正是利用了这项权利。当雅典在长达几十年的伯罗奔尼撒战争中遭到了巨大的破坏并且在不久前输掉了这场战争之后，雅典人正急于为这次屈辱的战败寻找替罪羊。更糟糕的是，苏格拉底的不断提问被许多人视为一种腐化剂，对他的审判就是在这样一种政治迫害的氛围中进行的。

雅典的法庭既没有法官也没有律师，因而传授演讲术的智者才会在雅典大受欢迎。每个公民随时都有可能被送上法庭，并在那里为自己的生命进行辩护。

每个原告和被告都有权把他们的案情提交给一个通过选举产生的500人的陪审团。他们也有权在法庭上相互质问。陪审团通过投票来做出裁决，投票的方式是往罐子里扔石子，然后再计算石子的数量。如果判决有罪，被告还有机会在陪审团的认可下，用一笔相应数目的罚金来代替自己受罚。

在审理苏格拉底一案时,陪审团仅以微弱多数投票判决他有罪:有三分之一的人投了反对票,并要求将他无罪释放。当苏格拉底被要求缴纳罚金的时候,他以嘲讽的口气宣称,由于他唯一的罪过是全心全意地为雅典充当必不可少的"牛虻",所以他理应得到与奥运冠军或凯旋的将军同等的"惩罚":在余生中享受这座城市提供的免费食宿。

当然,陪审团被苏格拉底的傲慢惊呆了。他们原本打算把苏格拉底流放,这也是他的指控者所期盼的结果。苏格拉底的朋友马上表示,他们愿意代他缴纳一笔可观的罚金,但苏格拉底谢绝了朋友的好意。

在第二轮投票中,陪审团改变了对苏格拉底的态度,他们以压倒性的多数投票判处他死刑。当苏格拉底被带出法庭的时候,一个朋友喊道:"苏格拉底,我无法容忍你被如此不公正地判处死刑!"苏格拉底则讥笑说:"应该满意了,我的朋友!难道你真的不赞成判处我死刑吗?"

在苏格拉底死后不久,雅典人便意识到他们犯了一个悲剧性的错误。因此,他们为苏格拉底举行了一段时间的悼念活动,还有许多体育场和学校都关门以示哀悼。很快,苏格拉底的一个指控者美勒托就被判处了死刑,另一个指控者阿尼图斯也遭到了流放。后来,他们在雅典和一所著名神庙之间的道路上立起了一尊苏格拉底的雕像。

柏拉图在《申辩篇》里描述了这次审判的全过程,包括苏格拉底和他的指控者之间的相互质问。他的另外两篇对话录记载了后来发生的事情。《克里同篇》记载了苏格拉底与一位老朋友的对话,此人曾在他临刑前到牢房里探望他,并恳求他接受一个十分安全的逃亡计划。《斐多篇》描述了苏格拉底在牢房里服毒芹汁自尽的情景。

当代的苏格拉底精神

苏格拉底心甘情愿地接受了说真话所常常带来的不幸后果,这对我们来说是一个真正的启示。有位亲身体验过这个启示的威力的人名叫阿兰·德波顿，他是伦敦大学哲学研究生培养计划的负责人。他生动地描述了他在纽约的一个寒冷的冬天获得这个启示的过程，当时他正在大都会艺术博物馆楼上的一间冷清的画廊里参观。他恰好站在雅克-路易·大卫的名画《苏格拉底之死》前面。

如果说这幅画使我的心灵受到了极大震撼的话，那可能是因为它描述的行为与我自己的行为形成了强烈的反差。

在交谈的时候，我最关心的是如何讨人喜欢，而不是说出真理。为了取悦别人，我就像一个正在出席中学生文艺晚会的家长一样，对那些不太过分的恶作剧一笑了之。我以门僮迎接客人的方式来取悦陌生人，以口头上的殷勤来满足一种病态的、无原则的取悦他人的愿望。

但苏格拉底从来没有因为不受欢迎而退缩，他从来没有因为别人的埋怨而收回自己的观点。这种思想上的独立性是一个启示，也是一个激励。它激励我们去反对那种盲目服从社会认可的行为和思想的陈规陋习。

正如德波顿所指出的一样，对于大多数人来说，说真话的要求并不像它在苏格拉底的事迹中表现得那样惊心动魄和显而易见。它随时可能出现在我们与任何朋友或任何同事的对话之中，但在这些场合说真话的困难并不亚于在公众面前说真话。它要求我们公开质疑各种成见或偏见，而不是假装没有听见那些人或陌生人的观点。在工作的时候，它要求我们为了维护我们的团体的健康或者它在客户心目中的形象而大胆地说出真相，即使这么做会使我们或我们的同事感到不快。

例如，在丹佛市的恺撒终生保健所中，迈克尔·伦纳德医生就对自己的几位同事说了真话，但让他始料未及的是，这种"苏格拉底式"的诚实行为竟然潜在地具有挽救生命的意义。据1999年12月5日的《纽约时报》报道，伦纳德医生在治疗一位癌症患者时犯了一个严重的错误。但由于他非常诚实，所以这次错误反而让他获得了一个重要的发现。

伦纳德医生是这家诊所的麻醉师和主任医师。有一次，他把手伸进一个抽屉里，想取出一针麻醉剂。但那个抽屉里放着两个带有黄色标签和黄色盖子的瓶子：一个装着他需要的可以使病人在手术时保持平静的麻醉剂，另一个则装着解除麻醉的药剂。"我拿错了瓶子，"伦纳德说，"我用错了药。"幸运的是，那剂解药已经过期了，因而没有对病人造成伤害。

大多数医生都会对他们的错误讳莫如深，伦纳德医生却不愿这样做。他马上把他的错误通报给了那家诊所的医生、实习护士和药剂师。但他却吃惊地发现，像他这样把自己的错误告诉别人的行为在医院里是非常罕见的。例如，当他向五位同事通报这起事故的时候，有四个人说我也犯过同样的错误，还有一个人说我上星期就出过同样的事故。

伦纳德医生因此感叹道："我在那家诊所里当主任医师已经五年了，但从未有人向我提起这个问题。"

在72个小时之内，他们就采取措施彻底杜绝再次发生类似事件的可能性。他们给那些瓶子贴上了新的标签并且更换了它们的位置，以防止取药的人由于粗心大意而再次拿错瓶子。

伦纳德医生的创举引起了许多医院的重视，它们纷纷采取措施加入这项"防止混淆"的活动。它们鼓励医务人员勇敢地说出自己的错误，并着手解决由此暴露出来的问题，以防止类似事件的再次发生。

挑战、探索和运用

说真话……

- 对你自己和其他人
- 在你的单位或行业内部
- 作为一名公众

我们发现苏格拉底充当"牛虻"的方式有两种：个人的和公众的。在充当个人的"牛虻"时，他"想方设法地开导你，不论你是年轻人还是老年人，他将使你得到第一位的和最主要的关心，使你的精神得到最大的益处"。在充当公众的"牛虻"时，他是一只叮咬雅典城邦的虫子，他把这个城邦看成一头懒惰而又自鸣得意的动物，并希望通过不断叮咬来防止它陷入毫无希望的自吹自擂中。

下面的挑战、探索和运用也对我们提出了同样的要求，首先要对那些与我们关系最密切的人说真话，接着还要在我们的工作伙伴和社会朋友面前说真话（就是德波顿教授和伦纳德医生所描述的那些关系），最后还要像"牛虻"一样主动地叮咬我们的社会，以便促使它意识到变革的需要。

 加强你的苏格拉底精神

- 你是否能够对你的朋友、家人和同事说真话，即使这么做可能令他们不快？（练习1）
- 你是否认为只要每个人都诚实地说出你们面临的挑战和问题，你们的单位就能更好地发挥它的功能？你是否感到你在自己应该说真话的时候经常说真话？你是否有一个简单的方法来判断你该不该说真话？（练习2）
- 当你知道自己所属的团体、机构或行业正在欺骗公众的时候，你是否主动加以抵制？当你所属的团体、社区或社团的全体成员都赞同一个你所反对的观点时，你是否敢于提出不同意见？你是否与其他人一起支持真理并且在你所属的社区或者国家里实践它？（练习3）

1. 对你自己和其他人说真话

苏格拉底通过不允许他的雅典同胞轻率地回答他的问题来挑战他们。他坚持了解他们的真实想法，并且批评他们的自我陶醉，有时还显得有点不近人情。

布雷德·布兰顿是一位传播苏格拉底的火种并且以坦率而著称的当代人，他正在积极推行一项叫作"极端诚实"的活动。布兰顿用苏格拉底挑战雅典人的方法来挑战他的顾客和学生，他明确宣布要"说真话"。

苏格拉底之道在他本人身上发挥了巨大的影响，它得罪了很多人，但也为他吸引了一批忠实的追随者，并且戏剧性地改变了这些人的生活。

下面这个有代表性的事例则说明了布兰顿的建议同样可以产生奇迹，只要你敢于运用它。保罗·拉封丹在33岁的时候参与了"极端诚实"的活动，当时他是伯尔特曼音乐集团公司（MSG）的部门经理。"我把我的预算和我打算花多少钱都毫无保留地告诉了我的卖主，"他回忆道，"我打断人们的会议以便提出问题，即便他们对此很生气。"

同事们一开始都把他称为"诚实的家伙"。但不久之后，严峻的考验就来了：

> 一位副总经理把我召去，问我是否喜欢自己的工作。
> "不喜欢！"我回答道。
> 他惊呆了。他的脸涨得通红，并大声训斥我。
> 我说："你没有给我足够的职权、经费和自由。"
> 还好，他没有解雇我，我们进行了一次交谈。三个月之后，我终于得到了更多的职权、经费和自由。

布兰顿是华盛顿特区的一位心理医生，为了鼓励人们说真话，他不断地著书立说，举办研讨会，并率先发起了一场世界性的运动。他解释道："'极端诚实'就是一种直接的、全面的、开放的、坦率的交流，它是一种对你们的想法和感受的真正的分享。"

布兰顿所发扬的另一个苏格拉底的宗旨就是我们必须承认自己的周围充满了谎言和无知，"我们必须怀疑权威并且认识到我们就是自己的生活和时代的权威"。

布兰顿愿意从他自己做起。在下面这段话中，他坦率地承认了他写作《极端诚实》这本书的动机：

> 我写这本书是因为我想让自己出名，并且流芳百世。我想让人们认为我比其他人更聪明。我想赚取稿费。如果你想找到一本不是由这样的"自大狂"写出来的书，那你可要颇费一番周折，但每个"自大狂"在写书的时候都会像我一样自吹自擂。

那么，你怎样才能首先让自己做到"极端诚实"，然后再让其他人做到这一点呢？布兰顿建议你首先找来几个要好的朋友或同事并且和他们一起尝试说真话，包括在大家的相互鼓励下说出你们的愤慨和不满。在你们达成共识10天之后，所有正当的不满都将被表达出来。

为了说明怎样才能以适当的方式说真话，布兰顿还提出了下述建议：

- 面对面地与你不满的人交谈。
- 尽可能地用这句话做开场白："我对你不满是因为……"
- 用一般现在时说话。
- 得出具体的结论，不要用笼统的描述或论断作为你的结束语。
- 重点讨论已经发生的事，而不是尚未发生的事。
- 结合你自己的经历来谈。
- 给对方留下足够的时间来交换意见。
- 在双方都已经具体地表达了自己的不满之后，要彼此致谢。
- 要坚持下去。

苏格拉底解释真话的社会功能

在《申辩篇》里,苏格拉底机智地运用"牛虻"的比喻解释了说真话的必要性。只有牛虻的不断叮咬才能使这个城邦保持警惕,以防止那些当权者犯下灾难性的错误。

假如你们杀死我,你们将很难找到一个接替我的人,假如我可以使用比喻的话,我把自己比做一只"牛虻",它是神派到这个城邦来的。

这座城邦是一匹巨大而高贵的马,但它因为体积巨大而行动迟缓,因此只有受到刺激才能恢复活力。我就是神派到这个城邦来的"牛虻",我随时随地都在注意你们,以便提醒、开导和责备你们。

你们很难再找到一个像我这样的人,因此我建议你们放过我。

2. 在你的单位或行业内部说真话

西塞拉·博克是一位传递苏格拉底的火种的人,她对美国人的生活中存在的一个危机敲响了警钟,因为尽管每个人都意识到了这个危机,却从未有人把它提到公众的议事日程上来。当她开展这场斗争的时候,美国政府对"水门事件"和越南战争的欺骗行为正在掀起一场轩然大波。这些丑闻震惊了所有的人,我们都感到自己受到了欺骗和操纵。为了表达这种心情,博克专门出版了一本书,它的标题既简单又醒目:"谎言"。更重要的是,她还使我们更全面地认识到了谎言对整个社会的危害。她表达了她对大批专业人士的欺骗行为的愤怒,因为这些人每天都在对公众、对对方、甚至对自己撒谎。在生意场上,在政府机构里,在法律界,在医学界,在每一个令人向往的领域里,她都轻易地证明了:"只要那些喜欢撒谎的人和打算将撒谎合法化的人把欺骗看成一种可以原谅的行为,那么它就会成为理所当然的行为。"她解释道:

政府官员和竞选者在不容易露出马脚或者认为国家大事超出

公众的理解能力的时候常常采取欺骗行为。社会科学家常常以获得知识需要付出代价为借口来原谅那些带有欺骗性质的试验。

律师在法庭上替他们的当事人操纵真相。从事销售、广告或其他宣传活动的人通过误导公众和竞争对手来达到他们自己的目的。医生可能篡改病人的病历，以便为他们保守秘密或者使他们免于服兵役。记者、侦探和所谓的情报人员更会无所顾忌地通过愚弄别人来获取他们需要的信息。

博克的书可以称为"先知书"，因为在它出版了那么多年之后，我还能通过它的启示来发现各个方面的欺骗：从华尔街的投资公司到电视上的传教士，从"伊朗门事件"到安然公司欺诈案。而且博克早就预见到了这些欺骗的深远影响：

欺骗有可能通过各种方式蔓延开来并且对人类社会造成严重的危害。它们不仅仅会伤害孤立无援的个人，而且会引起整个社会的信任危机。当欺骗通过模仿、报复或以毒攻毒的动机蔓延开来之后，信任就会遭到破坏，但信任对于社会来说就像水和空气对于人一样重要。一旦信任遭到了破坏，整个社会就要遭殃；只要信任遭到了破坏，整个社会就会走向衰亡和解体。

为了帮助我们抵挡欺骗的浊流，博克提供了三个"苏格拉底式"的问题。每当我们感到自己想骗人的时候，都可以拿它们来扪心自问。对它们的回答将使我们发现我们是否能够、应当或必须在某个场合说真话。

我是否必须说出真相？

- 除了说谎之外，还有没有其他办法来解决这个难题？
- 有没有合乎道德的理由来宽恕这种欺骗行为（例如保护自己、拯救生命或微不足道）？
- 通情达理的人会如何评价这种欺骗行为？

想一想你自己在不久前进行的一次欺骗，并且运用博克的问题来考察它。

　　a. 你是不是别无选择？
　　b. 你有没有合乎道德的理由来宽恕它？
　　c. 通情达理的人会怎么评价它？

尽可能地设想一个有可能诱使你说谎话的场合，然后，再运用这三个问题来检验你所做出的决定。

怎样说出真相：理性、情感、道德

当你说真话的时候，你必须尽可能地让别人知道你说的是真相。苏格拉底和他的雅典同胞对这一点都有明确的认识。他们发现，一个人要想成功地说真话，就必须遵循几个最基本的原则。后来，亚里士多德把这些原则归纳为三点，它们在今天仍然同2 500年前一样有效：

- 理性——你的观点、概念、逻辑和语言。
- 情感——你与听众之间的情感交流。
- 道德——你的人格和正直。

这三个原则揭示了一些当代演说家之所以能够取得巨大成功的原因。例如，汤姆·彼得斯之所以能够是一位被美国的商业机构竞相聘用的演说家，是因为他善于从别人的意见和自己的写作经验中汲取观点（理性），并且能够在公司的经营活动和日常管理中找到正确的观念和案例。他也常常在听众之间来回走动，以便与他们进行情感交流（情感）。他善于表达自己的情感，当他提出的新观点得到了人们的理解或引起了人们的担忧时，他知道表示感谢，而且他详细地介绍了自己的奋斗历程和冒险精神。

令他的形象更加完美的是，彼得斯为了展示自己的人格和正直（道德），而不惜冒着得罪客户的风险来讨论一些敏感问题，例如，车间的装备不足，以及更加尊重和重视流水线上的工人的必要性。

- 当你说真话的时候,你如何根据这三个原则来评价你的效果?你的理性(观点)、情感(情感交流)、道德(正直)是否足以令人信服?
- 你可能会采取什么步骤来弥补你最薄弱的环节?
- 回想你所知道的一位最善于说真话的人、私人朋友或公众人物。你如何根据这三个原则来评价他的效果?

3. 在你的社区、国家和全世界说真话

苏格拉底在本质上是一个独行者,尽管他是那些热爱他的朋友和追随者的精神支柱。他从未参加任何一个运动、团体、组织或机构。在他活着的时候,他只能最大限度地借助他个人的力量来发挥影响。毕竟,雅典的自由民只有4万左右,而且你只用几个小时便可以穿越全城,从比雷埃夫斯港一直走到爱吉图斯门。但在规模庞大的现代社会中,你只有把自己的声音与别人的声音联合起来,才能有效地对它提出抗议或鼓吹变革。

苏格拉底的雅典和我们的美国

苏格拉底把社会的本质视为对真理的自由探索,我们也一样。剧作家马克斯韦尔·安德森在《赤脚走雅典》中借苏格拉底之口表达了这样的看法:

> 真理将带来并维护我们的自由,莱康!你使我获得了一个前所未有的发现。我一直把雅典看成一座神奇的城市,它在各方面都取得了辉煌的成就。但没有人知道它为什么会如此伟大。但现在我终于发现,雅典的动力和奇迹来自驱使我在你们的街头奔走的使命感!正因为雅典人追求真理、热爱事实,并且有着无穷无尽的好奇心,他们的城市才得以出类拔萃。

为了在你的生活中实践这种苏格拉底精神，可以按照下列六个步骤对你最关心的一个问题进行共同研究。当然，我对它们的介绍非常简短，因为我只想从总体上介绍一下你所要采取的步骤。如果你想获得更详尽的指导，可以在附录B中找到相关参考书的目录。

- 选出一个难题、问题或课题，你要愿意在你的社区、单位或社会上发表你对它的看法。不要谈论那些大而空的东西，要挑选一个你真正想研究的问题。
- 联系其他人或团体，假如他们同意你的看法，就与他们一起合作。假如他们不同意，就靠自己去寻找志同道合的研究伙伴。
- 进一步了解怎样做到推陈出新，为此，你要对这一领域的研究状况有一个全面的认识。要明白其他人是如何研究这个问题的，他们有哪些方法和技巧值得你借鉴。
- 决心尽最大的努力完成你的工作，要考虑到你的兴趣、条件、能力和风格。如果你的目标切合实际，你就不至于半途而废。
- 愿意接受挑战，只要你觉得有必要。当你对现有的观点提出疑问时，你会遭到反对。你要用灵活、机智和创造性的方法来迎接挑战。
- 用语言公布你的意图。现代化的传播媒介为你提供了前所未有的机会，使你可以通过便宜而有效的途径来谋求支持。最重要的是，你可以通过"长颈鹿计划"（参照下一节）来了解自己工作的成效。

提出一个观点来质问你在这个星期听到的一件有偏见、有成见或不合理的事情。然后，回忆你这么做的感受和后果。

发现"牛虻"："长颈鹿计划"

在美国和世界各地都可以找到像伦纳德博士这样的人物，他们都在通过大声疾呼来实现改良。"长颈鹿计划"可以帮助我们找到很多这样的人，它的口号就是"伸长你的脖子"。"长颈鹿计划"的总部设在华盛顿州的一个小岛上,其资金主要来自凯洛格基金会,它的宗旨是发现、支持和鼓励那些为了寻求真理而不惜在生活和工作中承担风险的人。"我们表彰那些敢于质疑传统、挑战权威和追求普遍的善的人,他们所做的正是苏格拉底在雅典所做的!"该计划的倡导者之一安·梅德洛克指出。

最近发现的"长颈鹿"有:

- 美国农业部的资深检查员威廉·莱曼 有一次,一批加拿大猪肉要通过他负责的边境检查站进入美国,但他发现其中有一部分已经发出腐臭味,并且夹杂着碎骨头、金属片、血块、脓汁和肿瘤,因而他把八成以上的猪肉扣留下来。美国农业部对他施加了压力,要求他允许更多的猪肉入境,但他决心坚持自己的原理。尽管遭到了肉体威胁、加拿大官员的诽谤和上司的处罚,但他不仅没有退缩,反而决定孤注一掷,要求美国总审计局进行复查并且将此事透露给了媒体。
- 盖伊·杰尔维 她之所以会成为一只"长颈鹿",是因为她发现俄勒冈州交通部正偷偷地在她的家乡莫希尔镇开办一个采石场和一个柏油厂。她和她丈夫发动了一群人来抗议这个阴谋所导致的肮脏、噪音、灰尘、污染和负面的经济影响,并且通过研究证明了这还可能引起水土流失、污染地下水、威胁三文鱼的迁徙。他们利用自己的金钱和时间创办了莫希尔同盟会来和州政府抗争,并因此遭到某些为此损失了经济利益的人的威胁和殴打。

  据当地媒体报道,当他们在法庭上获胜的时候,"欢呼声从州政府一路传到了州长办公室"。随后,杰尔维利用已经调动起来的群众积极性,再接再厉地推动了12个改良其家乡的市政设施的工程,从把镇中心的一块泥泞的沼泽地改造成一个风景秀丽的小湖,到在河边建起一个新船坞来供人们捕鱼、冲浪和游泳。在经过10年的开拓性工作之后,杰尔维终于被选为了那一年的"莫希尔女士"。

- 丹尼·赛欧　他在12岁的时候把一群孩子团结起来，成立了一个叫作"21世纪的地球"的环境和动物保护组织，目前积极参与该组织的青少年已经突破了两万人。为了和其他人分享他们的经验，他还出版了著作《时代的反应：创造者的积极性》（1990）。简·古德朵尔把它称为"一本奇妙的书，充满了新颖的观点、秘诀和答案，有助于我们更容易地改变这个世界"。

a. 从你认识的普通人或你崇拜的公众人物中找出一个"苏格拉底式"的"牛虻"。
b. 列出这个人得以有所作为的三种重要品质。
c. 怎样才能在你自己的身上加强这些品质？

当代的"牛虻"

"苏格拉底式"的"牛虻"（通过挑战传统的知识和既定的行为方式来激励我们的人）常常需要付出高昂的代价，就像克伦·希克伍德、安德烈·沙卡洛夫和纳尔逊·曼德拉①一样。克里·科莫在《对当权者说出真相：改变世界的人权斗士》中精彩地描述了这些当代"牛虻"的事迹，该书记录了来自五大洲35个国家的51位男女的生平和成就，他们都像苏格拉底一样，为了追求真理而不惜付出生命的代价。在该书的英雄谱中不仅包括一些家喻户晓的大人物，

---

① 译者注：克伦·希克伍德（Karen Silkwood）是美国俄克拉荷马市的一名普通妇女，1974年9月因为抗议核污染而被人暗杀；安德烈·沙卡洛夫（Andrei Sakharov）是俄罗斯的一位物理学家，在苏联时期曾因支持"反物质"理论而遭到迫害；纳尔逊·曼德拉（Nelson Mandela）是南非第一位黑人总统，曾因反对南非白人政府的种族隔离政策而遭到长期监禁。

例如埃里·维塞尔和德斯蒙德·图图①等诺贝尔和平奖得主，还包括一些没有名气的小人物，例如加纳的朱莉安娜·多哥芭兹，她发起了一场全国性的抗议运动来反对神职人员把年轻妇女骗去充当性奴隶。

该书后来被改编成了戏剧，并在华盛顿的肯尼迪中心上演，主演者包括格伦·克罗斯、爱德华·奥尔莫斯和西格尔尼·威尔。它还被公共广播服务公司（PBS）拍成了纪录片。纳尔逊·曼德拉在谈到它的时候评价道，"你无法杀死一个人的思想，也不可能监禁一个人的自由"，这句话当然也可以用来描述苏格拉底的生活。"本书里记载的每个普通男女都是英雄，他们的生活激励着一切信仰自由和正义的人们。因为它证明每个勇敢的人都有能力战胜貌似强大的恶势力。"

当"牛虻"的老人

苏格拉底在年过七旬的时候把他充当"牛虻"的事业发展到了顶峰，假如能够再活上10到15年的话，他肯定还可以取得更大的成就。年过六旬和年过七旬是一个人最适合充当"牛虻"的年龄。事实上，对于这个年龄段的人来说，充当"牛虻"是一项既自然而然又有利于健康的"人生使命"。

生命周期理论和生命周期研究的开拓者厄里克·埃里克森把人类在老年阶段的任务称之为成长。他认为，通过积极的行动来促进下一代的成长是一种有利于健康的生活方式。

在我们的社会上，许多老年人都有得天独厚的条件来充当"牛虻"，那就是：

---

① 译者注：埃里·维塞尔（Elie Wiesel）是一位著名小说家和演讲家，1928年出生在罗马尼亚的一个犹太家庭，后移居美国，1986年因长期揭露犹太人遭受的不公正待遇而获诺贝尔和平奖。德斯蒙德·图图（Desmond Tutu），现任南非基督教圣公会的大主教，1984年因宣传种族和解而获诺贝尔和平奖。

- 时间：假如你已经退休或半退休了，你就有更多的时间来投身于你自己选择的事业。
- 技术和能力：毕生的工作经验使你更有能力做出贡献，包括有效的管理方法、技术知识或交际能力等。
- 保障：你不必再像过去那样谨小慎微，即因为害怕危及你的工作或生计而不敢采取有争议的或积极的行动。
- 智慧：你有充分的阅历来判断最重要的事业并且知道怎样最好地完成它们。

你也可以把你的孙辈培养成他们那一代人的"牛虻"。你一开始可以给他们多读一些《皇帝的新装》之类的寓言，如果有条件的话，你还可以建议他们从周围的人中寻找这样的事例，就是那些拒绝承认甚至拒绝发现"皇帝没有穿衣服"的人。有时候，你最好让他们的父母知道你正在做什么。

第七章

加强你的精神

STRENGTHEN

苏格拉底之道

Socrates' Way

7

> 我们应该努力获得更高的智慧，发现更多的真理，养成更好的品质。
> ——苏格拉底（见柏拉图《申辩篇》）

我们在上一章的开头听到了苏格拉底在对话中为他说真话的行为进行的申辩。但在他的申辩中还有另一个重要的主题，即每个人都必须加强自己的精神。

> 雅典人，我是你们的朋友，我爱你们。但只要我一息尚存，就绝不会停止从事哲学。我要劝告我遇到的每一个人，对他说——我的朋友，伟大的雅典城的公民啊，你为什么如此关心金钱、荣誉和名望的积累，却毫不关心智慧、真理和你的精神发展呢？
>
> 我们不应该只想赢得名望或政治上的荣誉，而应该努力获得更高的智慧，发现更多的真理，养成更好的品质。
>
> 我从不关心大多数人所关心的东西——财富、权力、家族利益，并且喜欢在集会、市场和宴会上发表演讲。考虑到我是一个过于诚实的人，所以我不适合担任一位政治家，我不愿做任何对你们和我自己都没有益处的事情，而只想做那些对每个人都最有益处的事情。我一直在劝说你们，希望你们每个人都把追求美德和智慧放在追求个人利益的前面。

只要我还有一口气,就绝不会停止从事哲学研究和传授哲学知识,我会对自己遇到的每个人提出这样的要求,以便询问和审视他,同时也接受他的审视,假如我发现他既没有长处又喜欢自吹自擂,我就要斥责他。

你最关心的事情应该是如何改善你的灵魂。在我看来,金钱不会给你带来美德,相反,品德败坏的人常常能够赚取更多的金钱和物质财富。

苏格拉底每天的生活中都要通过下列四种方法来"加强他的精神":

- 自我克制
- 鉴别真伪
- 自我发现
- 自我发展

我们在每一篇对话中几乎都能看到他正在做一件或几件这样的事情。而且这些事情都被表达在某个生动的事例或比喻当中。

苏格拉底的自我克制常常得到朋友的承认。尽管他享受肉体的快乐,但是他从不沉溺其中。朋友们常常注意到,尽管苏格拉底和他们一起参加会饮并喝酒,但他从来没有喝得烂醉如泥;相反,当别人都已经昏昏欲睡的时候,他还在那里兴致勃勃地高谈阔论。

一则关于塞列努斯的趣事说明了苏格拉底所从事的自我发现活动。苏格拉底的朋友常常把他比做大广场上出售的塞列努斯的神像,它们的外表就像苏格拉底一样丑陋。但有个秘密隐藏在其中,那就是在每50个塞列努斯神像的肚子里中,工匠们会放入一个漂亮的小金像。为了获得这笔奖金,你要首先打碎你的塞列努斯神像,以便知道这些神像的肚子里是否藏着一笔财富。

苏格拉底的朋友认为他很像塞列努斯:他容易把人吓跑,因为他外表丑陋,但他又值得交往,因为一旦你透过他的外表,就会发现里面隐藏着一个金子般的心。苏格拉底本人也一再要求他自己和别人去透过外表发现真正的自我。

苏格拉底还表明了他所从事的自我发展活动，那就是他把自己毕生的事业比做他父亲索夫罗尼斯库的石匠工作。苏格拉底一定会喜欢米开朗琪罗的说法：首先要把一块合适的石头想象成那个打算完成的雕像，然后再从这块石头上凿去那些不符合自己想象的部分。

苏格拉底运用一句恰当的短语把他塑造灵魂的工作同他父亲雕琢石头的工作联系了起来，那就是Techne tou biou。这句话可以被译为"生活的艺术"。在苏格拉底看来，精神生活的本质不是谦卑地服从神圣的权威，而是按照自己的意图来利用各种工具和高超的技艺塑造自我。他用做"生活的艺术"的工具——塑造自我的凿子和锤子，不是别的，就是我们在本书中探讨的七种方法：

- 认识你自己
- 提出重要的问题
- 独立思考
- 解放思想
- 与朋友一起成长
- 说真话
- 加强你的精神

当代的苏格拉底精神

有位当代人堪称运用苏格拉底的方法塑造了自己的灵魂的典范，他就是心理学家卡尔·荣格。

苏格拉底常常提到他的守护神，就是那个令他无法抗拒的发自内心深处的声音。荣格在临终前也提到过："有一个守护神在我里面。它控制着我，如果我有时候表现得很冷酷的话，那是因为我处在它的控制之

下。由于我的同代人感受不到我的想象，他们只能看见一个莽撞的傻子。"苏格拉底可能也说过类似的话。

荣格花费了大半生的时间来运用我们将在本章中学到的方法，以便加强他的精神。他专门花时间建造了一个用来接近他的灵魂的场所：一座建在荒地上的石塔。他用了多年的时间来亲手建造那座石塔，并且每隔四年都要对它进行一次大的扩建，这么做并不是出于什么预定的计划，而是在服从他的守护神的命令（在荣格看来，"4"这个数字意味着圆满）。

当他隐居到那个地方的时候，他会关注自己的内心，以便从事自我判断、自我认识和自我创造。他在墙上绘画，他冥思苦想。他的一本回忆录的标题表现了他所从事的精神活动："回忆·梦想·反思"。

荣格记录了他在石塔里度过的日日夜夜："没有电，我要自己照看壁炉、自己生炉子。晚上，我要点燃那盏破旧的油灯。没有自来水，我要自己到井里打水。我自己砍木头和烹调食物。这些简单的劳动使我的生活变得简单了。但要过上简单的生活可真不容易啊。"（还有一个重要的榜样是我们的亨利·大卫·梭罗，他在瓦尔登的小屋里也做过同样的事情。）

有史以来，善于思考的男人和女人都像荣格一样创造了某个专门的场所来加强他们的精神。精神领袖们，例如基督教的圣徒和东方的神秘主义者都曾经隐居在旷野或其他地方。伟大的人文主义者蒙田和爱尔兰诗人叶芝都曾经为自己建造过用来写作和思考的石塔。

我们可以效法这些人，但不必隐居在某个荒凉的地方。我们可以在我们的起居室里腾出一块地方来进行精神活动。我的一位朋友在他的起居室的角落里放了一张他的父亲留下来的书桌，并在桌子上摆了一个小小的人造喷泉装置，还有几个宗教法器，其中包括一只来自印度的加尼什①。那个地方对于他来说就是逃避生活压力的避难所和享受内心宁静的场所。"那里是我的精神生活的基地。"他说。他每天起床后做的第一件事常常是在那里坐上15分钟的时间，一边喝茶一边回

---

① 译者注：加尼什（Ganesh）是印度教的神像之一，其外表为象头人身，笑容可掬。

忆和思考头天晚上做的梦，并且为新的一天做好打算。

我还知道其他人通过参加太极班、参观他们喜欢的小博物馆或者去临近的小路上散步而得到了同样的好处。"适当的隐居能够满足灵魂的精神需求，"托马斯·莫尔在《精神关怀》中写道，"精神修炼不需要矫揉造作的外在仪式。实际上，要想使灵魂得到最大的好处，就应该在自己最喜欢的地方过精神生活——日常生活。但精神修炼绝对离不开注意、专心、规律和投入，它需要通过一些小小的技巧来摆脱外部世界对精神的干扰。"

 ## 加强你的苏格拉底精神

- 你是否有一套简单的精神修炼的方法，从而能够在任何条件下享受和丰富你的生活？（练习1）
- 你是否知道如何通过内省来激发你的直觉？（练习2）
- 你是否从事有益于你的精神的艺术或工艺活动？（练习3）
- 你是否能够控制你的情感，以便让它们成为你走正道的动力，而不是给你惹麻烦的原因？（练习4）
- 你是否通过注意锻炼身体来培养"有健全的身体才有健全的灵魂"的信念？（练习5）
- 你是否愿意掌握一套简单的方法来帮助你自己或者与你一起思考的人激活"你们内在的苏格拉底"？（练习6）
- 你是否经常从你感到最亲密的伟人那里接受启发和引导？（练习7）
- 你是否知道促进你的成长和自我实现的"精神阶梯"？（练习8）
- 你是否利用了"你的职业的灵魂"，将意义和目的赋予你的工作或职业的价值观？（练习9）
- 你是否有明确而坚定的价值观来敦促你"做正当的事情"，哪怕你面临着最严峻的考验？（练习10）

挑战、探索和运用

1. 加强你的"精神启蒙"

苏格拉底没有多少财产,但他过着丰富而充实的生活,他津津有味地享受着他的生活和朋友。"他在各个方面都是个幸运儿。"历史学家威尔·杜兰特指出,"他生活而无须工作、阅读而不必写作、接受教育而不用墨守成规、饮酒而不会沉醉,他在老迈之前死去,而且几乎没有痛苦。"

苏格拉底所享受和赖以为生的东西是他的经历:友谊、直觉、创造、自我克制和完成使命。今天,许多人正在通过品味有意义的人生经历,而不是积累财富和获得权力来过上丰富多彩的理想生活。两位传播苏格拉底火种的人为培养这样的生活方式进行了卓有成效的实践,他们是弗雷德里克·布鲁塞特和玛丽安·布鲁塞特夫妇。他们发明了一套叫作"精神启蒙"的方法。他们有一本以此为题的著作,这本著作为你的精神关怀提供了一种最好的方法。

苏格拉底与神

苏格拉底思考神的方式表现了他思考任何问题的方式。

- 质疑传统的思考
- 要求清晰的认识
- 诉诸日常的经验
- 得出自己的结论

苏格拉底时代的雅典人的传统宗教思想是一大堆相互矛盾的观念的混合体。关于奥林匹斯山诸神宙斯、阿芙罗狄蒂、阿波罗的传说层出不穷而又荒诞不经,例如,传说宙斯为了强奸妇女,曾经把自己变成一只天鹅或一头公牛。大多数迷信的雅典人都把它们看成对人自身的情感的最好的比喻。然而,也有一种非常流行的观点认为"神"的行为是为了惩罚人的狂妄自大（过于骄傲和自信），甚至是出于对好运气的忌妒。

苏格拉底要求清晰的认识。他在一个只有很少的雅典人愿意光顾的地方发现了它，即在他的内心。苏格拉底体验到了"神的叹息"：一种可以被我们称为他的直觉的声音。这种声音常常告诉他哪些事情是他不应当做的，而且他知道它绝不会出错。从这样的日常经验中，苏格拉底引申出了自己的结论。

对他应当做的事情的直觉使苏格拉底得出了三个结论。第一，神关心所有的人，否则的话他们就不会在一个石匠的儿子的心里激起神圣的火花。第二，神是善良的。他们希望为人类谋福利，而不是古代传说中的一群喜怒无常而又肚量狭小的家伙。第三，神要求人类行善。向神表达敬意的时候，最好方式莫过于尽可能地行善。

这种在日常生活中的精神修炼并不要求我们去钻研某些神学著作或追求高不可攀的启示。事实上，它的要求恰恰与这些可望而不可即的东西相反。它的诀窍是用我们的经历来深思熟虑，并且用发展的眼光来观察我们生活的世界。

发现我们的日常活动的意义的关键正如布鲁塞特夫妇所说，是要去寻找那些塑造我们的精神生活的东西。他们从世界各地的宗教中归纳出了37种能够使你按照这种方式看世界的精神修炼方法，下面就是他们的"精神启蒙的字母表"。

挑出一个或两个适合你的方法，并且用一个星期的时间来练习它。每天早晨阅读它，把它写在一张随身携带的卡片上，看看你每天能有多少次练习它的机会。

A

Attention（注意）：要留心。保持清醒和高度警惕，要有一双善于观察的眼睛，并且发现世界上不断出现的奇迹。

B

Beauty（美）：追求美的东西。欣赏和促进内在的美与外在的美，欣赏大自然的绚丽多彩。

  Being Present（抓住现在）：过好眼前的这一刻。不要老是悔恨过去，也不要老是担心未来。你所要做的一切就是过好现在的这一刻。

C

  Compassion（怜悯）：对世界上的痛苦和不幸敞开你的心灵、思想和灵魂。对别人伸出援助之手，对别人的恩惠给予回报。

  Connections（交往）：学习交往的艺术。要发现你的生活如何与这个星球上的所有人的生活都密切相关。

D

  Devotion（祈祷）：通过祈祷来表达你的赞美和崇拜，用你的语言和行动来祈祷。

E

  Enthusiasm（热情）：热情地讴歌生活。它可以增强你对每件事物的兴趣，并且增进你与其他人的团结，要不遗余力。

F

  Faith（信仰）：发现并且承认有一种生活不同于我们可以一目了然的那种生活。与困难、怀疑和矛盾一起生活，要知道举头三尺有神灵。

  Forgiveness（宽恕）：在个人生活和公共生活中发现宽恕别人所带来的快乐，体验被别人宽恕和被自己宽恕所带来的安慰。

G

  Grace（恩惠）：接受恩惠，你的世界将变得更广大、更深远、更丰富、更充实。要处处留心恩惠的表现，让恩惠的种子在你自己的语言和行为中开花结果。

H

  Hope（希望）：让现实的和潜在的情感点燃你的梦想，并且越来越好地为其他人提供服务，用你的态度和行动来鼓励别人永远不要放弃希望。

  Hospitality（好客）：在一个有太多的人在害怕陌生人、仇恨敌人和防备"外人"的世界上做到热情好客，友好地对待你的客人和不同的意见。

I

　　Imagination（想象）：让想象自由地驾驭你的生活。探索它的象征和思考它的意义，只有这样才能不断地观察到、感觉到和认识到新的东西。

J

　　Joy（快乐）：乐观并且极其高兴。在你的日常生活中找到这种神奇的能力，并且与其他人一起分享。

　　Justice（公正）：谋求全人类的自由和公正，建设一个自由公正的、没有压迫的、平等的世界。

K

　　Kindness（善意）：让善意的精神通过小小的友好举动、简单的鼓励和各种亲切的问候得到传播。这样的言行将增加地球上的善意。

L

　　Listening（聆听）：培养用心聆听的艺术，在这样做的时候你才能发现世界的可爱。宇宙间的一切事物都需要得到聆听，正如我们心里也有很多声音需要得到聆听。

　　Love（爱）：每天都要去爱。爱你的家人、邻居、敌人和你自己，不要把你的爱局限于人类，还要爱动物、植物、石头，甚至星系。

M

　　Meaning（意义）：不断地努力发现你的经验的意义，借助那些神圣的经典和精神大师来加深你的理解。

N

　　Nurturing（培养）：认真呵护你心中最美好的东西，要终生坚持反省自己和发展个性，并且乐于为其他人服务。

O

　　Openness（开放）：在你的心里为所有人和所有事物留下一个开放的空间，要善于站在别人的角度考虑问题并且善于接受外面的大千世界。

P

　　Peace（和平）：通过每天促进和平来保护地球的未来。你的绵薄的努力，将把你和正在这个世界上反对暴力的其他人联合起来。

  Play（游戏）：要喜欢玩游戏。要在自发的行动中表现出你的创造力，要享受游戏的乐趣并且让自己开怀大笑。

Q

  Questing（提问）：乐于提问并且勇于探索。把你的生活看成一个不断明确你的信念和不断深化你的灵魂的旅程。

R

  Reverence（尊重）：尊重生命。在世界上的任何生命的内部、旁边和背后都有神圣性，要给予它们适当的尊重和敬畏。

S

  Shadow（缺点）：不要试图掩饰、否认或回避你的缺点，要听一听你的守护神的忠告。

  Silence（安静）：放慢速度，保持沉默。找到一个你可以经常独处的地方，要在那里设法恢复你的身体、思想和精神的元气。

T

  Teachers（老师）：愿意向你身边的精神导师学习，不管他们与你相似还是不相似，永远做敏感的学生。

  Transformation（变化）：欢迎生活中出现的有益的变化。打开窗户并且放进新鲜空气，健康和活力都来自运动。

U

  Unity（团结）：在这个全球化的时代，要尊重多样性，但也要承认统一性，要与其他人一起努力把世界变得更加美好。

V

  Vision（幻想）：运用发现不可见的东西的技术，利用你自己的想象力来重新打造你自己和你的社会。

W

  Wonder（惊奇）：培养一种强烈的好奇心并且愿意运用你的感觉。这个世界是有生命的并且正在不断向你呈现宝贵的领悟和神秘的奇迹，记住你脚下的土地是神圣的。

X

  The Mystery（神秘）：承认无知是生活的一部分。不要试图彻底揭开上帝、人性和大自然的奥秘，要热爱那些不可名状的东西。

Y

Yeaning（渴望）：追求你心中的无限渴望。它将使你实现自我超越，并且领悟到丰富多彩的生活情趣。

You（你）：承认自己是造物主的儿女。要用自己的风格歌唱，要在不断展开的世界舞台上扮演你作为造物主的合作者的角色。

Z

Zeal（激情）：充满生活的激情。珍惜每一刻，信守承诺，并且珍视你与所有人的友谊。

2. 与你的守护神取得联系

苏格拉底经常请教他的守护神，就是那个推动和引导着他的生活的精神。在现代世界里，那些传递他的火种的人，如诗人叶芝和心理学家荣格通过更先进的方法找到了他们的守护神。荣格写道：

> 我们知道有个未知的、外来的东西介入了我们的生活，因为我们知道我们不可能让自己做一场梦或得到一个启示，但任何东西的出现都有一定的理由。以这种方式发生在我们身上的东西可以被说成是来自超自然的力量、守护神、造物主或者无意识。

苏格拉底所发明的与自己的守护神取得联系的方法，与现代人所使用的让自己生活得更充实的某些最有效的方法具有惊人的相似性。它与你通过有效的心理治疗，来学会如何更明智和更愉快地生活的过程是基本一致的。乔纳森·利尔在他的名著《开放的心灵：确定精神的逻辑》中对这两种方法作了比较，他在这本书里把"苏格拉底提问法"的火种引入了当代的心理治疗法。它是一份意义深远的与你的守护神取得联系的方法指南：

- 把无意识变成意识。苏格拉底所拟定的相互审视的方法是为了把隐藏在你内心的那些相互矛盾的信念引申出来。在这种意义上，苏格拉底正在力图把无意识变成意识。

- 问问我应该怎样生活？苏格拉底的根本问题是"我应该怎样生活"，它也是心理治疗学的基本问题。我们要使自己成为有别于动物的人，就必须提出和试图回答这个问题。正因为如此，他认为未经审视的生活是没有价值的生活。（参阅第一章里的练习8）
- 诚实地对待你自己和其他人。苏格拉底的基本规则是只说自己相信的东西，这与心理分析的基本规则如出一辙。苏格拉底的原则是（你）必须对（你）说的话负责。这是因为只有对你自己说的话负责，你才能发现你的观点之间的矛盾，并且被你的这一发现所改变。
- 改善你的心理。苏格拉底和心理分析师的根本任务都是为了改善人的心理。对于苏格拉底来说，只有它才是真正重要的事情。

 ## 苏格拉底的祈祷

在通过"内省"找到了可靠的知识之后，苏格拉底还试图把可靠的知识告诉他的朋友。他的愿望被表达在一篇流传至今的祈祷词中。它是于一个夏日的午后在一个阴凉的小树林里写下的，它也是一篇辩护词。

> 敬爱的潘[①]，
> 还有一切其他的神。
> 到这里来，
> 让我获得内在的美，
> 愿我能够表里如一。
> 愿我把智慧视为唯一的财富，
> 并且愿我自己的财富，
> 不要超出我的需要。

[①] 译者注：潘（Pan）是古希腊神话中的牧人保护神，他的形象是人身、羊脚，头上有角。

第七章 加强你的精神 205

帮助你与你的守护神取得联系的方法是多种多样的。布鲁塞特夫妇（参阅前面的段落）列举了一打精于此道的人，他们都运用各自的方法做到了这一点（我希望在下文中揭示出第五种方法）。

- 几位女士每个月都要找个机会聚集在一起来轮流回答一个问题，她们交流最关心的问题和生活的经历。
- 一对退休的老夫妻每天都要带着他们的狗去海滩上散步。他们随身带着垃圾袋并一路捡拾垃圾。他们喜欢海滩并养成了爱护它的习惯。
- 一位慢跑者每天早晨都风雨无阻地在公园里跑步。在某种意义上，她的行动似乎是轻而易举的。
- 一位女士每个礼拜天都要在她的教会里讲授主日学，并且担任了该教会的一个妇女组织的负责人，她通过她的日常表现来热情地鼓励其他人参与教会的工作。
- 一位既聪明又有创造力的企业家经常就一些宗教问题表达他的不同看法，他开创了一种通过新颖的研讨会、演讲和论文来进行非正式的终生学习的方法。学习就是他的精神修炼，并且使他充分地表现了自己的聪明才智。
- 一对年轻夫妇刚刚得到了他们的第一个孩子并决定带他上犹太会堂。他们希望这个男孩能够为他的出身感到自豪，并且履行犹太教的礼仪。
- 一群心理治疗师在每个工作日的下午聚在一起，讨论他们前天晚上的梦并通过练习心理想象来了解他们内在的生命。
- 一位工作压力很大的女士每隔一天都要上一堂瑜伽课。这门课程把锻炼身体、放松精神和恢复元气融合在了一起。
- 一位女士在曾经两度与死神擦肩而过。她把它们当成觉醒的契机并且重新安排了自己的生活，以便有更多的时间来培养自己。她找了一位精神导师，并且在她繁忙的日程安排中挤出时间来进行专心的阅读和祈祷。
- 一小群人每个月都聚集在一起讨论一部与他们的生活有关的电影，他们把共同进行的这项活动称为"塑造灵魂"。

3. 从事一项个人的艺术或工艺活动

苏格拉底最喜欢光顾的地方是位于雅典广场上的鞋匠西蒙的摊位和作坊。（假如你参观过雅典广场的遗址，你就可以亲自站在那个作坊的废墟上。这要感谢美国古典研究所的考古学家的功劳。）我们曾经说过，苏格拉底的言谈中充满了诗人、马夫、珠宝匠和其他手艺人的术语和智慧，他清楚地发现创造有用和美好的东西是寻求"生活的艺术"的最好办法。甚至在牢房里等候执行死刑的时候，苏格拉底还要花时间来写诗。（我向你推荐的一项活动。）

从事一项艺术或工艺活动，是你可以用来改善精神的最有趣和最有效的方法之一。在我的朋友、同事和熟人当中，最流行的艺术和工艺活动如下：

- 水彩画
- 雕刻
- 合唱
- 弦乐五重奏
- 历史古迹写生
- 插花
- 观察野鸟
- 回归大自然
- 滑翔
- 制鞋
- 缝纫
- 烹调
- 园艺
- 木工

苏格拉底询问他的守护神

在《申辩篇》里，苏格拉底描述了他终生追随的那个内在的声音：

> 你们曾经听到我在光天化日之下和各种不同场合谈起我所得到的神谕或预兆，就是美勒托在指控我时所嘲讽的那个神谕。这个预兆是一种声音，我第一次听到它的时候还是个孩子，它总是阻止但从不命令我做一些我正准备做的事情。

在即将结束申辩的时候，苏格拉底解释说，他之所以敢于无所畏惧地前来接受审判，是因为他知道这么做是正确的：

> 在我今天早上出门的时候，在我走向法庭的路上，在我说这番话的时候，我的内在的神谕都没有表示反对。我所说的和所做的一切都没有遭到神谕的反对。我该如何解释这种沉默呢？我告诉你们，它说明我的所作所为都是正确的，而把我当成该死的恶人的那些人都是错误的。因为假如我的所作所为是邪恶的，而不是正当的，那个神谕就会像往常一样阻止我。

找到适合你自己的艺术或工艺，想想是否有一项曾经让你投入巨大的热情但后来被你荒废了的艺术或工艺。现在重新找个地方来从事这项活动会让你获得什么感受？我们几乎都有迈克尔·葛柏所说的那种"魂牵梦绕的嗜好"——巨大的热情，甚至激情，我们曾经从事它们但后来放弃了它们，而且恢复它们可以带来极大的乐趣。

从事一项这样的艺术或工艺可以给你带来巨大的乐趣，并且使你终身受益无穷。我曾经在一次最难忘的经历中体验过它的效果，当时我正在美国血库联合会的一年一度的董事会上发表演说，这家机构对于每个人的生命来说都是至关重要的。我的演说让某些具有献身精神的专业人士发现，他们的职业对于严格、训练、精确、分析、控制的特殊要求，使他们没有机会来表现他们在其他方面的个性：率性、审美、直觉、快感。

因此，在会议结束后，许多与会者接受了我的建议，并且开始写作俳句——用来表达上述感情的一种日本短诗。他们中有个人在大约一年之后给我寄来了他写的一小段俳句，他说："这项活动改变了我的生活，它甚至拯救了我的生活。"

怎样写俳句

写俳句的目的是为了捕捉和分享一个对我们有意义的转瞬即逝的感觉，哪怕当时我们并不知道它的意义是什么。

> 在一根光秃秃的树枝上，
> 一只渡鸦栖息着——
> 秋天的黄昏。
> ——巴叟（Basho）

我们大都在学校里听到过俳句应该有17个音节，并且由3行分别包含5个音节、7个音节和5个音节的短句组成。没有必要担心它们，除非你喜欢按照这样的韵律来写作。重要的事情是 "寻找俳句"是一种促使你更敏感、更开放和更明了的方法，就像布鲁塞特夫妇提出的那些精神启蒙的ABC一样。

发现你的缪斯[①]

一本引导你发现自己的灵感的绝妙著作是安杰拉斯·阿赖恩的《九位缪斯：通向创造之门的神秘之路》。阿赖恩借助为苏格拉底所熟知的宙斯的九位女儿说明了我们怎样才能唤醒自己的聪明才智。该

---

① 译者注：缪斯（Muse）是古希腊神话中的九位文艺和科学女神的通称，她们都是宙斯的女儿，并且常常被西方学者用来比喻诗人、艺术家和哲学家的灵感。

书本身就是一件艺术品，它充满了各种取材于古希腊人的艺术、神话和生活的例证。

缪斯让我们用创造和美来点缀我们的生活，她们以直接和间接的方式出现在我们的生活中，她们常常扎根在我们的交往中，尤其是当每个伙伴或好友都能对彼此的创造加以鼓励而且都能相互促进健康的情感的时候。

4. 培养你的情商

我们看到，苏格拉底在雅典人中以善于理解和控制情感而闻名，车夫的比喻生动描述了他为此付出的努力。我们也必须胜任这个伟大比喻中的车夫的角色，我们必须学会理解和控制最强烈的情感。一旦失去了控制，我们的情感就会给我们带来不幸，无论我们的智商有多高。但只要得到了理解和控制（不仅仅是漠视或压制），它们就可以成为动力的源泉和生活的激情。

丹尼尔·高尔曼在他的一本畅销书《情商》中画出了情商的范围，下面就是高尔曼划分的五种不同的情商：

自我意识
- 调节你的情绪。
- 以适当的方式向其他人表达你的情感。

自我控制
- 为你的情感反应承担责任。
- 掌握控制情感的"扳机"。

自我推动
- 努力按照工作的需要"运动"。
- 在遇到挫折的时候，抵制自暴自弃的念头。

同情
- 通过别人的眼睛看世界。
- 理解并回应每个人的情感。

善于交往
- 运用你的EI（情商）去影响和说服别人。

- 达成共识并致力于整个团队的目标。

要带着情感做这个练习,以便发现培养情商可以给你带来什么好处。

苏格拉底车夫的比喻

苏格拉底用车夫和两匹骏马的比喻说明了控制我们的情感的艰巨性:

> 关于灵魂的本质,让我用一个简单的比喻来说明:两匹飞马和一位车夫,一匹马是高贵的,另一匹是顽劣的,而驾驭它们是极为困难的。
>
> 右边的马是挺拔和俊美的,它既好看又驯良。它不需要鞭子的抽打,只需要口令的引导。
>
> 左边的马是又跛又笨的畜生。它既莽撞又狂妄,既耳聋又眼瞎,只有鞭子和马刺才能勉强制服它。
>
> 那匹劣马的力气很大,可以把车夫掀翻在地,因为它还没有被完全驯养好:这就是灵魂陷入痛苦和矛盾的时候。
>
> 车夫必须紧紧地勒住那匹劣马的嚼子,以防它把前腿扬起来,并且要狠狠地抽打它。在经过多次这样的驯服之后,那匹马才会停止发狂而变得温顺起来,并且开始服从车夫的意志。

穿着我的鞋子走一走

坐在一个与你的工作或私人生活关系密切的人的旁边。说服他专门拿出15分钟的时间和你一起思考你们共同参与的一项活动,并且回顾你们彼此感到缺乏理解或默契的地方。

首先,要谈一谈你对这个人在那种场合的所作所为的看法和感受。例如:"玛丽,当我们在月底一起制作工资表的时候,我认为你所做的……这使我感到……"

其次，这个人要更正、补充和修改你的看法。例如："罗纳德，事情并不完全像你所认为的那样。你看，我在做这件事情的同时，还要被人叫去……这使我感到……因此，当你问我能不能准时制作出工资表的时候，我感到……"

然后，调换你们的角色。玛丽要说一说她对你在那种场合的所作所为的看法，你则向她解释："事情并不完全像你所认为的那样……"

在你们介绍了各自的真实想法和感受之后，再一起思考有什么办法能够让你俩把那件事做得更好。记住，做这个练习的目的不是为了相互抱怨，它是为了增进彼此的了解并且设法改善你们的关系。

5. 身体和精神

古希腊人最早提出了"有健全的身体才有健全的精神"的观念。苏格拉底也赞同这种观念。尽管他喜欢享受美酒佳肴，但他的朋友都钦佩他的自我控制和节制能力。

科学研究已经证明身体保健，如经常锻炼、吃健康食品、克服有害的习惯和避免污染的环境，有助于促进人的心理和精神健康。

- 体育锻炼是打开你的心灵之门的钥匙。在每个人的内部都蕴藏着难以置信的力量，身体和心理保健则有助于把这种力量释放出来。
- 体育锻炼将使你一天胜过一天。它不仅可以强健你的体魄，而且可以放松你的心情和加强你的精力。
- 体育锻炼是有计划和有目标的生活标志，它可以使一个人把握生活的方向，并且为自己选择通往成功的道路。
- 体育锻炼是一个人对懒散和惰性的胜利。当你进行了一次体育锻炼之后，你的感觉会更好，你觉得自己比以前更棒了。

6. 激活"你内部的苏格拉底"

现在，你已经学到了不少关于苏格拉底的知识。毫无疑问，你已经在你的心里勾画出了他的形象。你或许还能想象出他在逛广场、出席晚宴和上法庭受审时的情景。你甚至可以在想象中"听到"他的声音,就是你在前面的章节里读到的那些话。你也可能感到你正在和他进行交谈。一言以蔽之,苏格拉底的个性和品质已经进入你的心灵。

在做这个练习时,我请求你尝试一种帮助你利用前面学到的知识来激活"你内部的苏格拉底"的方法。这种方法可以让你成为一个苏格拉底——有你自己的特色的苏格拉底,它所依据的基本原理就是你在苏格拉底身上发现的那些最重要的品质。在大卫·曼麦特的电影《掠夺者》中扮演骗子的杰纳·哈克曼曾经不经意地提到了它所依据的一个基本原理。当时,有位扮演骗子的同伙的演员问哈克曼:"你如何知道怎样进行精彩的表演?"哈克曼告诉他:"我总是注意思考那些比我演得更精彩的人的表演,并且下意识地向他们学习。"

我运用这种方法已经超过了10年,我利用它来发表演讲、上班和出席苏格拉底沙龙。在场的人都觉得它有趣、令人振奋和富有成效。

苏格拉底的健康生活方式

苏格拉底过着简朴而健康的生活。当一位富有的朋友自以为是地对他的简朴生活表示同情的时候,苏格拉底反驳道:

> 你是否曾经得知我因为怕冷而不敢出门?因为怕热而逃到阴凉的地方?或者为了省力而不愿走路?你难道不知道勤奋可以让虚弱的人变得强壮,而懒惰可以让强壮的人变得虚弱?你难道不明白一点点自以为是就足以给你带来疾病、麻烦和衰老?

作为这种艰苦生活的结果,苏格拉底获得了健康、长寿和活力。他从未生过什么大病,即使在那场夺走了雅典的三分之一人口的瘟疫中也安然无恙。他在行军打仗的时候以能够吃苦耐劳而闻名。最重要的是,他的能力在七十高龄的时候达到了顶峰。

这种方法很简单：你要戴上一个头饰来表明你在进行"苏格拉底式"的思考。当然，你首先要让自己意识到这一点，但这个头饰也可以反过来引起你的意识。不管怎么说，通过戴头饰来表明自己所从事的活动是一种非常流行的方法。我们都听过"给自己戴上思想家的帽子"的口头禅。我们都很熟悉各种用来表明不同的职业和身份的头饰：厨师的高帽、消防员的头盔、年轻人的棒球帽、建筑工人的安全帽、艺术家的贝雷帽，还有差生的尖顶帽①。

为了表明你正在扮演苏格拉底的角色，你不妨戴上一个有松紧带的头饰，就是人们在参加体育锻炼或进行慢跑时戴的那种样式的。如果你身边恰好有一个这样的头饰，就立刻把它戴上。如果这种方法很适合你，我建议你再想出三种新的方法来更生动地表明你在进行"苏格拉底式"的思考。最后，你可能还要像我一样，亲自设计自己的头饰，以便使它的样式对你具有特殊的意义。

任何时候，只要你想最大限度地运用你的智慧，就要给自己戴上这个头饰。它将为你做到五件事：

- 它是以一种简单而生动的方式向你自己和其他人宣布你愿意拿出一些时间来富有成效地或愉快地运用你的智慧。
- 一旦你戴上了这个头饰，就会感到它正在以某种优雅的方式鼓励你坚守"使命"，专心完成你为自己制定的思考任务。
- 这个头饰将提醒你想起你从苏格拉底那里学来的、最让你感兴趣或者最适合你的处境的方法。
- 每次重新使用这个头饰都将帮助你从以前的成功中汲取力量。每次戴上它的时候，你都会想起你曾经表现出来的使自己的思想更进一步的能力。这将增加你的信心和成功的机会。
- 如果你正在与其他人一起交谈和思考，这个头饰将表明你正在全神贯注地思考并且希望他们也能像你一样。

---

① 译者注：尖顶帽（dunce）是旧时美国学校里的差生被迫戴上的一种圆锥形的纸帽。

大多数人都会很快发现，这样的头饰的确能够激发出更好的想法。在我的单位里，几乎所有尝试过这种头饰的人在下班的时候都会把它戴走，以便让它继续发挥作用。（由于这个原因，我现在只好向他们提供漂亮的但却粗糙的纸头饰，而不再给他们昂贵的松紧头饰。）

7. 通过结识其他的伟大人物来充实你的精神

苏格拉底总是把其他的伟人称为他生活的导师。一个最生动的事迹出现在《申辩篇》的结尾，当时他之所以愿意接受死刑，是因为死亡将使他有机会结识那些已经逝去的伟人的精神。

> 当朝圣者抵达阴间之后，他将被那里的审判者所释放，并且发现那些人才是真正的法官，才是过着正义的生活的上帝之子。假如一个人能够有机会同俄耳浦斯、穆赛欧斯、赫希奥德和荷马交谈，他还有什么东西舍不得放弃呢？
>
> 我可以在那里继续辨别知识的真伪。我将发现谁是真正聪明的人，谁是故作聪明的人。
>
> 一个人还有什么东西舍不得放弃？法官们，如果他能够有机会结识那些领导特洛伊远征的英雄，结识奥德修斯、西绪福斯和其他不计其数的男女英雄。与这些人交谈并且向他们提问将给他带来无穷无尽的快乐。

在本书中，我们将通过实践苏格拉底为理智、正直和友谊制定的崇高标准来提升我们的精神。成功地做到了这一点将使你更容易同那些伟大人物进行精神交流。

迈克尔·葛柏的《怎样像达·芬奇一样思考》是一本相当出色的参考书，也是本书最好的姊妹书。在结识了苏格拉底之后，再去结识这位仅次于苏格拉底的伟人，将促使你终生矢志不渝地通过学习他们来逐渐走向伟大。

最令人振奋的成长之道莫过于学习和效法你最崇拜的那些伟人的

精神。正如大诗人华兹华斯①所说：

> 在地球上只有一个伟大的社会，有高贵的活人，还有高贵的死人。

达·芬奇当之无愧地被人们视为一位最杰出的"博学之士"——艺术家、发明家、音乐家、天文学家、植物学家、人文主义者和哲学家。但你在自己的工作和生活中，同样可以用得上达·芬奇曾经天才般地运用过的某些品质，就像葛柏所证明的一样。他列举的这些"苏格拉底式"的品质有：

- 使用双关语和随机应变。
- 汲取经验。
- 看出各种因素之间的联系。
- 不断学习和进步。
- 发现最高级的心理功能与物质性的身体和环境之间的关系。
- 全方位的思考。

葛柏所列举的这些品质都是从达·芬奇的杰出表现中归纳出来的。但我们每个人都可以在很大程度上为自己培养出它们。

开始的时候，你不妨培养达·芬奇与苏格拉底所共有的"三大品质"：

- 汲取经验：你最重要的学习就是向自己的经验学习。不断学习是非常重要的，但最重要的莫过于反思你每天的工作。从每个项目、每次会议和每场挫折中汲取经验，你将不断取得进步。达·芬奇本人把这种能力称为"论证"（dimostrazione）。
- 看出各种因素之间的联系：我们的死亡就是解体。我们面临一个又一个的挑战，完成一项又一项的任务。但我们经常不能意

---

① 译者注：华兹华斯（Wordsworth，公元1770—1850年），英国消极浪漫主义诗人、湖畔派的代表，1850年被授予"桂冠诗人"的称号。

识到所有这一切都是相互联系的和互为因果的。在最糟糕的时候，我们甚至会因为过分地专注于一件事情而把自己的经验弄得支离破碎。因此，你应该从更全面的视角来选择和筹划你的活动和行为。你希望达到的最高目标是什么？要对这个问题做出敏锐的回答，然后再利用它来无情地审视你现在所过分专注的那个行为。达·芬奇用来表示这种才能的术语是"联系"（connessione）。

- 全方位的思考：在你的工作交往和私人交往中，既要留意那些善于逻辑思考的人，又要留意那些善于想象的人。既要向那些认真细致的人学习，又要向那些灵魂高尚的人学习。要同时尊重这两种类型的"天赋"，并且在自己的生活中培养它们。葛柏把这种才能称为"艺术科学"（arts）。

假如你想进一步得到这方面的指导，我建议你好好读一读葛柏的《发现你的天赋：怎样像10位最具革命性的历史人物一样思考》。葛柏在这部非同凡响的著作里向你介绍了柏拉图、布鲁内莱斯基、哥伦布、哥白尼、伊丽莎白一世、莎士比亚、杰弗逊、达尔文、甘地和爱因斯坦的事迹。

8. 按照"精神阶梯"生活

我们在第四章的"洞穴"比喻中探讨了精神的发展，我们将在这个练习中重温那位囚徒在逃离洞穴的过程中经历的五个阶段。

苏格拉底的一生是对这一过程的生动写照，从听到德尔斐神谕的那一刻开始，到决定喝下毒芹汁的那一天为止，他一直在与他的雅典同胞作斗争。你在每次打开《对话录》阅读他的遭遇的时候都将体验到这个过程。你每次都能发现一个探索理念世界的新领域的召唤、一项对正确观点的探索、一场同错误观点的斗争、一次用新的认识超越旧的思想的突破和一次向日常生活的回归。

作为成年人，我们都很熟悉那个关于我们成长和发展阶段的观念。卡尔·荣格率先提出了这个具有挑战性的命题，厄里克·埃里克森进一步完善了它。盖尔·希伊的《旅程》从丹尼尔·莱维森的著作中引申出了这个命题，并且把它变成了一个流行的观念。尽管这些著作都非常有用，但它们都遗漏了我们成长过程中的精神因素。亨利·穆迪是一位传播苏格拉底火种的人，他用一部光辉的著作《精神的五个阶梯》弥补了这个缺陷，该书的另一位作者是大卫·卡罗尔。

回忆你在生活中经历了下述过程的一个时刻：

- 召唤——你听到了一个召唤，它提示你必须按照某种方式改变你的生活，或者一场转变即将强加到你的身上。
- 探索——你主动探索那些用来迎接这场转变的方法。
- 斗争——你采取行动甚至通过斗争来完成你所发现的目标。
- 突破——你体验到了某种变化或直觉。
- 回归——你把自己的成果运用到日常生活中。

苏格拉底的"内省"之道

苏格拉底常常通过"内省"来寻找可靠的知识，远离他的伙伴并且闭上他的眼睛以进入一种神情恍惚的状态。我们曾经看到他因为站在大街上对着一个门廊苦思冥想而未能准时参加会饮。

更具戏剧性的一幕出现在雅典北部的波狄提亚领土上的一次战役中。那是一个夏日的早晨，暂时没有军事行动。除了值勤、睡觉和想家之外，人们都在无所事事。

快到中午的时候，人们发现苏格拉底一言不发地站在一座小山上，他从黎明开始就已经赤着脚站在那里了，他似乎完全忘记了周围的一切。战友们上去和他打招呼，但他仍然沉浸在自己的思考中。过了一会儿，大家只好散开了。

整个晚上，苏格拉底都站在那里，他的脚下睡着几个战士，他的头上星光灿烂。第二天早上，他又在那里和战友们一起吃早饭，并且像往常一样精神抖擞。苏格拉底没有告诉别人他到底在那里想什么，但他多次谈到了神赐给他的使命，就像一个战士谈到将军给他的命令一样。因此，很可能就是在那一天一夜的苦思冥想中，苏格拉底找到了他的精神使命。

现在，从更高的层面回顾你所经历的这一过程，以便发现你将在最近或不久之后的什么场合再次经历它。

9. 发现你的工作的灵魂

苏格拉底发现了他的工作的灵魂并且恳求其他人做到这一点。他呼吁各行各业的人做好他们的本职工作。不论你是一个陶匠还是一个医生，也不论你是一个舵手还是一个外交官，最重要的事情是要知道这个职业的优点是什么，并且使自己能够胜任它。约翰·加德纳说过，假如一位哲学家不热爱他自己的事业，那么他的理论和观点就不可能站得住脚，苏格拉底也会赞同这种说法。

很多现代人都在寻找他们的工作或职业的意义。既然有那么多的工作仅仅以谋生和牟利作为唯一目的，我们还能奢望从它们那里找到什么更有意义的东西吗？我们怎样才能利用我们的精神需求来努力完成我们的工作呢？

大卫·路特曼在《职业是通向灵魂的道路》中提出了这个严肃的问题。作为纽约摩根·蔡斯职业介绍所的副总裁，他和他的同事曾经帮助成千上万个不同级别的雇员从自己的职业中找到了成就感。路特曼有一个基本信念，那就是在每种职业的背后都有一个"神圣的目的"。你也可以像某些人一样，把它称为古老的精神。根据这个原则，你应该把你的工作看成一项更宏伟的事业——全人类的进步事业——的组成部分。

在用这种方式考察你的工作时，你可以在不参考现实处境的情况下思考它：它的"柏拉图理念"是什么？例如，近年来，律师的职业在很多人眼里的确口碑不好。但你要问自己：就本质而言，法律工作者的职责是什么？法律工作的永恒理念是什么？这就是律师工作的神圣理由。

这正是苏格拉底所使用的方法。他发动人们讨论每一种职业的本质理念或优良品质，从询问一个陶匠怎样才能把陶器制作得更精美，到询问一个优秀的政治家应该具有什么样的精神。

路特曼还为如何寻找下述几种职业的灵魂提供了建议：

- 图书管理员是神圣的火种的保存者，他们负责把我们积累的知识和智慧延续下去。
- 新闻工作者要查清事实真相，以便让公众了解到正在发生的事情，并由此做出正确的抉择。
- 演员能够让观众如身临其境般地获得有意义的经历，从而使他们的感觉和思想变得更加敏锐。

a. 什么是你的专业、职业、行业或工作的"神圣"目的？
b. 你在实现这个目的的过程中做得怎么样？
c. 你如何才能根据这个更高的目的来重振你的敬业精神？

10. 做正当的事

"犯罪没有好处"，我们都在孩提时代听过这句话。然而，柏拉图《裘格斯的戒指》的寓言则提出了一个挑战性的问题："当我们长大成人之后，如果我们发现犯罪可以带来好处，又会发生什么情况？"

《纽约人报》撰稿人兼电影和文化评论家大卫·邓柏在48岁那年又回到了哥伦比亚大学，并用了两年的时间与那里的本科生一起阅读古典著作。当他再次读到《裘格斯的戒指》的时候，他把自己想象成了一位有机会戴上这枚戒指的人，并且设想了自己在戴上它之后的所作所为：

> 让我想一想，吃午餐，对，上纽约最高档的圆剧场餐厅（Le Cirque）吃午餐，我要径直走进厨房，端走他们特意为亨利·基辛格烹制的烤肉，然后躲在角落里慢慢享用……不行，这样的行为太卑鄙了，一点艺术情调也没有。为了表现得更有情调一点，

我要从他的叉子上夺走食物，当他举起酒杯的时候，我要扯住他的胳膊，并且把我的嘴巴凑上去一饮而尽。只有这样才能与哈勃[①]的角色相媲美。

在进行更大胆的设想时，邓比发现了他可以利用隐形的优势履行更多的社会责任：

> 出去工作。我要上巴格达，在集贸市场里找到一把刀，一路走进萨达姆的司令部，绕过警卫人员，并把刀刺向那位独裁者……

但他很快意识到，尽管他能够做到这一切，但他仍然要受他的人性的约束：

> 在摆脱了这些怪诞的想法之后，我似乎若有所失地发现，我不可能真的去做上面所提到的那些事。我充其量只能吃掉那份烤肉。
>
> 即使我真的成了隐形人，我也不会杀死萨达姆·侯赛因，尽管我不介意别人这么做。我认为，至少对于我而言，格劳孔的评价是错误的，我将继续坚持"正义"。长期的遵纪守法已经使我养成了正直、清白和忠诚的习惯，我对那个喜欢同隐形人睡觉的女人毫无兴趣（或许我的性格更像格罗克[②]，而不是他的弟弟哈勃）。没错，我将一脚把那枚戒指踢得远远的。

最后，邓比终于发现，在我们的日常生活中，很可能就有大量我们愿意去做而还没来得及去做的事情：

---

① 译者注：哈勃，即美国著名演员哈勃·马克斯（Harpo Marx），他在电影《奇幻基地》中塑造了一位喜欢搞恶作剧的隐形人形象。

② 译者注：格罗克，前面所说的哈勃·马科斯的弟弟格罗克·马科斯（Harpo Marx），他在电影《奇幻基地》中塑造了另一位善良的隐形人形象。

事实上，我认为很多美国人的所作所为简直同那位戴着戒指的裘格斯没有区别。完全隐形的幻想——谋杀而不露出马脚的愿望，已经成为一个社会公害。当我在18岁那年第一次读到《理想国》的时候，我的确很想戴上那枚戒指。但现在，我更希望得到的是和平、社会秩序和责任感。

《裘格斯的戒指》的寓言

在《理想国》第二卷，苏格拉底的朋友格劳孔通过一个激动人心的传说向他提出了一个严肃的道德问题：

> 传说裘格斯原本是利地亚国王手下的一个牧羊人。有一天他忽然遇到了一场暴风雨，接着又发生了一场大地震，并且使他放牧的地方裂开了一个大地洞。他好奇地爬进地洞，结果在那里发现了许多奇珍异宝，还有一具一丝不挂但手上戴着一枚戒指的高大尸体，于是他取下那枚戒指回到了地面。
>
> 按照惯例，牧羊人每隔一段时间都要聚集一次，以便向国王汇报牧羊的情况。他便戴着那枚戒指参加了聚会。当他和其他牧羊人坐在一起的时候，他偶然把戒指上的宝石转向另一只手的掌心，结果他马上从周围的人的视野中消失了。他们开始惊奇地谈论他，就仿佛他忽然消失了一样。
>
> 他对此感到好奇，便打开双手重新露出戒指的宝石，结果他马上再次出现在人们的视野里。而且他反复试验了好几次，每次都发生了同样的情况。
>
> 于是他起了坏心，并设法使其他牧羊人把他选为派往朝廷的代表。他一到那里就勾搭上了王后，又与她合谋杀死了国王，并篡夺了王位。
>
> 假如世界上有两枚具有这等魔力的戒指，一只戴在正义者的手上，另一只戴在非正义者的手上，那么我们便无法保证那

位正义者具有钢铁般的意志，因而可以永远不做恶。没人能够担保他不从市场上偷偷拿走他喜欢的东西，或者闯进别人的家里肆意勾引良家妇女，甚至随心所欲地杀人、劫狱，就像无所不能的神一样。

这样一来，正义者的行为与非正义者的行为就没有区别了。他们成了同样的人。

我举出这个例子是为了以有力的证据证明，一个人之所以坚持正义，既不是由于他喜欢正义，也不是由于他认为正义对自己有好处，而是迫于无奈，因为只要一个人认为他可以安全地行使非正义的行为，他就会诉诸非正义的行为。

所有人都相信非正义的行为比正义的行为更有利可图，所以他们都会赞同我所提出的上述观点。设想一下，假如一个人获得了我所说的那种隐形的能力，却从来不做任何错误的事情，也不碰任何不属于自己的东西，那么旁观者一定会把他看成一个最可怜的傻瓜。尽管他们表面上会假惺惺地赞美他，但那只不过是害怕成为他的非正义行为的牺牲品。像这种言不由衷的话，我们早就听够了。

挑　战

独立思考下列问题，并且向朋友提出它们：

a. 假如你发现自己可以在别人不可能知道的情况下做不道德的事情，你还会不会信守道德？

b. 其他人会怎么做？

c. 为什么？有什么根据？有什么理由？

d. 回想一个让你有机会戴上"裘格斯的戒指"的场合，例如，当时你可以在绝对不为人所知的情况下做自己想做的任何事情，即便这样的事情在别人眼里是不道德的。你是怎么做的？为什么？

苏格拉底留给朋友们的遗言

苏格拉底在牢房里等待执行死刑的时候,他的老朋友克里同向他提出了一个简单的问题:

克里同: 我们怎么做才能让你感到最欣慰?
苏格拉底:没别的,克里同!你们只要按照我一贯的教导去做就行。如果你们关心自己的灵魂,那么无论你们做什么,我和你们的朋友都会感到欣慰;反过来,如果你们忽视自己的灵魂,而且不能遵守我一贯强调的生活准则,那么无论你们现在如何热情地赞同我的观点,都不会给任何人带来好处。
克里同: 我们将尽可能地按照你的吩咐去做。

第八章

女性的苏格拉底之道

SOCRATES' WAY FOR WOMEN

苏格拉底之道

一

Socrates' Way

第八章 女性的苏格拉底之道

> 按照性别判断一个人的能力,好比按照头发的多少判断一个人的智慧。
> ——苏格拉底(见色诺芬《会饮篇》)

色诺芬在《回忆录》中告诉我们,在苏格拉底前往一次盛大的国葬仪式的路上,有个熟人向他提出了一个尖锐的问题:"如果他们请你谈谈你自己的看法,你认为你可能说些什么?"

"没问题!"格拉底答道,"因为有一位能力很强的老师向我传授了这种艺术。"

"他是谁?"他的伙伴问道。

"她是一位妇女。"苏格拉底回答,"就是阿斯帕希娅。昨天我刚刚听到她发表了一席关于这些死者的讲话。她还向我复述了她认为有必要公之于众的那些内容。其中一部分显然来自伯里克利,另一部分则是她的临场发挥。"

"你能够背诵它的任何一段吗,苏格拉底?"

"我当然能够,因为她启发了我,而且她之所以愿意对我讲,就是因为我不会忘记。"

尽管苏格拉底本人尊重女性,但在他的对话伙伴中却没有这样的人。尽管公元前5世纪的所有"荣耀都归于希腊",但假如你是一位雅典妇女(或者奴隶和"野蛮人")就没有那么荣耀。当时的大多数女性都被排除在政治、商业、艺术、体育和军事活动之外。

反自然的男性特权在苏格拉底的时代既埋没了妇女的才能,也不利于发挥男子的特长。设想一下,假如苏格拉底生来就是一位女性,假如他那天才般的智慧和想象蕴藏在一位妇女的心里,那么历史将会被改写,就不会有一位我们所熟知的苏格拉底,而只有一位苏格娜塔(我给这位想象的妇女起的绰号),她没有受过教育、整天困在家里、被剥夺了与其他思想家进行交流的权利。她没有机会参与政治、军事、社会和经济生活。然而在我们的时代,女性常常是实践苏格拉底之道的表率:提出重要的问题、进行透彻的思考、鼓励对话、培养她们的精神。

在这个附录中,我们将用苏格拉底的术语来探讨女性精神的永恒价值:

- 苏格拉底本人如何看待当时的男权社会并且把女性看成他最亲密的战友。（他的雅典同胞如何认同女性在他们的艺术、神话和宗教中的价值。）
- 苏格拉底之道适合女性的本质以及女性的这种特长有利于拓展她们在21世纪的前途的证据。
- 你怎样才能运用苏格拉底之道来丰富你的生活，并确保你在我们的社会中找到适合自己的一席之地。

苏格拉底与女性

苏格拉底终生尊重女性并且向她们学习。他高度评价女性的知识、想象、理解和智慧，他认为她们拥有人所能具有的最可贵的品质。

- 斐那瑞特是苏格拉底之母，她为苏格拉底的终生事业做出了榜样。苏格拉底常常把她所从事的助产妇的工作比做自己所扮演的"精神助产妇"的角色。
- 迪奥提玛是苏格拉底在他所熟悉的一个问题上的老师。他在《会饮篇》中说道："现在我要描述我从一位曼提尼亚妇女那里听到的爱，她的名字叫迪奥提玛。她还有其他的成就，但现在我们只需要知道她是一位向我传授爱的艺术的女教师。"
- 阿斯帕希娅是伯里克利的人生伴侣，她不仅受到苏格拉底的尊重，也被所有生活在公元前5世纪的雅典人视为一位幻想家、决策者和作家。人们普遍认为她是伯里克利的一些最重要的官方讲话的"匿名作者"。

伊娃·康塔内娜在一位专门研究古希腊的妇女地位的著作《潘多拉的女儿们》中指出：

苏格拉底对女性特别有好感并且从不吝惜他对她们的能力的溢美之词，他听从她们的建议甚至承认她们中有些人比他自己更聪明。

雅典人与女性

像苏格拉底一样,许多最有思想和最有创造性的雅典人都发现,并且在他们的作品中表现了女性的价值。几乎所有公元前5世纪的雅典著名剧作家都描绘过杰出的女性。例如,埃斯库罗斯的《克吕泰墨斯特拉》、索福克勒斯的《安提戈涅》、欧里庇得斯的《美迪亚》。看过这些戏剧的观众显然接受了它们所描绘的那些坚强、能干和感人的女性形象。

欧里庇得斯是一位与苏格拉底的思想最接近的剧作家,也是一位热情讴歌女性的斗士。他描绘了女性在古希腊的男权社会中遭受的不公正待遇,他被当时的阿里斯托芬等人指控为苏格拉底的"同党"。他们对雅典正统思想的挑战体现在一个非常流行的观念之中,那就是"苏格拉底点燃了欧里庇得斯的篝火"。

除了《美迪亚》之外,欧里庇得斯的主要作品,如《菲德拉》和《特洛伊妇女》的女主角还以雄辩的口气控诉了她们的悲惨境遇。

"男人说我们女人在家里过着安定的生活,他们却要在刀光剑影中面对死亡的威胁。胡说!我宁愿上三次战场,也不愿生一次孩子。"美迪亚说道。

西方文学中再也没有出现过类似的话语，直到易卜生的《玩偶之家》问世。

喜剧家阿里斯托芬也创作过类似的作品，例如《吕西斯特拉塔》，该剧中的一群妇女主动组织了起来，以便反对男人所追求的军事冒险。他借一位雅典妻子和母亲之口表达了这群妇女对她们的丈夫和儿子的所作所为的看法：

> 不知有多少次，当我们坐在家里的时候，我们听说你们又干了同样的事——男人主导的另一件国家大事。
>
> 凭借你们一贯的愚蠢无能，然后，又用狂笑引起我们的忧虑，我们要轻轻地问一问你们："今天的大会开得如何？亲爱的，有没有花上几分钟的时间讨论和平？"

在宗教活动中，雅典人也默认了女性的重要性。他们大都崇拜女性的神祇。例如，他们认为他们的城市是由雅典娜建立的，她的神像被毕恭毕敬地供奉在帕特农神庙之中。更重要的是，女神缪斯实际上是希腊的所有艺术与科学的启示者，从诗歌、戏剧到天文、历史。

最值得一提的是，女性以强有力的形象跻身于他们的最高神祇之中。"奥林匹亚山的帕特农神庙绝不是个男性至上的地方。"默里·霍普在《实践性的希腊巫术》中指出，"那里有同等数量的男神

和女神。赫拉是众神之母,阿芙罗狄蒂、雅典娜、阿特米丝和德墨特尔象征着人类所能具有的最重要的品质。"这些女神的意义是如此重大,以至于吉恩·波伦的《每个女性的女神》这本杰出的著作呼吁现代女性把她们作为自己精神发展的"模型"。(参阅本章的练习6)

当代的苏格拉底精神

女性进入美国生活的主流有助于让我们的文化和社会经历一次苏格拉底精神的洗礼。她们中的"牛虻"简直不胜枚举,例如,贝蒂·弗雷丹、格劳丽娅·斯坦勒姆、吉恩·豪斯顿、克拉丽莎·埃丝特斯、马克辛·金斯敦、贝尔·阿比格和玛丽莲·艾德曼都是我们时代最重要的"苏格拉底式"的人物。还有很多女性在其他领域里传递着苏格拉底独立思考的火种(参阅本章练习6)。这些杰出的女性遍布于这个国家的每一个地区和每一个行业之中。

"为了做出应有的贡献,我必须提问、说真话、独立思考,并且关心我的灵魂。" 琳达·迈耶说。她是丹佛市小有名气的迈耶学习中心的创立者。迈耶的毕生事业是帮助孩子和他们的家庭克服学习和教育上的障碍,她与各种天才的、迟钝的和独特的孩子以及他们的父母和老师一起工作。

迈耶从苏格拉底的视角来看待她作为一名辅导者的作用,她为该中心的理想发表的申明的一部分是:

> 在西方历史上的大多数时期,有能力负担最好的教育的父母都会雇佣私人教师来辅导

他们的孩子。古希腊人把他们的孩子送到运动场上接受私人教师的辅导，他们中最明智的那些人为他们的孩子选择了苏格拉底。他是优秀教育的典范，他从来不在课堂上，而只在与学生的"一对一"的交谈中施教。

迈耶本人证明了苏格拉底的精神，并且在她的工作和生活中通过下述方法运用了这种精神。

- 认识你自己。"首先，我帮助我的学生发现他们自己的学习方式。很少有学校能够做到这一点。然而，这样的自我认识是进行愉快而有效的学习的基础。"
- 提问。迈耶亲自诊断每个学生，以发现他或她的特长和问题。但她采用的主要是苏格拉底的方法，而不是大多数心理学家采用的仪器。尽管这些仪器也是她的技术的组成部分，但她的诊断过程更像是一次"苏格拉底式"的对话。"我的主要方法是提出正确的问题，并且认真倾听他们的回答。"她解释说。
- 独立思考。迈耶把它称为"深化过程"，并利用她多年的教学经验和她自己的"学习方式"来处理信息。"像苏格拉底一样，我知道我必须花时间进行透彻的思考，批判性地反思那些自以为是的人，并且诉诸我的直觉。我拒绝做出快速而武断的结论，而喜欢接受我的思想和直觉的引导。有时候，这看上去就像苏格拉底的一次出神！"
- 说真话。"告诉一位母亲她多年来难以接受的、关于她的孩子的严酷事实，同时又不让她陷入绝望，是我最棘手的工作。"琳达·迈耶说。我采访过的家长在谈到琳达的工作时常常说："我与琳达的谈话是我以家长的身份所进行的最重要的谈话——因为它不仅找到了问题的症结，而且提供了解决的方法。"
- 解放你的思想。正如苏格拉底必须怀疑当时的意识形态一样，迈耶也必须从抚育她成长的那个保守的小城的美国新教传统中解放出来，这种传统在她的学生时代和她结婚生子之后一直在得到强化。

"当我发现自己的精神活动的时候,我遭到了其他基督徒的排斥。那是一个痛苦的两难处境:一方面,我感到我通过大自然、通过努力成为更出色的人,甚至通过体育锻炼加强了自己的精神。但另一方面,保守的邻居又让我感到我正在失去自己的灵魂,而不是发现它。"

"它极大地帮助我体验到了苏格拉底为此所承受的痛苦。他一生都在受到他的守护神的驱使,但他的同胞却以不敬神和'引进新神'的罪名判处他死刑。"

- 加强你的精神:像其他成功的辅导员、教练员和治疗师一样,迈耶知道她只有关心她的精神才能为她的顾客提供最好的服务并避免"筋疲力尽"。"我发现,如果我想为顾客提供最好的服务,就必须首先满足自己的需求——对大自然、对身体健康、对成长。"

挑战、探索和运用:

1. 找到你生活中的"苏格娜塔"

　　找到至少六位在你的生活中发挥过重要作用的女性。她们可能包括你的母亲、姐妹、密友、同事或老师。

 加强你的苏格拉底精神

- 在你的生活中是否有一些非常重要的女性,她们所具有的苏格拉底的品质对你产生了深刻的影响?(练习1)
- 你是否已经或者正在通过某些方法在你的生活中培养苏格拉底的品质?(练习2)
- 你是否找到、探索和培养过那些你愿意和其他女性共同拥有的苏格拉底的品质?(练习3)
- 你是否熟悉那些成功地实现了你所追求的某个理想的杰出女性的生活?(练习4)

- 你是否经常找机会与其他女性一起讨论对你的生活最有意义的问题，尤其是在那些你最想有所作为的领域里？（练习5）
- 你是否探索过"你的女神"，像雅典娜和阿芙罗狄蒂一样的奥林匹亚女神所象征的力量？（练习6）

现在，思考她们如何通过下面的一种或几种苏格拉底的方法影响了你：

- 帮助你更好地认识自己。
- 提出问题来引起你的思考。
- 把你从错误或者有害的思想中解放出来。
- 鼓励你和朋友一起成长。
- 对你说出有可能带来巨大帮助的真话，哪怕它会刺痛你。
- 使你能够通过更深入和更全面的自我认识来加强你的精神。

a. 让其中的一位女性知道，她是如何通过这种方法改变了你的生活。
b. 你是否可以在你现在的生活中利用这种帮助过你的方法来帮助一个人？

2. 发现你已经走上了这条道路

如果你尚未走上这条道路，就做第一章的"捍卫你的生命"的练习，它取材于一部同名影片，在那部影片中，一位女性指出了这条道路，从而帮助一个人重新认识和提升了他的生活方式。

3. 从女性的角度探索苏格拉底的思维方式

"女性的认知方式"在过去15年来已经发展成了一个硕果累累的研究领域。这个领域的研究和思考不容置疑地证明了女性在充分发挥自己的智能方面具有某些显著的"苏格拉底的能力"。女性的这些"天赋"在21世纪将大有用武之地，正如海伦·费希尔在《第一性》中所说：

由于世界各地的女性正在源源不断地获得各种有偿的工作，所以她们将在社会的众多领域里发挥她们的特长并且在21世纪的商业、性和家庭生活中发挥重大影响。在某些重要的经济部门，她们甚至将成为占据主导地位的第一性的力量。为什么？因为在商业、通信、教育、法律、医学、政府等诸多行业里出现的新潮流都无一例外地表明：未来的世界需要女性的思想。

费希尔从那些将把女性推向时代前列的天赋中发现了苏格拉底的七个特征。在每一行下面的空格中，请注明：

a. 一个你如何在你过去或现在的生活和工作中运用这一特征的例子。
_____
b. 一个你可以通过训练或自我培养来加强你的这一特征的方法。
_____
c. 一个你可以预见到的在明年甚至在更久之后利用这一特征的机会。
_____

- 女性的思路更开阔。
- 女性有优越的语言表达能力。
- 女性更善于体贴人。
- 女性有耐心。
- 女性有能力同时想几个问题或做几件事情。
- 女性擅长制订长远的计划。
- 女性喜欢相互合作、达成共识和群策群力。

4. 用你敬重或感兴趣的女性的生活来激励自己

用伟人的生活来激励我们自己是古希腊人用来进行自我培养的一种策略，这种策略在一些当代作家的优秀作品中得到了复兴，例如韦恩·戴尔的《时代的智慧》和迈克尔·葛柏的《发现你的天赋》。

这种策略对于女性来说尤其重要，因为她们可以效仿的榜样更少。为了给你自己找到一个或更多的榜样。在那里，你将发现那些在各个领域里对社会做出了突出贡献的女性的名册和简历。你可以在任何一家公立图书馆里轻易地找到她们中大多数人的传记或自传。（很少有人知道所有这些不同类型的女性的名字，因而浏览这个网站将是令人兴奋的。）

- 实业家，如卡莱·费尔利拉和唐娜·卡南。
- 科学家，如巴巴拉·麦克林托克和玛格丽特·米德。
- 作家，如朱迪·布卢姆和玛雅·安吉洛。
- 新闻工作者，如克里斯蒂安娜·阿曼珀尔和奥皮拉·温弗雷。
- 艺术家，如朱迪·芝加哥和海伦·法兰肯泰勒。
- 运动员，如克里斯蒂·亚马古奇和萨拉·休斯。
- 政治家，如卡罗尔·莫赛利·布劳恩和希拉里·克林顿。

在这些女性当中，有不少是传播苏格拉底的火种的知名人士，也有一些是我个人特别喜爱的但名气不大的人士。例如，巴巴拉·麦克林托克就是一位在主流的学术机构之外工作并且做出了独特贡献的科学家（她获得了1983年的诺贝尔奖）。"她的故事的要点在于她的独立性。"伊夫林·福克斯·凯勒在为她写的传记《一种对有机体的感觉：巴巴拉·麦克林托克的生平与工作》中这样说。

5. 经常与其他女性一起对话

寻找或创造机会与其他女性就你们所共同关心的问题展开"对话"。你将在第五章"与朋友一起成长"中发现用来寻找或建立特别适合女性的团体的方法和策略：

- 一群合伙使用汽车的女性，她们与你有着相同的兴趣和爱好。
- 一群自带午餐的女同事。
- 一个沙龙或苏格拉底咖啡馆。

6. 发现你的女神

我们看到公元前5世纪的雅典人把他们的帕特农神庙的大部分用来供奉女神。例如，雅典娜就被供奉在帕特农神庙里并被视为整座城市的保护者，在古希腊的奥林匹亚诸神中，能力较大的神既有男性的也有女性的。

这些女神绝不仅仅是点缀或者摆设。她们每一个都象征着一种在人类的生活和工作中不可或缺的基本力量，其中包括那些最强大的力量，如爱情、生产、自主和智慧。她们仍然是决定着现代女性的生活的力量和动力。

在《每个女性的女神：一种新的女性心理学》中，一位医学博士、三藩市加利福尼亚大学精神治疗专业的临床教授吉恩·辛诺达·波伦，劝告现代女性把这些女神视为能够促进自我认识的类型。她介绍了七个可以被大多数女性拿来对号入座的女神或人格类型。她说明了你应该如何找到你的女神（负责自我控制的阿特米丝、头脑冷静的雅典娜、主管生产的德墨特尔，还有赋予创造力的阿芙罗狄蒂），如何确定你要培养的东西和要克服的东西，以及如何从这些永恒的典范身上汲取力量，以便在你的生活中成为一位女英雄。

下面列举的是这些奥林匹亚女神和她们象征的心理功能与障碍，你是否可以在你自己那里找到？

a. 用你在自己身上感受到的每个女神来填充这个句子。

"像_____，

我_____。"

例如：

"像阿特米丝一样，我喜欢沉浸在大自然之中，无拘无束并且亲近动物和鸟类。"

"像阿特米丝一样，我相信我有能力制定自己的目标，持之以恒，并且实现它们。"

"像阿特米丝一样，我有时候发现我会在遇到挫折时暴跳如雷。"

用三个或四个这样的句子来描述每个女神，其中至少要有一个句子提到其中的"障碍"。

b. 现在，思考你想要充分表达的另一个女神，看看她在哪些方面可以弥补你所选择的那个女神所面临的"障碍"。

波伦博士指出，一旦你充分地认识了你的女神，你就可以在必要的时候通过下述祷告来寻求她们的帮助：

- 雅典娜，帮助我想清楚这件事。
- 普西芬尼，帮助我保持开放和包容。
- 赫拉，帮助我持之以恒。
- 德墨特尔，帮助我保持耐心和慷慨。
- 阿特米丝，帮助我专注于自己的目标。
- 阿芙罗狄蒂，帮助我爱护和享受自己的身体。
- 赫斯提，请到我这里来，给我带来和平与安宁。

c. 一旦你已经熟悉了这些女神的心理特征，就把你的看法介绍给一位志同道合的好朋友，并且与她交换意见。

d. 当你发现你可以把你所选择的一位女神派上用场的时候，思考你怎样才能进一步利用你从她那里发现的其他特征。

e. 最后，在对你的女神有了充分的认识之后，你可能还想同她们中的一位进行一次交谈。波伦博士指出了你怎样才能做到这一点：

> 一位女性一旦发现了女神的类型，她就得到了两个有效的直觉方法。她可以利用灵敏的耳朵来聆听她里面的声音，发现"谁"在对她说话，并且知道哪位女神在影响她。当她们（女神们）表现了她必须解决的内在矛盾的时候，她可以调节她们的需要和兴趣，并且由她自己来判断什么才是最重要的。
>
> 由于所有的女神都是内在于每个女性的心理类型，所以一个女性可以认识到熟悉一个女神的特征的必要性——主动想象一个女神可以帮助这个女性发现她自己的心理类型。她可以想象一个女神，而且一旦她想象出了这个女神的形象，她就会发现她可以提出问题并且得到回答。如果一个善于想象的女性在无意间听到了一个不请自来的回答，她就会常常感到她在进行真正的交谈，这样的交谈将增进她对属于自己的心理类型的认识。

苏格拉底将赞成这样的活动。因为我们知道，他经常向他里面的守护神请教他所应当做的事情。

附 录 A

阅读苏格拉底的对话

没有东西比拿出一点时间与苏格拉底和他的朋友相处更能保持你思想的敏锐性,就像我的父亲告诉我的一样。这里有一些帮助你迈出第一步的提示。

你已经选择性地阅读了柏拉图和色诺芬的对话录引文,它们出现在本书的七个主要章节的开头。我们首先读到的是苏格拉底和欧绪德谟关于自我认识的对话,最后读到的则是《申辩篇》中要求你关心自己的灵魂的呼吁。现在,我要建议你阅读一组简短的柏拉图的《对话录》的选集,它们准确而生动地描述了苏格拉底的活动。(柏拉图在他的老师去世后用了长达数十年的时间来整理苏格拉底的对话。但随着时间的推移,这些作品越来越多地表现了柏拉图本人的观点,而不是反映了那位"牛虻"的观点。)

我建议你选择《企鹅古典丛书》的平装本,它们很容易买到,翻译的质量也不错,还有生动的介绍和有用的注释,而且印刷得相当精美。

- 《会饮篇》:对苏格拉底和他的活动的最精彩的介绍。"希腊式"的会饮并不是学术讨论会,而是边饮酒边思考问题的聚会。在这次会饮中，讨论的话题是爱，客人们都在竞相定义它，其中包括喜剧家阿里斯托芬，他在《云》中嘲讽过苏格拉底。

- 《申辩篇》：在对他的审判进入高潮的时候，苏格拉底向他的原告、陪审团、当时的人和后来的人发表了这篇精彩的对他的生活和工作的申辩。他机智而深刻地说明个人和社会都需要认识自己、提出问题、解放思想、说真话和注重精神。
- 《克里同篇》：在临死前的那天晚上，苏格拉底最老的朋友出乎意料地来到了他的牢房，以便说服这位死囚接受一个安全的逃亡计划。在渐渐褪去的夜色中，苏格拉底淋漓尽致地解释了他决定接受法庭判决的原因。这篇对话既是一次对友谊的生动描述，也是一个对"非暴力不合作"原则的经典定义。
- 《斐多篇》：苏格拉底的朋友聚集在他的牢房里，就在他准备服下毒芹汁的时候。有的朋友无法忍受即将发生的事实，这位囚徒不得不尽量安慰他们。在这篇对话的结尾，苏格拉底表明了他对自己正在做正确的事情的坚定信念。
- 《高尔吉亚篇》：强权就是真理吗？卡利克勒在这篇重要的对话中做出了肯定的回答，凄惨的语调证明了它是在苏格拉底死后不久写下的。
- 《普罗泰戈拉篇》：苏格拉底与当时最著名的"智者"进行了面对面的交锋，还有一群有鉴赏力的人来润色这场争论。
- 《欧绪弗洛篇》：在去法院接受审判的路上，苏格拉底碰到了一位正准备告发自己父亲的年轻人。苏格拉底对这种令人惊愕的行为比对他的案件更感兴趣，他忍不住问这个年轻人，在这种反常的行为背后究竟有什么价值和逻辑依据。当苏格拉底说完了他的看法之后，欧绪弗洛和我们终于发现了必须批判性地审视自己行为的依据。
- 《美诺篇》：在这篇对话中，苏格拉底又遇到了一位极端自以为是的家伙。此人认为，富有是美德的标志，贫穷则意味着人格的堕落。在阅读的过程中，我们将看到苏格拉底如何证明一个没有学过几何的小奴隶可以在他的引导下解一道欧几里得的难题，并且证明我们在通过正确的提问激活我们内在的能力时可以学到大量的知识。

- 《斐德罗篇》：苏格拉底一反常态地离开了他热爱的雅典去享受乡间的快乐。（"树木的确可爱，"他说，"但你不能与它们交谈。"）因此，这场在生机盎然的河岸上进行的对话具有独特的魅力。为了证明修辞艺术不仅是可以接受的，而且是以可靠的真理为依据的，苏格拉底运用了一个有力的比喻：灵魂的马车。

附 录 B

关于苏格拉底和古典文化遗产的优秀著作

《苏格拉底》，安东尼·哥特里比著（劳特里奇出版社，1999年）

　　这本平装本的小书是我所喜爱的读物，因为它的开头50页可以让你了解到苏格拉底的生平和思想以及它们如何决定了我们的思想。由于它出自《经济学家报》的执行编辑之手，所以它的文笔优美、通俗易懂，富有个性和批判精神。作者的主题是把苏格拉底看成一位"哲学的殉道者"，但他对《申辩篇》的评价是："从司法学的角度看，苏格拉底的发言是一份糟糕的陈述。"

《对苏格拉底的审判》，I.F.斯通著（小布朗出版社，1988年）

　　另一位出身报刊编辑的学者从独特的视角评价了苏格拉底所遭受的审判。斯通在70岁的时候把这项研究纳入了他退休之后的计划，他学习了古希腊的经典著作，以便能够独立地阅读和判断原始资料，就像他当初判断"五角大楼的文件"时一样。他得出了不同凡响的结论，甚至还大胆地改写了《申辩篇》，以便提出苏格拉底尚未来得及提出的观点。在这么做的同时，他以生动而有趣的辞藻描绘了苏格拉底和他的时代。

《苏格拉底：讽刺家和道德哲学家》，格列高里·符拉斯托司著（康奈尔大学出版社，1991年）

  符拉斯托司在研究苏格拉底的老一辈学者中是最杰出的一位，而这本书就是他最后的杰作。它是真正的学术研究和深刻思考的典范，更重要的是，作者在他的生活和工作中表现了苏格拉底的品质。青年时代的符拉斯托司曾经写过一本有可能给他赢得巨大声望的书稿，但由于他的守护神告诉他那本书稿不符合真正的苏格拉底精神，他便毫不犹豫地把它撕毁了。在这本书出版的时候，年过七旬的他已经获得了他的职业所能带来的所有荣誉，但他还是在前言中写道："我以前曾经犯过错误，以后还会犯更多的错误。任何指出我的错误的人都是我的朋友。"苏格拉底一定会在他抵达天堂的时候邀请他参加荣耀的会饮。

《苏格拉底咖啡馆：哲学的一种新体验》，克里斯托弗·菲利普斯著（诺顿出版社，2001年）

  你在第五章里遇到过克里斯托弗·菲利普斯，他的生活被苏格拉底的精神改变了。这本书回顾了他皈依苏格拉底的经历，描述了他开创苏格拉底咖啡馆的过程，并且探索了整个西方思想史和我们这个时代的苏格拉底精神。菲利普本人既富有激情又善于思考。"在我所参与的所有苏格拉底咖啡馆里都会出现一个不变的永恒真理，"他总结说，"那就是，对一个问题的审视、考察、探索和发掘是没有止境的。总是有更多的发现。而这就是我所说的'苏格拉底化'的实质和魅力。"

《大广场上的苏格拉底》（美国雅典古典研究所，1978年）

  这本珍贵的小册子凝聚了几十年来对雅典大广场的考古发掘所取得的发现。我借助它在大广场的遗址上漫步，踏着苏格拉底的足迹。"苏格拉底真正的家园是雅典的大广场，"作者梅布尔·兰写道（由于学术上的突出贡献，她的名字被署在了这本书的封面上），"我们能够在这片废墟上继续完成他未竟的事业并且按照他在这里施教时的情景进行重建。"精美的图片再现了大广场上的每一件景物，从雅典人举行会饮的房间的地板到苏格拉底用来喝毒芹汁的小陶杯。

《苏格拉底之城：走进古雅典》，J.W.罗伯茨著（劳特里奇与基根·保罗出版社，1984年）

"无论对这座城市作何评价，主要见证人都是苏格拉底，他是雅典最忠诚的儿子和最激烈的批评家。"这是伊顿学者罗伯茨为这部再现雅典社会的著作所写的前言，他生动地描绘了古雅典的公共仪式，包括盛大的戏剧节和普通的艺术展。他说明了自负的雅典人如何扮演了帝国主义的角色，并且毫不掩饰地把公民的自由建立在奴隶和附属国的不自由的基础之上。

《娼妓和鱼丸》，詹姆斯·N.戴维森著（圣马丁出版社，2000年）

现在的很多情况已经完全不同了！本书是关注日常细节的新历史学派的一个生动的例子，因为它关注的中心是日常生活和普通人，而不再是富人和名人。这位作者记录了雅典人在饮食和嫖娼方面的习俗。这本书的开头和结尾都描绘了苏格拉底如何把古希腊的娱乐方式表现为符合理性和人性的东西。戴维森的结论是："尽管佛祖的象征是菩提树下的一位骨瘦如柴的修炼者，耶稣的象征是十字架上的一位血肉模糊的胜利者，但苏格拉底最恰当的象征是奢靡的宴会上的对话——对小酒杯情有独钟。"

《生活的艺术：从柏拉图到福柯的苏格拉底思考》，亚历山大·尼哈马斯著（加利福尼亚大学出版社，1998年）

"苏格拉底的主要贡献是建立了一种新的生活方式，一种新的生活艺术。"普林斯顿大学的尼哈马斯教授指出。这本书探讨了几位重要的思想家：柏拉图、蒙田、尼采和福柯，如何努力做出了同样的贡献，他们受到了苏格拉底的启发，但又没有机械地模仿他。这些勇敢而有力的思想家说明了我们应该如何发现我们自己的苏格拉底之道。

《谁杀死了荷马？古典教育的遗产和希腊智慧的再现》，维克多·戴维斯·汉森和约翰·希思著（自由出版社，1998年）

这本书是两位热情的古典学者发出的行动起来的呼吁，它认为假如我们失去了对希腊的认识，我们就会失去对自身的认识。他们认为，希腊的遗产说明了西方文化为什么具有如此独一无二的活力，以及它所倡导的民主、个人自由、市场经济、公民权和立宪政体为什么能得以推广。

作者无情地鞭笞了他们的学术同行的失败："大多数资深教授都缺乏一定的勇气。他们不敢像苏格拉底一样大发议论，也不敢用索福克勒斯的眼光看世界。更糟糕的是，他们连像阿基洛库斯一样能说会道的才能都没有。他们既缺乏阿里斯托芬的幽默，又没有修昔底德的严谨。我们与我们为之献身的那些人为什么会有如此大的差别？"

《赤脚走雅典》，马克斯韦尔·安德森著（斯隆出版社，1951年）

一部关于苏格拉底的可读性极强的剧本，它激发我对苏格拉底产生了终生的兴趣。

当然，我还希望你能读一读苏格拉底本人最喜欢的那些著作：

荷马的《奥德赛》和《伊利亚德》
埃斯库罗斯、索福克勒斯、阿里斯托芬、欧里庇得斯的剧本
历史学家希罗多德和修昔底德的著作

有位名叫维克多·戴维斯·汉森的教师描述了它们对加利福尼亚的工人学员的影响：

希腊人的精神在我的学生中间得到了发扬，这些汉堡厂的上班族和夜校里的复读生一旦掌握了修昔底斯的勇气和毅力，就开始体验到了他的思想的力量。他们欢迎一个像修昔底斯一样严谨的家伙来证明他们的兽性体验是普遍的，甚至是常见的，因而是可以理解的。修昔底斯的诚实导致了对现实主义的欢迎，修昔底斯不会"体谅你的痛苦"，不会表达廉价的同情，也不会轻易地对我们的本质和我们的行为表示遗憾。

致　谢

　　苏格拉底离开他的朋友将一事无成，这本书离开我的下述朋友也不可能问世。他们为我提供了启发、指导、建议、批评和鼓励，还有至关重要的资助。

　　我感谢希腊大使馆的海伦·菲伦女士和康尼·摩尔托帕拉女士、亚历山大·奥纳西斯公益基金会（美国）的全权代表洛卡斯·希拉斯，还有约翰·萨罗萨吉斯，因为他们首先鼓励了这项计划。

　　我感谢桑德拉·迈尔斯、肯·费希尔和吉恩·休斯顿为这项计划提供的明智的建议。

　　我必须感谢罗本·多伦希安、大卫·高、彼得·格罗斯为我们审阅和校对了本书的全部初稿。

　　需要感谢的还有那些审阅和校对过本书部分章节的人士，他们是：威廉·卡斯巴里、詹姆斯·艾伦、杰伊·卡利、波特·鲍曼、亨利·李普曼、埃米利亚洛·德·劳伦提斯、凯西·阿金斯、露丝·韦恩司脱克、基梅可·霍塔多佛、爱德华·珀尔斯、多萝西·普洱伊尔和利昂·普洱伊尔、阿伦·布鲁克斯、布兹·加墨尔、珍妮·贝克哈德、大卫·鹿特曼、夏洛特·弗莱希尔、梅布·格雷、玛丽莲·吉尔伯特和彼得·罗杰斯维茨。

　　丹·格林是这项计划的幕后策划人，他还策划过许多其他的出版计划。

　　希腊国家旅游组织驻纽约办事处的康斯坦丁·利亚弗拉斯先生和维基·安东纳基女士为本书提供了大量珍贵的照片、绘画和其他图片资料，对此，我表示衷心的感谢。他们在为本书寻找合适插图的过程中表现出了令我始料未及的智慧和创造力（同时，他们的言谈举止还极大地增进了我本人对苏格拉底的认识）。他们的继任者德墨特拉·密特罗珀罗也为本书出力不少。

　　尽管我费了不少的工夫，但还是有几处例证未能事先征得原作者的同意，因为它们的出版商早已停止运营了。我们愿意在将来出版的修订本中对任何疏忽加以更正。

　　我感谢天才的艺术家卡拉·菲利普，他专门为本书绘制了插图。

　　塔齐尔出版社的责任编辑米歇·霍洛威兹对本书的最终定型起到了关键作用，并且以他自己的聪明才智和正直为本书提供了素材。杰里米·塔齐尔的远见卓识则进一步坚定了我把苏格拉底带回现实生活的初步设想。

　　我感谢经常为我提供信息和启发的落基山学友会，还有与它并列的丹佛市的迈耶学习中心，以及该中心的创办人兼负责人琳达·迈耶女士。他们的热情和批评对这项计划的每个阶段都贡献很大。

　　我感谢我的妻子贝阿·格罗斯和女儿伊丽莎白·柯恩，因为她们为我提供了最诚挚和最全面的支持。

　　我还要感谢哥伦比亚大学的大学教育研究项目在本书即将付梓之际提供的帮助。我提出的不少观点都得益于在一个大学教育革新研究组上的讨论。罗伯特·贝尔纳普教授是大学教育研究项目的负责人，他为这项工作提供了宝贵的支持。

　　我由衷地感谢古希腊研究基金会（由美国古希腊研究所赞助的一个项目）和它的顾问委员会主席范·考符达吉斯教授为这项计划提供的额外资助。

　　我还有幸得到了美国古希腊教育促进会（AHEPA）的教育基金的资助，为此，我要向这家机构和它的负责人潘德利·杜尔伯塔基博士表示诚挚的谢意。

一门关于苏格拉底的课程

这里是康涅狄格大学的首席古典文献学家 T. D. 德克教授开设的一门关于苏格拉底的课程的教学计划。它节选自艾米丽·阿布、米歇尔·罗尼克的《古典传统教育》一书,该书的出版者是美国语言学学会。

在这门为大学一年级和二年级的学生开设的研讨课上,对苏格拉底的哲学思想的考察所依据的是古代文献,尤其是柏拉图的著作。但在这门课程的最后几周,注意力将转向近现代学者对苏格拉底的评价,他们是对这个古代哲学家做出了与众不同的评价的19世纪的伟大思想家克尔凯郭尔、尼采和20世纪的政治思想家汉娜·阿伦特。

第一周　概论

第二周　柏拉图的《申辩篇》(选自《关于苏格拉底的四部文献》,韦斯特主编);色诺芬的《苏格拉底在法官前的申辩》

第三周　柏拉图的《克里同篇》;色诺芬的《苏格拉底回忆录》,第1卷,第1—2章,第3—19页

W. K. C. 古斯里的《希腊哲学史》,第3卷,第325—359页,378—390页,398—408页(同样的材料见于他的《苏格拉底》,第5—39页,58—70页,78—88页)

第四周　柏拉图的《欧绪弗洛篇》；色诺芬的《回忆录》，第2卷；A. R. 莱西的《我们所知道的苏格拉底》载于G·符拉斯托司主编的《苏格拉底哲学》，第22—49页

第五周　柏拉图的《拉凯斯篇》；约翰·费格森的《苏格拉底：一部原始资料集》，第90—97页

第六周　柏拉图的《卡尔米德篇》；色诺芬的《回忆录》，第3卷
参考读物：R. 罗宾森的《问答法：直接的和间接的；苏格拉底的解释》，载于G. 符拉斯托司主编的《苏格拉底哲学》，第78—124页（同样的材料见于R. 罗宾森的《柏拉图的早期对话》，第7—32页；第45—60页）

第七周　色诺芬的《回忆录》，第4卷；G. 符拉斯托司的《苏格拉底的悖论》，载于他主编的《苏格拉底哲学》，第1—21页

第八周　柏拉图的《美诺篇》；C. J. 德沃格尔的《谁是苏格拉底？》，载于他的《第一哲学》

第九周　阿里斯托芬的《云》；弗里曼的《婢女时代到前苏格拉底时代》，第87—89页和第131—133页；K. 科尔弗德的《智者运动》，第24—41页；古斯里的《希腊哲学史》，第3卷，第164—175页，250—260页，359—375页

第十周　柏拉图的《斐多篇》；J. E. 雷文的《柏拉图的创作观》，第79—104页；古斯里的《希腊哲学史》，第3卷，第467—488页

第十一周　尼采的《悲剧的诞生》，第19—42页，46—59页，76—112页，121—146页

W. 丹恩豪瑟尔的《尼采对苏格拉底的看法》，第80—87页，92—103页，119—129页

第十二周　克尔凯郭尔

第十三周　汉娜·阿伦特的《思考与道德考虑》，载于《社会研究》，第38卷（1971年），第417—446页

英汉译名对照表

A

Abbott, Edward 阿博特
Acropolis 雅典卫城
Adler, Mortimer 阿德勒
Agathon 阿伽松
Agora 大广场
Albom, Mitch 阿尔伯姆
Alcibiades 阿尔喀比亚德
Allen, Woody 艾伦
Alphabet of Spiritual Literacy 精神启蒙的字母表
Always Outnumbered, Always Outgunned (Mosley) 《总是多一点，总是胜一筹》（莫斯利）
Amusing Ourselves to Death (Postman) 《娱乐至死》（波兹特）
Anaxagoras 阿纳克萨戈拉
Anderson, Maxwell 安德森
Antiphon 安提丰
Apology (Plato) 《申辩篇》（柏拉图）
Archimedes 阿基米德
Arendt, Hannah 阿伦特
Aristophanes 阿里斯托芬
Armstrong, Karen 阿姆斯特朗
Arrien, Angeles 阿赖恩
The Art of Living (Nehamas) 《生活的艺术》（尼哈马斯）
Aspasia 阿斯帕希娅
Athena 雅典娜
Athen 雅典

B

Barefoot in Athens (Anderson) 《赤脚走雅典》（安德森）
Bassett, Ed 巴斯特
Bateson, Mary Catherine 柏特森
Battle of Delium 德立安战役

Beisser, Arnold 贝塞尔

Berger, Maurice 伯杰

Blanton, Brad 布兰顿

Bloom, Benjamin 布卢姆

Bok, Sissela 博克

Bolen, Jean Shinoda 波伦

Books on Socrates 《苏格拉底丛书》

Brussat, Frederic 弗雷德里克·布鲁塞特

Brussat, Mary Ann 玛丽安·布鲁塞特

Buddha 佛祖

C

Cantarella, Eva 康塔内娜

The Career as a Path to the Soul（Rottman）《职业是通向灵魂的道路》（路特曼）

Care of the Soul (Moore) 《精神关怀》（莫尔）

Carrol, David 卡罗尔

Case, Charles 凯斯

Cater, Douglass 凯特

The Cave allegory 洞穴的比喻

Chaerephon 凯勒丰

Charioteer allegory 车夫的比喻

Christensen, Roland 克里斯琴森

Cicero 西塞罗

City of Sokrates (Roberts) 《苏格拉底之城》（罗伯兹）

Civilization (Clark) 《文明》（克拉克）

Clark, Sir Kenneth 肯尼斯·克拉克爵士

The Clouds (Aristophanes) 《云》（阿里斯托芬）

Composing a Life (Bateson) 《营造一种生活》（柏特森）

Cratylus (Plato) 《克拉底鲁篇》（柏拉图）

Critobulus 克里同布卢

Crito (Plato) 《克里同篇》（柏拉图）

Croesus 克娄苏

Cuomo, Kerry Kennedy 科莫

D

Daley, Kevin 戴利

The Death of Socrates (painting, David) 《苏格拉底之死》（绘画，大卫）

De Bono, Edward, Dr 德邦诺

De Botton, Alain 德波顿

Defending Your Life (film) 《捍卫你的生命》（电影）

Democracy Is a Discussion Handbook 《讨论式的民主指南》

Denby, David 邓伯

Dialogues (Plato) 《对话录》（柏拉图）

Diotima 迪奥提玛

Discover Your Genius（Gelb）《发现你的天赋》（葛柏）

Dunn, Rita 丽塔·邓恩

Dunne, Harry 哈里·邓恩

Durant, Will 杜兰特

Dyer, Wayne 戴尔

E

Edelman, Marian Wright 艾德曼

Education for Judgment (Christensen)

《判断力教育》（克里斯琴森）
Eliot, Alexander 艾略特
Emerson, Ralph Waldo 爱默生
Emotional Intelligence (Goleman)《情商》（高尔曼）
The Emperor's Virtual Clothes (Moore)《皇帝的新装》（摩尔）
Erasmus, Desiderius 爱拉斯莫
Erikson, Erik 埃里克森
Eubulus 欧布卢斯
Eureka 犹瑞卡
Euripides 欧里庇得斯
Euthydemus 欧绪德谟
Euthyphro (Plato)《欧绪弗洛篇》（柏拉图）

F

A Feeling for the Organism (Killer)《一种对有机体的感觉》（凯勒）
Feynman, Richard 费曼
The First Sex（Fisher）《第一性》（费希尔）
The Five Stages of the Soul (Moody & Carroll)《精神的五个阶梯》（穆迪和卡罗尔）
Flatland（Abott）《平面世界》（阿博特）
Franklin, Benjamin 富兰克林
Funeral Oration (Pericles)《葬礼上的演说》（伯里克利）

G

Gardner, Howard 霍华德·加德纳
Gardner, John 约翰·加德纳
Gelb, Michael 葛柏
Generation React (Seo)《时代的反应》（赛欧）
Giraffe Project 长颈鹿计划
Glaucon 格劳孔
Goddesses in Everywoman (Bolen)《每个女性的女神》（波伦）
Goleman, Daniel 高尔曼
Goodall, Jane 古德朵尔
Gorgias (Plato)《高尔吉亚篇》（柏拉图）
The Great Conversation (Hutchins)《伟大的对话》（哈钦斯）
The Greek Way to Western Civilization（Hamilton）《希腊精神》（汉密尔顿）

H

Hackman, Gene 哈克曼
Haggard, Howard W 哈格德
Haiku 俳句
Hamilton, Edith 汉密尔顿
Hanson, Victor 汉森
Hardin, Gerrett 哈丁
Heath, John 希思
Heck, Tom 海克
Heist (film)《掠夺者》（电影）
Helping Your Children Learn (Meyer)《辅导你的孩子》（迈耶）
Hemingway, Ernest 海明威

Heraclitus 赫拉克利特
Hippocrates 希波克拉底
Hooper, Judith 胡伯尔
Hope, Murray 霍普
Horowitz, David 霍洛威兹
How to Think Like Leonardo da Vinci (Gelb)《怎样像达·芬奇一样思考》（葛柏）
HRDQ 人力资源开发公司
Hutchins, Robert 哈钦斯

I

The Independent Scholar's Handbook《独立学者指南》
Independent Scholarship《独立学习》
Iphigenia at Aulis (Euripides)《奥里斯的伊芙琴尼亚》（欧里庇得斯）

J

Jervey, Gay 吉尔维
The Joy of Conversation (Sandra)《谈话的乐趣》（桑德拉）
Jung, Carl 荣格

K

Keller, Evelyn Fox 凯勒
Knox, Bernard 诺克斯
Kovalski, Vincent 科瓦洛斯基

L

Laches 拉凯斯
La Fontaine, Paul 拉封丹
League of Delos 提洛同盟
Lear, Jonathan 利尔
LeBoeuf, Michael 李波夫

Lehman, William 莱曼
Leonard, Michael, Dr. 伦纳德
Levinson, Daniel 莱维森
Logos 理性（逻各斯）
Lying (Bok)《谎言》（博克）
Lysistrata (Aristophanes)《吕西斯特拉塔》（阿里斯托芬）

M

Maizel, David 梅泽尔
Mandela, Nelson 曼德拉
McClintock, Barbara 麦克林托克
McCorduck, Pamela 麦考达克
Mead, Margaret 米德
The Measure of Our Success (Edelman)《我们的成功之道》（艾德曼）
Medea (Euripides)《美狄亚》（欧里庇得斯）
Medlock, Ann 梅德洛克
Memoirs of Socrates (Xenophon)《苏格拉底回忆录》（色诺芬）
Memories, Dreams, Reflections (Jung)《回忆、梦想、反思》（荣格）
Meno (Plato)《美诺篇》（柏拉图）
Meyer, Linda 迈耶
Mill, John Stuart 穆勒
Mitchell, Richard 米歇尔
Montaigne, Michel De 蒙田
Moody, Harry 穆迪
Moore, Dinty 丁迪·摩尔
Moore, Thomas 托马斯·莫尔
Mosley, Walter 莫斯利

Murdoch, Iris 默多克
Muse 缪斯
Myers, Sondra 迈尔斯
Mystery, Magic, and Medicine (Haggard) 《神话、巫术和医学》（哈格德）

N

National Women's Hall of Fame 美国著名女性纪念馆
Nehamas, Alexander 尼哈马斯
The New Yorker 《纽约人报》
The New Yorker 《纽约时报》
Nicias 尼西亚
Nietzsche, Friedrich 尼采
The Nine Muses (Arrien) 《九位缪斯》（阿赖恩）

O

One Question That Can Save Your Marriage (Dunne) 《一个可以挽救你的婚姻的问题》（邓恩）
Open Minded (Lear) 《开放的心灵》（利尔）
Oracle at Delphi 德尔斐神谕
Otto, Herbert 奥托

P

Pandora's Daughters (Cantarella) 《潘多拉的女儿们》（康塔内拉）
The Paper Chase (Film) 《纸屑追踪》（电影）
Parker, Ian 帕克
Parthenon 帕特农神庙
Passages (Sheehy) 《旅程》（希伊）

Pericles 伯里克利
Perls, Fritz 珀尔斯
Peters, Tom 彼得斯
Phaedo (Plato) 《斐多篇》（柏拉图）
Phaedrus (Plato) 《斐德罗篇》（柏拉图）
Phaenarete 斐那瑞特
Phillips, Chris 菲利普斯
Plato 柏拉图
Plutarch 莆鲁提克
Postman, Neil 波斯特曼
Pratical Greek Magic (Hope) 《实践性的希腊巫术》（霍普）
Protagoras 普罗泰戈拉
Protagoras (Plato) 《普罗泰戈拉篇》（柏拉图）

R

Radical Honesty (Blanton) 《极端诚实》（布兰顿）
Rampton, Sheldon 拉姆登
Renault, Mary 列瑙特
Republic (Plato) 《理想国》（柏拉图）
Ring of Gyges allegory 裘格斯戒指的比喻
Roberts, J. W. 罗伯兹
Rottman, David 鹿特曼
Rubin, Lillian 鲁宾

S

Said, Edward 赛德
Sandra, Jaida n'ha 桑德拉
Schwartz, Morrie 施瓦兹
Seo, Danny 赛欧

Sheehy, Gail 希伊

Shepp, Tony 谢珀

Sicily 西西里

Silenus 塞列努斯

Simon's Rock College 西蒙·诺克学院

Simon the cobbler 鞋匠西蒙

Socrates (Eliot) 《苏格拉底》（艾略特）

Socrates Cafe (Phillips) 《苏格拉底咖啡馆》（菲利普斯）

Sontag, Susan 桑培克

Sparta 斯巴达

Speaking Truth to Power (Cuomo) 《对当权者说出真相》（科莫）

Stauber, John. 斯陶伯尔

Stone, I. F. 斯通

Surely You're Joking, Mr. Feynman (Feynman) 《别闹了，费曼先生》（费曼）

Symposium (Plato) 《会饮篇》（柏拉图）

T

Tannenbaum, Frank 丹能鲍姆

Teaching as a Subversive Activity (Postman & Weingartner) 《教育是一种颠覆性的活动》（波斯特曼、温加特勒）

Techne tou biou 生活的艺术

Thoreau, Henry David 梭罗

Torosyan, Roben 多罗希安

Toynbee, Arnold 汤因比

The Trial of Socrates (Stone) 《对苏格拉底的审判》（斯通）

The Trojan Women (Euripides) 《特罗伊的妇女》（欧里庇得斯）

Trust Us, We're Experts! (Rampton & Stauber) 《相信我们，我们是专家》（拉姆登、斯陶伯尔）

Tuesdays with Morrie (Albom) 《相约星期二》（阿尔博姆）

Turner, Frank 特纳

V

Vlastos, Gregory 符拉司托斯

W

Weigartner, Charles 温加特勒

What If? (Hanson) 《那么会怎样？》（汉森）

White Lies (Berger) 《白色的谎言》（伯杰）

Who Killed Homer? (Heath & Hanson) 《谁杀死了荷马？》（希思、汉森）

Wisdom of the Ages (Dyer) 《时代的智慧》（戴尔）

Wordsworth, William 华兹华斯

Would the Buddha Wear a Walkman (Hooper) 《佛祖戴不戴随身听》（胡伯）

X

Xantippe 克珊西普

Xenophon 色诺芬

插页说明

"史上最伟大的导师"苏格拉底生活在两千四百多年前,隔着久远的时空,现代中国人已很难了解他的人生经历以及他所处身时代的重大事件和精神氛围。为了给普通读者还原历史语境,本书编辑精心编制了书中彩色插页。编制过程中曾参考了大量的中英文网络资源以及以下图书。另外,编辑曾为插页图注文字中的部分外国人名、作品名的翻译请教过山西大学外国语学院杨德友先生。特致谢忱!

1. [英] J.W.罗伯兹,《苏格拉底之城——古典时代的雅典》(第二版),格致出版社,2014年。

2. [美] 霍普梅,《苏格拉底》,中华书局,2014年。

3. [英] A.E.泰勒,《苏格拉底传》,商务印书馆,2015年。

4. [丹麦] 汉森,《德摩斯提尼时代的雅典民主:结构、原则和理念》,华东师范大学出版社,2014年。

5. [法] 马可·福马罗利、弗朗索瓦·勒布莱特,《古希腊罗马神话》,广西师范大学出版社,2007年。

6. [英] 德波顿,《哲学的慰藉》,上海译文出版社,2015年。

7. 柏拉图,《柏拉图的〈会饮〉》,华夏出版社,2003年。

8. 苏缨,《少有人看见的美》,中信出版社,2013年。

9. Nigel Rodgers, *The Complete Illustrated Encyclopedia of Ancient Greece*, Lorenz Books, 2014.

10. American School of Classical Studies at Athens, *The Athenian Agora: a guide to the excavation and museum*, The American School of Classical Studies at Athens, 1976.

北京大学出版社教育出版中心

部分重点图书

一、北大高等教育文库·大学之道丛书

大学的理念	[英]亨利·纽曼 著
德国古典大学观及其对中国的影响(第三版)	陈洪捷 著
哈佛,谁说了算	[美]理查德·布瑞德利 著
美国大学之魂(第二版)	[美]乔治·M. 马斯登 著
大学理念重审:与纽曼对话	[美]雅罗斯拉夫·帕利坎 著
什么是博雅教育	[美]布鲁斯·金博尔 著
美国文理学院的兴衰:凯尼恩学院纪实	[美]P. E. 克鲁格
高等教育公司:营利性大学的兴起	[美]理查德·鲁克 著
学术部落及其领地:知识探索与学科文化	[英]托尼·比彻等 著
公司文化中的大学	[美]埃里克·古尔德 著
美国现代大学的崛起	[美]劳伦斯·维赛 著
大学的逻辑(第三版)	张维迎 著
我的科大十年(续集)	孔宪铎 著
教育的终结:大学何以放弃了对人生意义的追求	[美]安东尼·克龙曼 著
欧洲大学的历史	[美]威利斯·鲁迪 著
美国高等教育简史	[美]约翰·赛林 著
哈佛通识教育红皮书	[美]哈佛委员会 著
知识社会中的大学	[美]杰勒德·德兰迪 著
高等教育理念	[美]罗纳德·巴尼特 著
大学与市场的悖论	[美]罗杰·盖格 著
美国大学时代的学术自由	[美]沃特·梅兹格 著
高等教育何以为"高"——牛津导师制教学反思	[英]大卫·帕尔菲曼 主编
美国高等教育通史	[美]亚瑟·科恩 著
现代大学及其图新	[英]谢尔顿·罗斯布莱特 著
印度理工学院的精英们	[印度]桑迪潘·德布 著
麻省理工学院如何追求卓越	[美]查尔斯·韦斯特 著
后现代大学来临?	[英]安东尼·史密斯 著 弗兰克·韦伯斯特 主编
高等教育的未来	[美]弗兰克·纽曼 著
大学校长遴选:理念与实务	黄俊杰 主编
转变中的大学:传统、议题与前景	郭为藩 著
学术资本主义	[美]希拉·斯劳特等 著
美国公立大学的未来	[美]詹姆斯·杜德斯达等 著
21世纪的大学	[美]詹姆斯·杜德斯达 著

什么是世界一流大学？	丁学良 著
东西象牙塔	孔宪铎 著
我的科大十年（增订版）	孔宪铎 著
理性捍卫大学	眭依凡 著
美国高等教育质量认证与评估	[美]美国中部州高等教育委员会 编

二、北大高等教育文库·大学之忧丛书

大学之用（第五版）	[美]克拉克·克尔 著
废墟中的大学	[加拿大]比尔·雷丁斯 著
高等教育市场化的底线	[美]大卫·L.科伯 著

三、21世纪高校教师职业发展读本

教授是怎样炼成的	[美]唐纳德·吴尔夫 著
给大学新教员的建议	[美]罗伯特·博伊斯 著
学术界的生存智慧	[美]约翰·达利等 著
如何成为卓越的大学教师	[美]肯·贝恩 著
给研究生导师的建议	[英]萨拉·德兰蒙特等 著
如何提高学生学习质量	[英]迈克尔·普洛瑟等 著

四、北大高等教育文库·管理之道丛书

世界一流大学的管理之道：大学管理决策与高等教育研究	程星 著
美国的大学治理	[美]罗纳德·G.艾伦伯格 编
成功大学的管理之道	[英]迈克尔·夏托克 著

五、北大高等教育文库·学术规范与研究方法丛书

如何成为优秀的研究生（英文影印版）	[美]戴尔·F.布鲁姆等 著
如何撰写与发表社会科学论文：国际刊物指南（第二版）	蔡今中 著
科技论文写作快速入门	[瑞典]比约·古斯塔维 著
给研究生的学术建议	[英]戈登·鲁格 玛丽安·彼得 著
如何为学术刊物撰稿：写作技能与规范（英文影印版）	[英]罗薇娜·莫瑞 著
如何撰写和发表科技论文（英文影印版）	[美]罗伯特·戴 巴巴拉·盖斯特尔 著
社会科学研究的基本规则	[英]朱迪思·贝尔 著
如何查找文献	[英]莎莉·拉姆奇 著
如何写好科研项目申请书	[美]安德鲁·弗里德兰德 卡罗尔·弗尔特 著
高等教育研究：进展与方法	[美]马尔科姆·泰特 著
教育研究方法：实用指南	[美]乔伊斯·P.高尔等 著
社会研究：问题、方法与过程	[英]迪姆·梅 著
跨学科研究：理论与实践	[美]艾伦·瑞普克 著
社会科学研究方法100问	[美]尼尔·萨尔金德 著
如何利用互联网做研究	[爱尔兰]尼奥·欧·杜恰泰 著
如何阅读社会科学期刊论文	[加拿大]Phillip Chong Ho Shon 著

六、北大开放教育文丛

西方的四种文化	[美]约翰·W.奥马利 著
人文主义教育经典文选	[美]C.W.凯林道夫 编
教育究竟是什么?：100位思想家论教育	[英]乔伊·帕尔默 主编
教育：让人成为人——西方大思想家论人文和科学教育	杨自伍 编译
我们教育制度的未来	[德]尼采 著

七、高等教育与全球化丛书

激流中的高等教育：国际化变革与发展	[加拿大]简·奈特 著
全球化与大学的回应	[美]简·柯里 著
高等教育变革的国际趋势	[美]菲利普·阿特巴赫 著
高等教育全球化：理论与政策	[英]皮特·斯科特 著
发展中国家的高等教育：环境变迁与大学的回应	[美]戴维·查普曼 安·奥斯汀 主编

八、其他好书

向史上最伟大的导师学习	[美]罗纳德·格罗斯 著
如何成为卓越的大学生	[美]肯·贝恩 著
大学章程（精装本五卷七册）	张国有 主编
教育技术：定义与评析	[美]艾伦·贾纳斯泽乌斯基等 著
未来的学校：变革的目标与路径	[英]路易斯·斯托尔等 著
全球化时代的大学通识教育	黄俊杰 著
美国大学的通识教育：美国心灵的攀登	黄坤锦 著
中国博士质量报告	中国博士质量分析课题组 著
博士质量：概念、评价与趋势	陈洪捷等 著
中国博士发展状况	蔡学军 范巍等 著
教学的魅力：北大名师谈教学（第一辑）	郭九苓 编著
科研道德：倡导负责行为	美国医学科学院、美国科学三院国家科研委员会 撰
国立西南联合大学校史（修订版）	西南联合大学北京校友会 编
我读天下无字书	丁学良 著
大学与学术	韩水法 著
大学何为	陈平原 著